精品课程新形态教材
21世纪应用型人才培养规划教材
"双创"型人才培养优秀教材

建设法规

主编 李 珊 刘明发

西北工业大学出版社
西 安

【内容简介】 本书知识体系完整，内容充实，涵盖了工程项目建设全过程中所涉及的法律环节和内容。本书主要包括建设法规概述、城乡规划法律制度、建设工程勘察设计法律制度、建筑法律制度、建设工程招标投标法律制度、建设工程质量管理法律制度、建设工程安全生产法律制度、城市房地产管理法律制度、合同法律制度等 9 章内容，附录里收录了与课程章节内容配套的法律法规，以便读者能够随时查阅。

本书基于建筑领域最新的法律法规进行编写，案例资料选取了建筑领域里最新的相关事件，案例丰富，生动形象，可读性强，体现了教材编写理念上的先进性和时效性。阅读材料和练习的配备则有助于引导学生进行自主学习。

本书可作为高等院校工程造价、工程管理及土木类相关专业的教材，也可作为土木工程施工、监理、造价咨询等工作人员的参考用书。

图书在版编目（CIP）数据

建设法规 / 李珊，刘明发主编. — 西安：西北工业大学出版社，2022.5
ISBN 978-7-5612-8154-3

Ⅰ.①建… Ⅱ.①李… ②刘… Ⅲ.①建筑法-中国-教材 Ⅳ.①D922.297

中国版本图书馆 CIP 数据核字（2022）第 059983 号

JIANSHE FAGUI
建 设 法 规
李　珊　刘明发　主编

责任编辑：李阿盟　刘　敏	装帧设计：颜　平	
责任校对：孙　倩		
出版发行：西北工业大学出版社		
通信地址：西安市友谊西路 127 号	邮编：710072	
电　　话：(029) 88491757，88493844		
网　　址：www.nwpup.com		
印 刷 者：北京俊林印刷有限公司		
开　　本：787 mm×1 092 mm	1/16	
印　　张：18		
字　　数：415 千字		
版　　次：2022 年 5 月第 1 版	2022 年 5 月第 1 次印刷	
书　　号：ISBN 978-7-5612-8154-3		
定　　价：45.00 元		

如有印装问题请与出版社联系调换

《建设法规》编写委员会

主　编：李　珊　　刘明发

编　者：李　珊　　刘明发　黄　晨
　　　　杨　易　　周　薇　　闻　雯
　　　　周卫华　　马俊东

前 言

随着我国市场经济的不断深化，建筑业、房地产业等建设领域中的市场机制也在不断地规范和完善。在加紧建设法治社会的当下，法律在社会生活的各个方面发挥着不可估量的监督和规范作用。建筑领域以其独有的特点使法律的作用显得尤为重要。建筑领域的劳动成果为人们提供生产、生活的必备场所。建筑工程还具有生产周期长、价值量大、参与方众多等特点，如果出现问题，可能会带来巨大的人员伤亡及财产损失，因此工程建设在国民经济中的地位举足轻重，与国民经济以及人民的生命财产安全息息相关。建设法律通过规范和监督工程建设活动中各方主体的行为，保证建筑工程的质量与安全，维护建筑市场的正常秩序，从而促进建筑业及房地产业的可持续发展。

在"依法治国"的大背景下，特别是随着我国工程建设法律法规的不断完善和建筑业参与国际市场竞争的力量不断加强，土木工程类专业不仅要求学生掌握自然科学知识和专业技术知识，还应当学习和掌握工程建设领域的法律知识。建设法规课程涵盖了工程项目建设全过程中所涉及的法律环节和内容，通过本课程的学习，学生可掌握法律法规的基本知识，培养学生的法律意识，并具备初步解决工程建设领域法律问题的基本能力，这对学生的职业发展道路和建筑市场的有效运转都意义重大。

编写本书的初衷就是认识到对土木工程类专业学生普及建设法律知识的必要性。本书的编写人员均来自建设法规课程、工程项目管理课程教学的第一线教师。他们在实践中积累了不少经验，也形成了一批相关的教学成果。近几年来，随着工程建设领域的新法规、新规范、新标准的不断出台，笔者在该课程讲义的基础上进一步完善了内容，进行了法律法规及相关案例的更新。整体而言，笔者希望推出一本结构完善，内容丰富，具有时效性和应用性的教材。

本书由李珊、刘明发担任主编。全书共9章，其中第1章、第3章、第4章、第8章以及附录部分由李珊编写，第9章由刘明发编写，第2章和第5章由黄晨编写，第6章和第7章由杨易编写，参与编写的还有周薇、闻雯、周卫华和马俊东，他们为本书提供了大量的参考资料。

在编写本书的过程中，参考并引用了相关文献、资料，在此表示谢意！

由于水平有限，书中不妥之处在所难免，敬请各位同行、专家批评指正。

编 者
2022年1月

目　录

第1章　建设法规概论 (1)
1.1　建设法规概述 (2)
1.2　建设法规的构成 (6)
1.3　建设法律关系 (9)
1.4　建设工程法律责任制度 (13)
习题1 (17)

第2章　城乡规划法律制度 (19)
2.1　城乡规划法概述 (20)
2.2　城乡规划的编制与审批 (22)
2.3　城乡规划的实施 (26)
2.4　城乡规划的修改 (33)
2.5　城乡规划的监督检查 (34)
2.6　违法行为及法律责任 (35)
习题2 (37)

第3章　建设工程勘察设计法律制度 (39)
3.1　建设工程勘察设计法律概述 (40)
3.2　建设工程勘察设计发包与承包 (41)
3.3　建设工程勘察设计文件的编制与实施 (43)
3.4　建设工程施工图设计文件的审查 (47)
3.5　建设工程勘察设计监督管理 (52)
习题3 (54)

第4章　建筑法律制度 (57)
4.1　建筑法律制度概述 (58)
4.2　建筑许可 (59)
4.3　建设工程发包与承包 (67)
4.4　建设工程监理 (71)

习题 4 ··· (75)

第 5 章　建设工程招标投标法律制度 ·································· (79)

5.1　建设工程招标投标法概述 ··· (80)
5.2　建设工程项目招标 ··· (84)
5.3　建设工程项目投标 ··· (91)
5.4　建设工程项目的开标、评标与中标 ··· (93)
5.5　违法行为及法律责任 ··· (98)
习题 5 ·· (101)

第 6 章　建设工程质量管理法律制度 ·································· (105)

6.1　建设工程质量管理法律制度概述 ·· (106)
6.2　工程建设标准 ··· (110)
6.3　建设工程质量管理责任和义务 ·· (114)
6.4　建设工程竣工验收与工程质量保修制度 ·· (120)
6.5　建设工程质量的监督管理 ·· (125)
习题 6 ·· (129)

第 7 章　建设工程安全生产法律制度 ·································· (132)

7.1　建设工程安全生产管理法律制度概述 ·· (133)
7.2　安全生产许可证制度 ··· (135)
7.3　建设工程安全责任和义务 ·· (137)
7.4　建设工程安全生产的监督管理 ·· (143)
7.5　建设工程安全事故的处理 ·· (144)
习题 7 ·· (150)

第 8 章　城市房地产管理法律制度 ······································ (153)

8.1　城市房地产管理法律制度概述 ·· (154)
8.2　建设用地制度 ··· (158)
8.3　国有土地上房屋征收与补偿 ·· (170)
8.4　房地产开发管理制度 ··· (175)
8.5　房地产交易制度 ··· (179)
8.6　房地产产权产籍管理 ··· (191)
8.7　物业管理制度 ··· (195)
习题 8 ·· (203)

第 9 章　合同法律制度 ·· (207)

9.1　合同法律制度概述 ··· (208)

9.2 合同的订立 …………………………………………………… (213)
9.3 合同的效力 …………………………………………………… (218)
9.4 合同的履行 …………………………………………………… (223)
9.5 合同的变更、转让与终止 …………………………………… (227)
9.6 合同的违约责任 ……………………………………………… (231)
9.7 合同的担保 …………………………………………………… (235)
习题 9 ……………………………………………………………… (240)

附录 …………………………………………………………………… (244)

附录一　中华人民共和国建筑法 …………………………… (244)
附录二　中华人民共和国招标投标法 ……………………… (253)
附录三　中华人民共和国民法典（第三编合同节选）……… (261)

参考文献 ……………………………………………………………… (277)

第1章 建设法规概论

教学目标

本章主要讲述建设法规的概念、建设法规体系的构成以及建设法律关系的基本知识。通过本章学习,应达到以下目标:

(1) 理解建设法规的概念,了解其调整对象、特征、作用和基本原则;

(2) 掌握建设法规体系的构成;

(3) 掌握建设法律关系的三要素,理解建设法律关系的产生、变更与终止。

引例

"3·7"福建泉州欣佳酒店坍塌事故

一、事故背景

2020年3月7日19时14分,福建省泉州市鲤城区欣佳酒店所在的建筑物发生坍塌事故,造成29人死亡、42人受伤,直接经济损失达5 794万元。发生坍塌事故的泉州市鲤城区欣佳酒店于2018年6月开业,酒店内拥有多种类型客房共计80间。2019年新冠肺炎疫情发生后,被泉州市鲤城区改造为区级医学观察点,用以隔离观察新冠肺炎的密切接触者。

事故调查组依据《生产安全事故报告和调查处理条例》的有关规定,国务院决定成立福建省泉州市欣佳酒店"3·7"坍塌事故调查组并开展调查工作。2020年7月,国务院批复福建省泉州市欣佳酒店"3·7"坍塌事故调查报告,认定事故是一起主要因违法违规建设、改建和加固施工导致建筑物坍塌的重大生产安全责任事故。

二、事故原因

经调查,事故的直接原因是事故责任单位泉州市新星机电工贸有限公司将欣佳酒店所在的建筑物由原来的四层违法增加夹层改建成七层,使得该建筑物达到极限承载能力并处于坍塌临界状态,加之事发生前对底层支承钢柱进行违规加固焊接作业,引发钢柱失稳破坏,导致建筑物整体坍塌。

国务院事故调查组认定,泉州市新星机电工贸有限公司、欣佳酒店的实际控制人杨金锵无视国家有关城乡规划、建设、安全生产以及行政许可等法律法规,违法违规建设施工，弄虚作假，骗取行政许可，长期不落实安全生产责任。相关工程质量检测、建筑设计、消防检测、装饰设计等中介服务机构违规承接业务，出具虚假报告，制作虚假材料帮助事故企业通过行政审批。国务院事故调查组同时认定，福建省、泉州市、鲤城区住房城乡建设部门、国土规划部门、城市管理部门、公安部门、消防部门没有认真履行建筑主管部门安全监管责任，执法不严格，行政审批把关失守。

三、事故反思

事故调查报告指出了福建省有关地方和部门存在以下六个方面的问题：一是没有牢固树立"生命至上、安全第一"的理念；二是依法行政意识淡薄；三是监管执法严重不负责任；四是安全隐患排查治理形式主义问题突出；五是相关部门审批把关层层失守；六是企业违法违规肆意妄为。

事故调查组强调各地党委政府和有关部门特别是福建省、泉州市、鲤城区要深刻吸取该事故的惨痛教训，切实担负起防范、化解安全风险的重大责任，把确保人民生命安全放在第一位，落到实处。

四、事故处理

2020年9月3日，福建省应急管理厅官网发布《福建省贯彻落实〈福建省泉州市欣佳酒店"3·7"坍塌事故调查报告〉整改方案》。对事故单位和技术服务机构给予吊销其营业执照、特种行业许可证、卫生许可证等证照，吊销或降低企业资质，撤销消防设计备案、消防竣工验收备案，列入建筑市场主体"黑名单"，罚款；对有关责任人员吊销其资格证书；对64名有关责任人依法依规其追究责任。

建设工程具有价值量大、参与方多、与人民的生命财产息息相关等特点，然而在一些建设活动中，各种不规范的行为却频频出现。各参与方不规范的建设行为必将导致建设活动的混乱无序，给人民的生命财产带来不可估量的损失，严重地影响了建筑市场的健康发展。建设法规通过调整建设活动中的行政关系、协作关系以及民事关系对建设活动的各个方面进行规范和指导，保护合法的建设行为，处罚违法的建设行为，为各参与方的建设活动提供法律框架与准则，从而有利于建筑市场在健康稳定的轨道上发展。

1.1 建设法规概述

1.1.1 建设法规的概念及调整对象

1. 建设法规的概念

建设法规是指国家权力机关或其授权的行政机关制定的，旨在调整国家及有关机构、企事业单位、社会团体、公民之间在建设活动中或建设行政管理活动中发生的各种社会关系的法律、法规和规章的统称。

建设法规包括调整建设活动各方面关系的法律、法规、部门规章和地方性法规等一系列的规范性法律文件，体现了国家对城市建设、乡村建设、市政建设及社会公用事业等各项建设活动进行组织、管理、协调的方针、政策和基本原则，其主要的法律规范性质多数属于行政法或经济法的范围。

建设法规在建设活动的各个方面发挥着它的作用：它详细规定了哪些是必需的建设行为，哪些是禁止的建设行为；它保护符合法律规定的一切建设行为；它同时还规定了对哪些违法建设行为应做出适当的处罚。

2. 建设法规的调整对象

建设法规的调整对象是建设行政管理关系以及与之密切联系的建设经济协作关系。建设法规调整的范围包括以下三类。

（1）建设活动中的行政管理关系

建设活动中的行政管理关系即国家建设行政管理机关对工程建设活动的组织、监督、协调、管理等进行的行政性职能活动。由于建筑产品的特殊性，建设活动直接关系到国家、人民的生命财产安全，所以国家建设行政主管部门必须对此进行严格的监督管理。这种监督管理贯穿于建设项目的生命周期中，包括建设项目的立项、计划、资金筹集、设计、施工、验收等各个阶段。

国家建设行政主管部门与建设单位（业主）、设计单位、施工单位、建筑材料和设备的生产供应单位及建设监理等中介服务单位产生管理与被管理关系。这种关系当然应该由相应的建设法规来规范和调整。这种行政管理关系有两方面内容：一方面是规划、指导、协调与服务；另一方面是检查、监督、控制与调节。如《中华人民共和国建筑法》（简称《建筑法》）中不仅体现了建设行政主管部门对建设单位、勘察设计单位、施工单位、监理单位等主体从事建设活动的规划与指导，还体现了对其违法行为的监督与处罚。

（2）建设活动中的经济协作关系

建设活动是由许多行业、部门、单位和人员共同参与的复杂活动，各大经济主体为了实现各自的经济利益与目的，必然寻求协作伙伴，随即发生相互间的经济协作关系。如建设单位与勘察设计单位、建筑安装施工单位等发生的勘察设计和施工关系，都要由许多单位和人员共同参与，共同协作完成。在这些协作过程中所产生的权利、义务关系，也应由建设法规来加以规范、调整。这种经济协作关系是平等、自愿、互利的横向协作关系，是通过法定的合同形式来确定的。如《中华人民共和国民法典合同编》与《建筑法》中规定了发、承包双方在订立和履行建设工程合同关系中各自应有的权利与义务。

（3）建设活动中的民事关系

建设活动中的民事关系是指从事建设活动而产生的国家、社会组织、公民之间的民事权利、义务关系。这些关系也需要由建设法规及其他相关法规来调整和规范。

建设活动中的民事关系主要包括建设活动中发生的有关自然人的损害、侵权、赔偿关系；建设领域从业人员的人身和经济权利保护关系；房地产交易中买卖、租赁、产权关系；土地征用、房屋拆迁导致的拆迁安置关系等，以及由此产生的国家、单位和公民之间的民事权利与义务关系。如《中华人民共和国城市房地产管理法》中就有关于城市房屋拆迁补偿的规定。

1.1.2 建设法规的特征

建设法规作为调整建设活动行政管理和建设协作所发生的社会关系的法律规范，除具备一般法律的基本特征外，还具有行政隶属性、经济性、政策性和技术性等特征。

1. 行政隶属性

行政隶属性是建设法规区别于其他法律的主要特征。这一特征决定了建设法规必须要采用直接体现行政权力活动的调整方法，即以行政指令为主的方法调整建设活动的法律关系。常用的调整方式包括授权、命令、禁止、许可、免除、确认、计划、撤销等。

2. 经济性

建设活动与生产、分配、交换、消费各个环节紧密联系，直接为社会创造财富，为国家增加积累，如房地产开发、建设工程勘察设计、施工安装等都是直接为社会创造财富的活动，而建设法规则是建设活动正常运转的有力保障。随着建筑业的发展，其在国民经济中的地位日益突出，建筑业是可以为国家增加积累的一个重要产业部门。由此可见，建设法规的经济性特征是很强的。

3. 政策性

建设法规体现着国家的建设政策。它一方面是实现国家建设政策的工具和手段；另一方面也可以把国家建设政策规范化和体系化。建设法规要随着国家建设形势的变化而变化，使其适应建设形势发展的客观需要。

4. 技术性

建设法规的技术性特征也十分明显。工程建设产品的质量与人民的生命财产安全紧密相连，国家建设法规的制定必须考虑保证建设产品的质量和安全问题。大量的工程建设法规是以技术规范形式存在的。如各种设计规范、施工规范、验收规范和产品质量监测规范等。

1.1.3 建设法规的作用

建设法规是国家组织和管理建设活动、规范建设行为、加强建筑市场管理、保障城乡建设健康发展的重要工具。

建设法规的作用主要体现在以下三个方面。

1. 规范、指导建设行为

建设法规对建设行为的规范指导性表现为两个方面：①必须为一定的建设行为，如《建筑法》第五十二条规定："建筑工程勘察、设计、施工质量必须符合国家有关建筑工程安全标准的要求……"②禁止为一定的建设行为，如《建筑法》第二十六条规定："禁止建筑施工企业超越本企业资质等级许可的业务范围或者以任何形式用其他建筑施工企业的名义承揽工程……"

2. 保护合法建设行为

保护合法建设行为是指对符合法律、法规的建设行为给予确认和保护。

3. 处罚违法建设行为

建设法规要实现对建设行为的规范和指导作用就必须对违法建设行为给予应有的处罚，如《建筑法》第七章关于法律责任的规定即是处罚违法建设行为的具体体现。

1.1.4 建设法规的基本原则

工程建设活动具有周期长、影响因素多、关系复杂、技术要求高等特点，为了保证建设活动的顺利进行，必须贯彻以下基本原则。

1. 从事建设活动应当遵守相关的法律、法规原则

社会主义市场经济是法制经济，工程建设活动应当依法行事。建设法规对于建设活动的规定要与国家有关法律法规相统一。建设活动参与单位和人员不仅应遵守建设法规的规定，还应遵守其他相关法规的规定。

2. 从事建设活动不得损害社会公共利益和他人的合法权益原则

社会公共利益是全体社会成员的整体利益，他人的合法权益也是法律确定并保护的社会权利。保护社会公共利益和他人的合法权益是法律的基本出发点，从事工程建设活动不得损害社会公共利益和他人的合法权益是维护建设市场秩序的保障。

3. 从事建设活动的合法权益受法律保护原则

宪法和法律保护每一个市场主体的合法权益不受侵犯，任何单位和个人都不得妨碍和阻挠依法进行的建设活动，这也是维护建设市场秩序的必然要求。

4. 建设活动应当确保建设工程质量与安全原则

建设工程质量与安全是整个建设活动的核心，是关系到人民生命财产安全的重大问题。建筑业是高风险行业，伤亡率非常高，建设法规通过一系列的规定对建设工程提出了强制性的质量要求和安全要求，同时赋予有关政府部门监督和检查的权力。

5. 建设活动应当符合国家的工程建设标准原则

工程建设标准是指对基本建设中各类工程的勘察、规划、设计、施工、安装、验收等需要协调统一的事项所制定的标准。工程建设标准是衡量工程质量的尺度，是保证工程质量与安全的基础。建设法规中关于工程建设标准的规定对保证技术进步，提高工程建设的质量与安全，发挥社会效益与经济效益，维护国家和人民的利益具有重要作用。

1.2 建设法规的构成

建设法规体系是指已经制定和需要制定的建设法律、建设行政法规和建设部门规章等构成的一个相互联系、相互补充、相互协调的完整统一的框架结构。

我国建设法规体系是以建设法律为龙头，建设行政法规为主干，建设部门规章和地方性建设法规、地方性建设规章为枝干构成的。

1.2.1 建设法律

建设法律是指由全国人民代表大会及其常务委员会颁布施行的属于国务院建设行政主管部门主管业务范围的各项法律。其法律地位和效力仅次于《中华人民共和国宪法》（简称《宪法》）。

建设法律在建设法规体系框架中位于顶层，其法律地位和效力最高，是建设法规体系的核心和基础，如《建筑法》《中华人民共和国城乡规划法》（简称《城乡规划法》）、《中华人民共和国招标投标法》（简称《招标投标法》）等。

1.2.2 建设行政法规

建设行政法规是指由最高国家行政机关即国务院依法制定颁布施行的属于国务院建设行政主管部门主管业务范围的各项法规。建设行政法规的法律地位和效力低于建设法律。

建设行政法规的名称通常以"条例"出现，也可以以"规定""办法""章程"等名称出现。如《建设工程质量管理条例》《建设工程勘察设计管理条例》《建设工程安全生产管理条例》《城市房地产开发经营管理条例》等。

1.2.3 建设部门规章

建设部门规章是指由国务院建设行政主管部门或其与国务院其他相关部门联合制定颁布施行的规章。其法律地位和效力低于建设法律和建设行政法规。

建设部门规章是由国务院各部委制定的法律规范性文件，如《工程建设项目施工招标投标办法》（2013年3月11日修订，国家发展与改革委员会等9部委第23号令）、《建筑业企业资质管理规定》（2015年1月22日住房和城乡建设部令第22号发布，2018年12月进行修订）。

1.2.4 地方性建设法规

地方性建设法规指在不与宪法、法律、行政法规相抵触的前提下，由省、自治区、直辖市人民代表大会及其常委会结合本地区实际情况制定并发布的规范性文件，如

《湖北省建设工程施工招标投标管理办法》和《黑龙江省建筑市场管理条例》等。

地方性建设法规具有地方性，只在本辖区内有效，其法律地位和效力低于建设法律和建设行政法规。

1.2.5 地方建设规章

地方建设规章是指省、自治区、直辖市人民政府根据法律和行政法规制定并颁布的适用于本地区的规范性文件。其法律地位和效力低于建设法律和建设行政法规，低于同级或上级地方性法规。如《湖北省生产安全事故报告和调查处理办法》和《湖北省土地整治管理办法》等。

阅读材料 法律形式（见表1.1）

表 1.1 法律形式

法律形式	制定机关		效力
宪法	全国人民代表大会		最高
法律	全国人大及其常委会		仅次于宪法
行政法规	国务院		低于宪法和法律
地方性法规	省、自治区、直辖市人民代表大会及其常委会		只在本辖区内有效，效力低于法律和行政法规
行政规章	部门规章	国务院各部委	低于法律和行政法规
	地方政府规章	省、自治区、直辖市人民政府	低于法律和行政法规，低于同级或上级地方性法规
国际公约	国家之间缔结的协议		对所有国家机关、社会组织和公民都具有法律效力
自治条例单行条例	民族自治地方的人民代表大会		本自治地方适用
经济特区法规	经济特区所在地省、市的人大及其常委会		本经济特区适用
司法解释	最高人民法院		对法院审判有约束力

《中华人民共和国立法法》（简称《立法法》）第86条规定：地方性法规、规章之间不一致时，由有关机关依照下列规定的权限做出裁决：

1. 同一机关制定的新的一般规定与旧的特别规定不一致时，由制定机关裁决；

2. 地方性法规与部门规章之间对同一事项的规定不一致，不能确定如何适用时，由国务院提出意见，国务院认为应当适用地方性法规的，应当决定在该地方适用地方性法规的规定；认为应当适用部门规章的，应当提请全国人民代表大会常务委员会裁决；

3. 部门规章之间、部门规章与地方政府规章之间对同一事项的规定不一致时，由国务院裁决。

阅读材料 部门法（法律部门）（见表1.2）

法律部门是指一个国家根据一定标准和原则划分的本国同类法律规范的总称。它是法律体系的有机构成部分，也是法律分类的一种形式。

建设工程法律具有综合性的特点，主要是经济法的组成部分，还包括行政法、民商法。

表1.2 法律部门

法律部门	主要调整对象或者领域	列举
宪法及宪法相关法	根本性、全局性的法律基础，决定重大事项的基本制度	《中华人民共和国宪法》《中华人民共和国立法法》《中华人民共和国组织法》《中华人民共和国选举法》《中华人民共和国反分裂国家法》等
民法商法	民法是调整平等主体之间人身关系、财产关系的规范；商法是调整市场经济中商主体、商行为的规范	《中华人民共和国民法典》《中华人民共和国公司法》《中华人民共和国招标投标法》等
行政法	调整国家机关在行政管理活动中与相对人、监督主体之间的各种关系的规范	《中华人民共和国行政许可法》《中华人民共和国行政处罚法》《中华人民共和国行政复议法》《中华人民共和国建筑法》《中华人民共和国城乡规划法》《中华人民共和国城市房地产管理法》等
经济法	调整国家在协调、干预经济运行中发生的经济关系的规范	《中华人民共和国反不正当竞争法》《中华人民共和国反垄断法》《中华人民共和国土地管理法》《中华人民共和国税收管理法》《中华人民共和国标准化法》《中华人民共和国审计法》《中华人民共和国政府采购法》等
社会法	调整劳动关系；调整有关社会保障、社会福利	《中华人民共和国劳动法》《中华人民共和国劳动合同法》《中华人民共和国安全生产法》《中华人民共和国社会保险法》等

续表

法律部门	主要调整对象或者领域	列举
刑法	规定犯罪和刑罚	《中华人民共和国刑法》
诉讼与非诉讼程序法	规定各种诉讼、非诉讼活动程序的法律（程序法，保证前6大实体法顺利实施）	《中华人民共和国民事诉讼法》《中华人民共和国刑事诉讼法》《中华人民共和国行政诉讼法》《中华人民共和国仲裁法》等

1.3 建设法律关系

1.3.1 建设法律关系的概念

1. 法律关系的概念

法律关系是指由法律规范调整一定社会关系而形成的权利与义务关系。法律规范是法律关系产生的前提，法律关系是受法律约束的社会关系，是一定法律规范调整一定社会关系的结果。

2. 建设法律关系的概念

建设法律关系是法律关系的一种，是指由建设法规所确认和调整的，在建设管理和建设协作过程中所产生的权利和义务关系。

1.3.2 建设法律关系的构成要素

法律关系都是由法律关系主体、法律关系客体和法律关系内容三个要素构成。由于三个要素的内涵不同，则形成不同的法律关系，如民事法律关系、行政法律关系、劳动法律关系、经济法律关系等。同样，其中一个构成要素发生变化也就不再是原来的法律关系。

建设法律关系也是由主体、客体和内容三个要素所组成的。

1. 建设法律关系主体

建设法律关系主体是指参加或管理、监督建设活动，受建设法规调整，在法律上享有权利、承担义务的自然人、法人或其他组织。

（1）自然人

自然人是基于出生而依法成为民事法律关系主体的人。自然人包括公民、外国人和无国籍人。

自然人在工程建设活动中可以成为建设法律关系的主体。如施工企业工作人员（建筑工人、专业技术人员、注册执业人员等）同企业签订劳动合同时，即成为建设法律关系主体。

（2）法人

法人是具有民事权利能力和民事行为能力，依法独立享有民事权利和承担民事义务的组织。根据《民法典》第五十八条和第六十条的规定，法人应当依法成立；法人应当有自己的名称、组织机构、住所、财产或者经费；法人以其全部财产独立承担民事责任。

我国的法人分为以下三类。

1）企业法人：指以营利为目的，独立从事商品生产和经营活动的法人。在工程建设活动中，企业法人的表现形式有建设单位、勘察设计单位、施工单位、监理单位、房地产开发企业等。

2）机关法人：指国家机关，包括国家权力机关、行政机关、审判机关和检察机关。国家权力机关是指全国人民代表大会及其常务委员会和地方各级人民代表大会及其常务委员会；行政机关包括国务院及其所属各部委、地方各级人民政府及其职能部门。在工程建设活动中，国务院、建设部以及各级政府等都是机关法人的表现形式，起到审批和监督管理等作用。

3）事业单位和社会团体法人：一般不以营利为目的。事业单位法人如从事卫生、新闻等事业的单位法人，社会团体法人如各种协会、学会、联合会、基金会等的单位法人。

机关法人、事业单位法人、社会团体法人统称为非企业法人。

（3）其他组织

其他组织是指依法或依据有关政策成立，有一定的组织机构和财产，但又不能独立承担民事责任、不具备法人资格的组织。

2. 建设法律关系客体

建设法律关系客体是指参加建设法律关系的主体享有的权利和承担的义务所共同指向的对象。在通常情况下，主体都是为了某一客体，彼此才设立一定的权利和义务，从而产生法律关系，这里的权利和义务所指向的事物，即法律关系的客体。

法律关系客体分为财、物、行为和非物质财富四类。

（1）表现为财的客体

财一般是指资金及各种有价证券。在建设法律关系中表现为财的客体主要是建设资金，如基本建设贷款合同的标的，即一定数量的货币。

（2）表现为物的客体

法律意义上的物是指可为人们控制的并具有经济价值的生产资料和消费资料。在建设法律关系中表现为物的客体主要是建筑材料、建筑机械设备以及建筑物等。

（3）表现为行为的客体

法律意义上的行为是指人的有意识的活动。在建设法律关系中表现为行为的客体主要是完成一定的工作，如勘察设计、施工安装、检查验收等活动。

（4）表现为非物质财富的客体

法律意义上的非物质财富是指人们脑力劳动的成果或智力方面的创作，也称智力成果，如建筑设计方案等。

3. 建设法律关系的内容

建设法律关系的内容指建设法律关系主体享有的权利和承担的义务。

（1）权利

权利是指法律关系主体在法定范围内有权进行各种活动。权利主体可要求其他主体做出一定的行为或抑制一定的行为，以实现自己的权利，因其他主体的行为而使权利不能实现时有权要求国家机关加以保护并予以制裁。

（2）义务

义务是指法律关系主体必须按法律规定或约定承担应负的责任。

义务和权利是相互对应的，相应主体应自觉履行建设义务，义务主体如果不履行或不适当履行相应的义务，就要承担相应的法律责任。如在一个建设工程施工合同所确定的法律关系中，建设单位所享有的权利是在合同约定的期限内获得满足质量要求的完工工程，其承担的义务是按照合同约定的时间和数量对施工单位支付相关的工程款。如果建设单位没有按照合同约定向施工单位进行相关工程款的支付，则要承担违约责任。

建设法律关系三要素如图 1.1 所示。

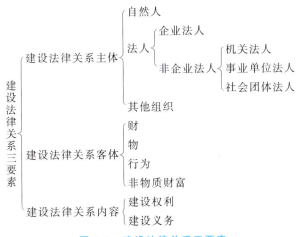

图 1.1 建设法律关系三要素

1.3.3 建设法律关系的产生、变更与终止

1. 建设法律关系的产生、变更与终止的概念

（1）建设法律关系的产生

建设法律关系的产生是指建设法律关系的主体之间形成了一定的权利和义务关系。如某建设单位与施工单位签订了建设工程施工合同，主体双方就产生了相应的权利和义务。此时，受建设法规调整的建设法律关系即告产生。

（2）建设法律关系的变更

构成法律关系的三个要素如果发生变化，就会导致这个特定的法律关系发生变化。法律关系的变更，是指法律关系的三个要素发生变化。

法律关系的变更分为主体变更、客体变更和内容变更。

1) 主体变更。主体变更是指法律关系主体数目的增加或减少，如总承包商将所承揽的工程进行了分包，就导致了主体数目的增加。另外，也可以是主体改变。在合同中，客体不变，相应权利、义务也不变，此时主体改变也称为合同转让。

2) 客体变更。客体变更是指法律关系中权利、义务所指向的事物发生变化。客体变更可以是其范围变更，也可以是其性质变更。

客体范围的变更表现为客体的规模、数量发生变化。例如，由于设计变更，将某挖土方工程的工程量由 200 m³ 增加到了 260 m³。

客体性质的变更表现为原有的客体已经不复存在，而由新的客体代替了原来的客体。例如，由于设计变更，将原合同中的小桥改成了涵洞。

3) 内容变更。法律关系中主体与客体的变更，必然导致相应的权利和义务变更，即内容的变更。

(3) 建设法律关系的终止

建设法律关系的终止是指建设法律关系主体之间的权利和义务不复存在，彼此丧失了约束力。

1) 自然终止。建设法律关系的自然终止是指建设法律关系所规范的权利和义务顺利得到履行，取得了各自的利益，从而使该法律关系达到完结。

2) 协议终止。建设法律关系的协议终止是指法律关系主体之间协商解除某类工程建设法律关系规范的权利和义务，致使该法律关系归于终止。

3) 违约终止。建设法律关系的违约终止是指法律关系主体一方违约，或发生不可抗力，致使某类法律关系规范的权利不能实现。

2. 建设法律关系的产生、变更与终止的原因

法律关系只有在一定情况下才能产生，同样这种法律关系的变更和终止也是由一定情况决定的。这种引起法律关系产生、变更和终止的情况，通常称之为法律事实。法律事实即是法律关系产生、变更和终止的原因。

法律事实按是否包含当事人的意志为依据分为以下两类。

(1) 事件

事件是指不以当事人意志为转移而产生的法律事实。如洪水灾害导致工程施工延期，从而致使建设工程施工合同不能履行等。事件可分为自然事件，如地震、海啸、台风等自然灾害；社会事件，如战争、政府禁令、暴乱等；意外事件，如爆炸事故、触礁、失火等。

(2) 行为

行为是指人的有意识的活动。行为包括积极的作为和消极的不作为。

在建筑活动中，行为通常表现为以下几种：

1) 民事法律行为。民事法律行为是指基于法律规定或有法律依据，受法律保护的行为，如依法签订建设工程施工合同的行为等。

2) 违法行为。违法行为是指受法律禁止的侵犯其他主体的建设权利和建设义务的行为，如违反法律规定或因过错不履行建设工程施工合同的行为等。

3) 行政行为。行政行为是指国家授权机关依法行使对建筑业管理权而发生法律后果的行为，如国家建设管理机关监督执行工程项目建设程序的行为等。

4）立法行为。立法行为是指国家机关在法定权限内通过规定的程序，制定、修改、废止建设法律规范性文件的活动，如国家制定和颁布建设法律、法规、条例、标准定额等行为。

5）司法行为。司法行为是指国家司法机关的法定职能活动。它包括各级检察机构所实施的法律监督，各级审判机构的审判、调解活动等，如人民法院对建筑工程纠纷案件做出判决的行为等。

1.4 建设工程法律责任制度

1.4.1 法律责任概述

1. 法律责任的概念

法律责任也称违法责任，是指行为人因违反法律规定或合同约定的义务而应当承担的强制性的不利后果。

2. 法律责任的特征

（1）法律责任具有法定性

法律责任的法定性表现为法律的强制性，即违反法律时就必然要受到法律的制裁，它是国家强制力在法律规范中的一个具体体现。

（2）引起法律责任的原因是法律关系的主体违反了法律

任何违反法律义务或超越法定权利的行为，都是对法律秩序的破坏，因而必然要受到国家强制力的修正或制裁。

（3）法律责任的大小同违反法律义务的程度相适应

违反法律义务的内容多、程度深，法律责任就大；相反，违反法律义务的内容少、程度浅，法律责任就小。

（4）法律责任须由专门的国家机关和部门来认定

法律责任是根据法律的规定而让违法者承担一定的责任，它必须由专门的国家机关或部门来认定，无权的单位和个人是不能确定相关的法律责任的。

3. 法律责任的构成要件

只有符合一定条件的违法行为才能引起法律责任。法律责任的构成要件有两种：一类是一般构成要件，即只要具备了这些条件就可以引起法律责任，法律无需明确规定这些条件；另一类是特殊要件，即只有具备法律规定的要件时，才能构成法律责任。特殊要件必须有法律的明确规定。

（1）一般构成要件

法律责任的一般构成要件由四个条件构成，它们之间互为联系，缺一不可。这四个条件为：①有损害事实发生；②存在违法行为；③违法行为与损害事实之间有因果关系；④违法者主观上有过错。

（2）特殊构成要件

1）特殊主体。特殊主体指法律规定违法者必须具备一定的身份和职务时才能承担法律责任。像刑事责任中的职务犯罪，如贪污、受贿等，以及行政责任中的职务违法，如徇私舞弊、以权谋私等。不具备这一条件时，则不承担这类责任。

2）无过错责任。许多民事责任的构成要件不管主观上是否存在过错，只要有损害事实发生均要承担相应的法律责任。这种责任反映了法律责任的补偿性，而不具有法律制裁意义。

3）特殊结果。特殊结果中要求后果严重、损失重大。如在建筑工程中质量监督人员对工程质量监督工作粗心大意、不负责任，未发现存在的隐患，从而造成重大质量事故，那么就要承担玩忽职守的法律责任。

4）转承责任。有些法律责任则要求与违法者有一定关系的第三人来承担。如未成年人打伤他人的侵权赔偿责任，应由未成年人的监护人来承担。

4. 法律责任的种类

以引起责任的行为性质为标准，一般可将法律责任分为违宪法律责任、刑事法律责任、民事法律责任、行政法律责任和国家赔偿责任。

民事法律责任是指由于违反民事法律、违约或者由民法规定所应承担的一种法律责任；行政法律责任是指因违反行政法或因行政法规定而应承担的法律责任；刑事法律责任是指行为人因其犯罪行为所必须承担的，由司法机关代表国家所确定的否定性法律后果。

1.4.2 建设工程民事责任的种类及承担方式

民事责任是指按照民法规定，民事主体违反民事义务时所应承担的法律责任。

1. 民事责任的种类

民事责任包括违约责任和侵权责任。违约责任是指合同当事人违反法律规定或合同约定的义务而应承担的责任。侵权责任是指行为人因过错侵害他人财产或对他人人身造成损害而依法应承担的责任。

2. 民事责任的承担方式

民事责任主要是财产责任，如损害赔偿、支付违约金；但也不限于财产责任，还有恢复名誉、赔礼道歉等。承担民事责任的主要方式有以下几种。

1）停止侵害：侵害人终止其正在进行或者延续的损害他人合法权益的行为。

2）排除妨碍：侵害人排除由其行为引起的妨碍他人权利正常行使和利益实现的客观事实状态。

3）消除危险：侵害人消除由其行为或者物件引起的现实存在的某种有可能对他人合法权益造成损害的紧急事实状态。

4）返还财产：侵害人将其非法占有或者获得的财产移交给所有人或者权利人。

5）恢复原状：使受害人的财产恢复到受侵害之前的状态。

6）修理、重作、更换。

7）赔偿损失：一方用金钱来补偿另一方所遭受到的损失。

8）支付违约金：按照当事人的约定或者法律直接规定，一方当事人违约的，应向另一方支付的金钱。

9）消除影响：加害人在其不良影响所涉及的范围内消除对受害人的不利后果。

10）恢复名誉：加害人在其侵害后果所涉及的范围内使受害人的名誉恢复到未曾受损害的状态。

11）赔礼道歉。

3. 建设工程民事责任的主要承担方式

建设工程民事责任的主要承担方式为返还财产、修理、赔偿损失、支付违约金。当建设工程施工合同无效或被撤销后，应当返还财产。一般采取"折价返还"的方式，参照合同约定价款或者按当地市场价据实结算。建设工程质量不合格、竣工验收不合格，还可以采取修理的承担方式。

1.4.3 建设工程行政责任的种类及承担方式

行政责任是指有违反有关行政管理的法律规范的规定，但尚未构成犯罪的行为所依法应当受到的法律制裁。

1. 行政责任的种类

工程建设行政责任分为两类：①公民和法人因违反行政管理法律、法规的行为而应承担的行政责任；②国家工作人员因违反政纪或在执行职务时违反行政法规的行为而应承担的责任。

2. 行政责任的承担方式

行政责任主要包括行政处罚和行政处分。

（1）行政处罚

由国家行政机关或授权的企事业单位、社会团体对公民和法人违反行政管理法律和法规的行为所实施的制裁。行政处罚包括警告，罚款，没收违法所得，没收非法财物，责令停产停业，暂扣或者吊销证照，行政拘留，以及法律、行政法规规定的其他行政处罚。

建筑领域常见的行政处罚包括警告，罚款，没收违法所得，没收违法建筑物、构筑物和其他设施，责令停业整顿，责令停止执业，降低资质等级，吊销资质证书，吊销执业资格证书或者许可证、执照，取消一定期限内参加依法必须招标项目的投标资格等。

在我国工程建设领域，对于建设单位、勘察设计单位、施工单位、工程监理单位等参建单位而言，行政处罚是更为常见的行政责任形式。《中华人民共和国行政处罚法》是规范和调整行政处罚的设定和实施的法律依据。

（2）行政处分

行政处分是由国家机关、企事业单位对其工作人员违反行政法规或政纪的行为所实施的制裁，主要有警告、记过、记大过、降职、降薪、撤职、留用察看和开除等。

1.4.4 建设工程刑事责任的种类及承担方式

建设工程刑事责任是指犯罪主体因违反刑法的规定，实施了犯罪行为时所应承担的法律责任。

1. 刑事责任的承担方式

刑事责任的承担方式是刑事处罚。刑事处罚包括两种处罚形式：①主刑，包括管制、拘役、有期徒刑、无期徒刑和死刑；②附加刑，包括罚金、剥夺政治权利、没收财产、驱逐出境。

有些刑事责任可以根据犯罪的具体情况而免除刑事处罚，有关部门可以根据法律的规定使其承担其他种类的法律责任，如对贪污犯可以给予开除公职的行政处分等。

2. 建筑领域常见的刑事责任

（1）重大责任事故罪

重大责任事故罪是指在生产、作业中违反有关安全管理的规定，因而发生重大伤亡事故或者造成其他严重后果。

《中华人民共和国刑法》（简称《刑法》）第一百三十四条规定，在生产、作业中违反有关安全管理的规定，因而发生重大伤亡事故或者造成其他严重后果的，处三年以下有期徒刑或者拘役；情节特别恶劣的，处三年以上七年以下有期徒刑。

（2）强令违章冒险作业罪

《刑法》第一百三十四条规定，强令他人违章冒险作业，或者明知存在重大事故隐患而不排除，仍冒险组织作业，因而发生重大伤亡事故或者造成其他严重后果的，处五年以下有期徒刑或者拘役；情节特别恶劣的，处五年以上有期徒刑。

（3）重大劳动安全事故罪

《刑法》第一百三十五条规定，安全生产设施或者安全生产条件不符合国家规定，因而发生重大伤亡事故或者造成其他严重后果的，对直接负责的主管人员和其他直接责任人员，处三年以下有期徒刑或者拘役；情节特别恶劣的，处三年以上七年以下有期徒刑。

（4）工程重大安全事故罪

《刑法》第一百三十七条规定，建设单位、设计单位、施工单位、工程监理单位违反国家规定，降低工程质量标准，造成重大安全事故的，对直接责任人员，处五年以下有期徒刑或拘役，并处罚金；后果特别严重的，处五年以上十年以下有期徒刑，并处罚金。

（5）串通投标罪

《刑法》第二百二十三条规定，投标人相互串通投标报价，损害招标人或者其他投标人利益，情节严重的，处三年以下有期徒刑或者拘役，并处或者单处罚金。

投标人与招标人串通投标，损害国家、集体、公民的合法利益的，依照前款的规定处罚。

除此之外，建设工程活动中常见的刑事犯罪还有公司、企业人员受贿罪，向公司、企业人员行贿罪，贪污罪，介绍贿赂罪，单位行贿罪，签订、履行合同失职罪，非法低价出让国有土地使用权罪，强迫职工劳动罪，挪用公款罪，重大环境污染事故罪等。

第 1 章 建设法规概论

习 题 1

一、单选题

1. 在我国法律体系中，效力仅次于宪法而高于其他法的形式是（　　）。
   A. 行政法规　　　B. 法律　　　C. 地方性法规　　　D. 部门规章
2. 下列规范性文件中，效力最高的是（　　）。
   A. 行政法规　　　B. 司法解释　　　C. 地方性法规　　　D. 行政规章
3. 下面属于法律的是（　　）。
   A.《中华人民共和国建筑法》　　　　B.《建设工程安全生产管理条例》
   C.《注册造价工程师管理办法》　　　D.《上海市建筑市场管理条例》
4. 下列关于法人的表述中，错误的是（　　）。
   A. 依法成立　　　　　　　　　　　B. 有必要的财产和经费
   C. 是自然人和企事业单位的总称　　D. 能够独立承担民事责任
5. 某单位与某设计院就购买该设计院某项设计专利签订了合同，此合同法律关系的客体是（　　）。
   A. 财　　　B. 物　　　C. 行为　　　D. 智力成果
6. 能够引起法律关系产生、变更和消灭的情况称为（　　）。
   A. 事件　　　B. 行为　　　C. 法律事实　　　D. 事实

二、多选题

1. 地方性法规与部门规章之间对同一事项的规定不一致，不能确定如何适用时，应当（　　）。
   A. 由全国人民代表大会常务委员会决定
   B. 国务院认为应当适用地方性法规的，应当提请全国人民代表大会常务委员会裁决
   C. 国务院认为应当适用地方性法规的，应当决定在该地方适用地方性法规的规定
   D. 国务院认为应当适用部门规章的，应当决定在该地方适用部门规章的规定
   E. 国务院认为应当适用部门规章的，应当提请全国人民代表大会常务委员会裁决
2. 建设工程法律关系的构成要素是指（　　）。
   A. 主体　　　B. 形式　　　C. 客体
   D. 内容　　　E. 目标
3. 下列可以作为建筑法律关系客体的有（　　）。
   A. 业主　　　B. 承包方　　　C. 建筑物

D. 政府部门　　　E. 各种服务

4. 甲建筑公司承接由乙房地产开发公司开发的 5 栋住宅楼的施工业务，甲与乙签订了工程承包合同。随即甲建筑公司向丙设备租赁公司租用钢管 10 吨、挖掘机 1 台，并签订了租赁合同。在以上的工程承包合同和租赁合同中，属于法律关系客体的有（　　）。

A. 5 栋住宅楼的销售权　　　B. 建造住宅楼的施工行为
C. 10 吨钢管的所有权　　　　D. 10 吨钢管的使用权
E. 挖掘机的使用权

5. 某写字楼工程建设单位和施工单位签订了承包合同，合同中约定了工程款的支付时间和支付方式、质量要求、工期等条款，该合同法律要素属于内容的是（　　）。

A. 写字楼　　　B. 工程款　　　C. 质量
D. 支付方式　　E. 工期

三、简答题

1. 什么是建设法规？建设法规的调整对象是什么？
2. 建设法规的体系是怎么构成的？举例说明每一层级。
3. 建设法律关系的构成要素有哪些？分别是什么含义？

第 2 章　城乡规划法律制度

教学目标

本章主要讲述城乡规划及其法律制度的概念，城乡规划的编制、实施和修改等相关的法律基本知识。通过本章学习，应达到以下目标：

（1）理解城乡规划和城乡规划法的概念，了解其立法目的、适用范围和法律原则；

（2）掌握城乡规划编制和审批的权限；

（3）掌握城乡规划实施管理中的"一书两证"，理解城乡规划的修改、监督检查中的相关法律规定，熟悉城乡规划中的违法行为和法律责任。

引例

某市危险固体废物焚烧站选址问题

某市机械厂地处居民集中区，附近有某公园和正在建设中的生态公园等风景名胜、航海高等专科学校以及某厂生活区。该机械厂工作人员到市环保局办理该厂有关固体废物处理手续时，环保局提议在该厂内建设一个全市性的危险固体废物焚烧站，并安排该局下属的市固体废物管理中心（简称固废中心）与厂方接洽，在得到市固体废物管理中心"没有问题"的保证后，双方达成协议，约定由厂方向固废中心出租场地，建设市固体废物无害化处理环保示范工程项目。该工程建成后在用工上优先考虑厂里分流的职工，工程的立项和报批等手续由固废中心操办，厂方不具体参与工程的建设。该工程总投资约为 327 万元，年处理危险废物约 3 000 吨。工程建成后，当地群众反映强烈，机械厂所在区人大常委会收到群众投诉，反映设在机械厂内的危险固体废物焚烧站严重污染环境和影响厂区卫生，区人大常委会组织了部分市、区人大代表进行视察，听取了固体废中心负责人的介绍，并实地视察了建设工地。固废管理中心负责人解释，危险固体废物焚烧站目前主要进行实验性工作，属于临时设施，不是永久工程，而代表们则认为，纯粹从治理环境污染尤其是工业固体废物、危险废物污染和适应社会经济发展需要的角度来看，积极开展"固体废物无害化处理"的科研和实验非常有意义，但将这一项目设在机械厂厂区内是不适当的，同时，该示范工程还没有办立项报建手续，存在污染环境、破坏生态的严重隐患，遂做出该工程须另行选址建设的决议。

2.1 城乡规划法概述

2.1.1 城乡规划

1. 城乡规划的概念

城市是指国家按行政建制设立的直辖市、市、镇。城乡则包括城市、乡村、集镇和村庄。城乡规划是指对一定时期内城市、镇、乡、村庄的经济和社会发展、土地利用、空间布局以及各项建设的综合部署、具体安排和实施管理。

城乡规划由城镇体系规划、城市规划、镇规划、乡规划和村庄规划组成。城乡规划是政府指导、调控城市和乡村建设的基本手段,是促进城市和乡村协调发展的有效途径,也是维护社会公平、保障公共安全和公众利益、提供公共服务的重要公共政策之一。

2. 规划管理的概念

规划管理是指组织编制和审批城乡规划,并依法对城市、镇、、乡、村庄的土地使用和各项建设的安排实施控制、指导和监督检查的行政管理活动。

3. 规划区的概念

规划区是指城市、镇和村庄的建成区以及因城乡建设和发展需要,必须实行规划控制的区域。规划区分为两个部分:一是建成区,即实际已经成片开发建设,市政公用设施和公共设施基本具备的地区;二是尚未建成但由于进一步发展建设的需要必须实行规划控制的区域。

4. 城乡规划与相关规划的关系

(1) 城乡规划与国民经济和社会发展规划的关系

国民经济和社会发展规划是我国国家计划最重要的表现形式,是城乡规划制定、实施的保障和前提。城乡规划的制定必须以国民经济和社会发展规划为重要依据,这是国民经济和社会发展规划顺利完成的重要方法与途径。

(2) 城乡规划与土地利用总体规划的关系

城乡规划和土地利用总体规划各有侧重。土地利用总体规划处理建设用地与农用地之间的关系,以保护基本农田和耕地为原则,侧重于对建设用地的总量进行控制和基本农田的保护;而城乡规划主要是从城乡各项建设的空间布局进行考虑,在确定的建设用地规模范围内调整土地的利用空间,侧重于建设项目的空间布局和对建设活动的引导控制。编制城乡规划一定要考虑与土地利用总体规划相衔接,体现土地利用总体规划确定的保护基本农田的基本原则,这既有利于城乡建设的发展,又能够保护现有的耕地不被移作他用。

2.1.2 城乡规划法

1. 城乡规划法的概念

城乡规划法有广义和狭义之分。广义的城乡规划法是指调整城市、镇、村庄规划的制定、实施和管理过程中各种社会关系的法律规范的总称。狭义的城乡规划法是指 2008 年 1 月 1 日起实施的《中华人民共和国城乡规划法》（以下简称《城乡规划法》），分别于 2015 年 4 月、2019 年 4 月进行了两次修正，该法律包括总则、城乡规划的制定、城乡规划的实施、城乡规划的修改、监督检查、法律责任、附则等内容，共有 7 章 70 条。

2. 城乡规划法的立法目的

新的《城乡规划法》将全部城乡规划法统一纳入一个法律管理，目的是为了加强城乡规划管理，协调城乡空间布局，改善人居环境，促进城乡经济社会全面、协调、可持续发展。其具体包括以下目的：

1) 加强城乡规划管理是城乡规划法的直接目的；
2) 协调城乡空间布局、改善人居环境是城乡规划法的根本目的；
3) 促进城乡经济社会全面、协调、可持续发展是城乡规划法的终极价值目标。

3. 城乡规划法的适用范围

城乡规划法的适用范围包括地域适用范围和人的适用范围两方面。

城乡规划法的地域适用范围指规划区，即城市、镇、乡、村庄的建成区以及由于城乡建设和发展需要必须实行规划控制的区域。

城乡规划法的人的适用范围指的是，凡是与城乡规划的编制、审批、管理活动有关的单位和个人，都适用于该法。其具体包括以下单位和个人：

1) 负责城乡规划的编制、审批和管理的各级人民政府、城乡规划行政主管部门和其他相关部门及有关人员；
2) 具体从事城乡规划编制工作的生产、科研、教学、设计单位及有关人员；
3) 凡在城乡规划区内进行建设活动的建设单位、勘察设计单位、施工企业、其他相关单位及上述单位的有关人员。

4. 城乡规划的法律现状

我国在 20 世纪 50 年代颁布《城市规划编制办法》。1978 年开始实施《关于加强城市建设工作的意见》。1984 年颁布的《城市规划条例》，是城市规划领域一部非常重要的行政法规。1989 年 12 月 26 日，第七届全国人大第十一次常委会通过了《中华人民共和国城市规划法》，自 1990 年 4 月 1 日起施行。《中华人民共和国城市规划法》是我国在城市规划、城市建设和城市管理方面的第一部法律，是涉及城市建设和发展全局的一部基本法，它对我们建设具有中国特色的社会主义现代化城市，不断改善城市的投资环境和劳动、生活环境，具有重大的指导意义。1993 年开始施行《村庄和集镇规划建设管理条例》。为了加强城乡规划管理，协调城乡空间布局，改善人居环境，促进城乡经济社会全面、协调、可持续发展，由第十届全国人民代表大会常务委员会第三十次会议于 2007 年 10 月 28 日通过，自 2008 年 1 月 1 日起施行《中华人民共和国城乡规划法》。2015年4月24日，第十二届全国人民代表大会常务委员会第十四次会议对《中华人民共和国城乡规划法》做出第一次修正；2019年4月23日，第十三届全国人民代表大会常务委员会第十次会议对《中华人民共和国城乡规划法》做出第二次修正。

5. 城乡规划法的法律原则

（1）城乡统筹、合理布局、节约土地、集约发展的原则

我国人口众多、人均占地较少、耕地总量也少。随着经济和社会的发展，农业人口要逐步转为城市人口，这就要求在保持农用地不减少的前提下，增加城市用地和改善人口的居住用地条件。在城乡规划中要以节约用地为根本原则，调整用地结构、统筹规划、合理安排。

（2）先规划后建设的原则

城乡规划必须从实际出发，科学预测城市远景发展的需要，使城乡的发展规模、各项建设标准、定额指标、开发程序同国家和地方的经济技术发展水平相适应。

（3）保护自然资源和历史文化遗产原则

城乡规划应当注意保护和改善城乡生态环境，防止污染和其他公害的产生，加强城乡绿化建设和市容环境卫生建设，促进资源、能源的节约和综合利用，保护耕地等自然资源和历史文化遗产。

（4）体现地方特色，保持民族传统和地方风貌原则

城乡规划还应注意保护城乡传统风貌、地方特色和自然景观。民族自治地方的城乡规划应当注意保持民族传统和地方特色。

（5）符合区域人口发展、国防建设、防灾减灾和公共卫生、公共安全需要的原则

城乡规划应当符合城市防火、防爆、抗震、防洪、防泥石流和治安、交通管理、人民防空建设等要求；在可能发生强烈地震和严重洪水灾害的地区，必须在规划中采取相应的抗震、防洪措施。

2.2 城乡规划的编制与审批

2.2.1 城乡规划的编制内容

1. 城镇体系规划的编制内容

城乡规划是一个多层次的规划体系，由若干项规划内容构成，具体情况见图2.1。其中，城镇体系规划主要分为全国城镇体系规划和省域城镇体系规划。全国城镇体系规划用于指导省域城镇体系规划、城市总体规划的编制。省域城镇体系规划是从宏观上控制城镇规模、加强资源利用、促进环境保护和空间布局，引导城镇合理发展的总体布置。省域城镇体系规划应涉及的城镇包括市、县城和其他重要的建制镇、独立工矿区。省域城镇体系规划主要内容包括城镇空间布局和规模控制，重大基础设施的布

局，为保护生态环境、资源等需要严格控制的区域布局等。

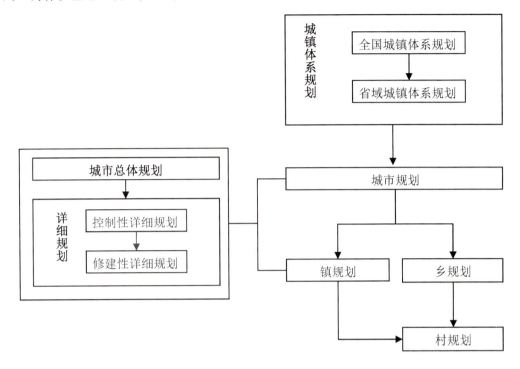

图 2.1 城乡规划体系构成

2. 城市规划、镇规划的编制内容

城市规划、镇规划分为总体规划和详细规划。城市、镇总体规划是指从宏观上控制城市、镇土地利用和空间布局，引导城、镇合理发展的总体布置，规划期限一般为20年。城市、镇总体规划的内容包括城市、镇发展布局，功能分区，用地布局，综合交通体系，划分禁止、限制和适宜建设的地域范围，以及各类专项规划等。

（1）城市总体规划

城市总体规划主要包括总体规划纲要、市域城镇体系规划、中心城区规划、专项规划和近期建设规划。

1）总体规划纲要。总体规划纲要是对总体规划需要确定的主要目标、方向和内容提出原则性意见，作为总体规划的依据。其内容包括：①市域城镇体系规划纲要；②提出城市规划区范围；③分析城市职能、提出城市性质和发展目标，提出禁建区、限建区、适建区范围；④预测城市人口规模；⑤研究中心城区空间增长边界，提出建设用地规模和建设用地范围；⑥提出交通发展战略及主要对外交通设施布局原则；⑦提出重大基础设施和公共服务设施的发展目标；⑧提出建立综合防灾体系的原则和建设方针。

2）市域城镇体系规划纲要。市域城镇体系规划纲要是在城市范围内确定所属城镇的数量、性质、规模和布局的综合部署，是政府对一定地区经济社会发展实行宏观调控和引导的重要手段。其内容包括：①提出市域城乡统筹的发展战略；②确定生态环境、土地和水资源、能源、自然和历史文化遗产等方面的保护与利用的综合目标和要求，提出空间管制原则和措施；③预测市域总人口及城镇化水平，确定各城镇人口规模、职能分工、空间布局和建设标准；④提出重点城镇的发展定位、用地规模和建设用地控制范围；⑤原则上确定市域交通、通讯、能源、供水、排水、防洪、垃圾处理等重大基础设施，重要社会服务设施，危险品生产储存设施的布局；⑥根据城市建设、发展和资源管理的需要划定城市规划区；⑦提出实施规划的措施和有关建议。

3) 中心城区规划。中心城区规划的内容包括：①分析确定城市性质、职能和发展目标；②预测城市人口规模；③划定禁建区、限建区、适建区和已建区，并制定空间管制措施；④安排建设用地、农业用地、生态用地和其他用地；⑤研究中心城区空间增长边界，确定建设用地规模，划定建设用地范围。

4) 专项规划。城市总体规划应当明确综合交通、环境保护、商业网点、医疗卫生、绿地系统、河湖水系、历史文化名城保护、地下空间、基础设施以及综合防灾等专项规划。

5) 近期规划。近期建设规划应当以重要基础设施，公共服务设施和中、低收入居民住房建设以及生态环境保护为重点内容，明确近期建设的时序、发展方向和空间布局。近期建设规划的期限原则上应当与城市国民经济和社会发展规划的年限一致，一般为 5 年。

城市总体规划中的强制性内容主要包括规划区范围、规划区内建设用地规模、基础设施和公共服务设施用地、水源地和水系、基本农田和绿化用地、环境保护、自然与历史文化遗产保护以及防灾减灾等。

另外，在城市总体规划中还包含"四线"的概念。城市绿线，是指城市各类绿地范围的控制线；城市紫线，是指国家历史文化名城内的历史文化街区和省、自治区、直辖市人民政府公布的历史文化街区的保护范围界线，以及历史文化街区外经县级以上人民政府公布保护的历史建筑的保护范围界线；城市蓝线，是指城市规划确定的江、河、湖、库、渠和湿地等城市地表水体保护和控制的地域界线；城市黄线，是指对城市发展全局有影响的、城市规划中确定的、必须控制的城市基础设施用地的控制界线。

(2) 城市详细规划

城市详细规划是以城市总体规划或者分区规划为依据，详细规定建设用地的各项控制指标和其他规划管理要求，或者直接对建设做出具体的安排和规划设计。城市详细规划分为控制性详细规划和修建性详细规划。

1) 控制性详细规划。控制性详细规划是确定建设区域内的土地使用性质和使用强度的控制指标、道路和工程管线控制性位置以及空间环境控制的规划要求。控制性详细规划确定的各地块的主要用途、建筑密度、建筑高度、容积率、绿地率、基础设施和公共服务设施配套规定应当作为强制性内容。

2) 修建性详细规划。修建性详细规划是控制性详细规划的具体化，它是制订用以指导各项建筑和工程设施的设计和施工的规划设计。修建性详细规划应当包括：①建设条件分析及综合技术经济论证；②建筑、道路和绿地等的空间布局和景观规划设计、布置总平面图；③对住宅、医院、学校和托幼等建筑进行日照分析；④根据交通影响分析，提出交通组织方案和设计；⑤市政工程管线规划设计和管线综合；⑥竖向规划设计；⑦估算工程量、拆迁量和总造价，分析投资效益。

3. 乡规划和村庄规划的编制内容

乡规划、村庄规划的内容应当包括规划区范围，住宅、道路、供水、排水、供电、垃圾收集、畜禽养殖场所等农村生产、生活服务设施，公益事业等各项建设的用地布局和建设要求，以及对耕地等自然资源和历史文化遗产保护、防灾减灾的具体安排。乡规划还应包括本行政区域的村庄发展布局。

2.2.2 城乡规划的编制权限

1. 城镇体系规划的编制权限

全国城镇体系规划由国务院城乡规划主管部门组织编制，省域城镇体系规划由各个省、自治区政府组织编制。

2. 城市规划、镇规划的编制权限

（1）城市、镇总体规划的编制权限

城市人民政府负责组织编制城市总体规划，具体工作由城市人民政府建设主管部门承担。县级人民政府所在地镇的城市总体规划，由县级人民政府负责组织编制。

（2）城市详细规划的编制权限

控制性详细规划由城市人民政府建设主管部门依据已经批准的城市总体规划或者城市分区规划组织编制。

修建性详细规划可以由有关单位依据控制性详细规划及建设主管部门提出的规划条件，委托城市规划编制单位进行编制。

3. 乡规划和村庄规划的编制权限

乡、镇人民政府组织编制乡规划、村庄规划。乡规划、村庄规划的编制应当从农村实际出发，尊重村民意愿，体现地方和农村特色。

2.2.3 城乡规划的编制单位

城乡规划组织编制机关应当委托具有相应资质等级的单位承担城乡规划的具体编制工作。从事城乡规划编制工作的单位需经国务院城乡规划主管部门或者省、自治区、直辖市人民政府城乡规划主管部门依法审查合格，取得相应等级的资质证书后，方可在资质等级许可的范围内从事城乡规划编制工作，除此之外还应具备下列条件：

1) 有法人资格；
2) 有规定数量的经相关行业协会注册的规划师；
3) 有规定数量的相关专业技术人员；
4) 有相应的技术装备；
5) 有健全的技术、质量、财务管理制度。

另外，编制城乡规划必须遵守国家有关标准，还应当具备国家规定的勘察、测绘、气象、地震、水文、环境等基础资料。

根据住房和城乡建设部颁布的《城市规划编制单位资质管理规定》，城乡规划单位的资质等级分为甲级、乙级、丙级三个级别。

2.2.4 城乡规划的审批

1. 城镇体系规划的审批

全国城镇体系规划由国务院城市规划行政主管部门报国务院审批。省域城镇体系规划由省、自治区人民政府报经国务院同意后，由国务院城市规划行政主管部门批复。市域、县域城镇体系规划纳入城市和县级人民政府驻地镇的总体规划。跨行政区域的城镇体系规划，需报有关地区的共同上级人民政府审批。

2. 城市规划、镇规划的审批

直辖市的城市总体规划，由直辖市人民政府报国务院审批。省、自治区人民政府所在地的城市以及国务院确定的城市的总体规划，由省、自治区人民政府审查同意后，报国务院审批。其他城市的总体规划，由城市人民政府报省、自治区人民政府审批。县级人民政府所在地镇的总体规划，属行政市管辖的，由市人民政府审批。其他建制镇的总体规划，由县级人民政府审批。城市详细规划由该市人民政府审批。

3. 乡规划和村庄规划的审批

乡、村庄规划报上一级人民政府审批。村庄规划在报送审批前，应当经村民会议或者村民代表会议讨论同意。

城乡规划报送审批前，组织编制机关应当依法将城乡规划草案予以公告，并采取论证会、听证会或者其他方式征求专家和公众的意见，公告的时间不得少于30天。组织编制机关应当充分考虑专家和公众的意见，并在报送审批的材料中附上意见采纳情况及理由。

2.3 城乡规划的实施

2.3.1 城乡规划实施的原则

城乡规划的实施是指城乡规划经法定程序批准生效后，即具有了法律效力，在城乡规划区内的任何土地利用及各项建设活动，都必须符合城乡规划，满足城乡规划的要求，使生效的城乡规划得以实现。地方各级人民政府在组织实施城乡规划的过程中应遵循以下原则：

1）根据当地社会经济发展水平实施。城市的建设和发展应当优先安排基础设施以及公共服务设施的建设；镇的建设和发展应当为周边农村提供服务；乡、村庄的建设和发展应当因地制宜。

2）量力而行。城市的建设和发展应当妥善处理新区开发与旧区改建的关系；乡、村庄的建设和发展应当引导村民合理进行建设，改善农村的生产、生活条件。

3）尊重群众意愿。城市的建设和发展应当统筹兼顾进城务工人员生活和周边农村经济社会发展、村民生产与生活的需要。

4）有计划、分步骤地组织实施。镇的建设和发展应当结合农村经济社会发展和产业结构的调整进行。

2.3.2 新区开发与旧区改建

1. 新区开发

（1）新区开发的概念

城市的新区开发，是指随着城市经济与社会的发展，为满足城市建设的需要，按照城市总体规划的部署，在城市现有建成区以外的地段，进行集中成片、综合配套的开发建设活动。

城市新区开发的主要形式有新市区的开发建设、经济技术开发区的建设、卫星城镇的开发建设以及新工矿区的开发建设。

（2）新区开发的原则

城市新区开发应遵循以下原则：①应当确定合理的建设规模和时序；②应当充分利用现有市政基础设施和公共服务设施；③应当严格保护自然资源和生态环境；④应当体现地方特色。

在城市总体规划、镇总体规划确定的建设用地范围以外，不得设立各类开发区和城市新区。

2. 旧区改建

（1）旧区改建的概念

城市旧区是在长期的历史发展过程中逐步形成的，通常历史文化遗存比较丰富，历史格局和传统风貌比较完整，但旧区同时也存在城市格局尺度比较小、人口密度高而且居民中低收入人群占的比例较高、基础设施比较陈旧、道路交通比较拥堵、房屋质量比较差等问题，迫切需要进行更新和完善。

城市的旧区改建即按照统一规划、对现有城区进行有计划、有步骤的改造，使之适应城市经济、社会发展整体需要的建设活动。

（2）旧区改建的原则

城市旧区改建应遵循以下原则：①应当保护历史文化遗产和传统风貌；②应当合理地确定拆迁和建设规模；③应当有计划地对危房集中、基础设施落后等地段进行改建。

另外，实施城乡规划过程中涉及风景名胜时必须遵循的原则为：①严格保护和合理利用风景名胜资源；②统筹安排风景名胜区及周边镇、乡、村庄的建设。

2.3.3 建设项目选址意见书

城乡规划管理的主要方式是依据《城乡规划法》审批、核发"一书两证"，即建设项目选址意见书、建设用地规划许可证、建设工程规划许可证。

1. 建设项目选址意见书的概念

建设项目选址意见书是指建设工程（主要是新建的大、中型工业与民用建设项目）在立项过程中，由城乡规划行政主管部门出具的该建设项目是否符合城乡规划要求的意见书。《城乡规划法》第三十六条规定，按照国家规定需要有关部门批准或者核准的建设项目，以划拨方式提供国有土地使用权的，建设单位在报送有关部门批准或者核准前，应当向城乡规划主管部门申请核发选址意见书。前款规定以外的建设项目不需要申请选址意见书。

依据《城乡规划法》的规定，建设单位在上报设计任务书前，其项目拟建地址必须先经城乡规划部门审查，并取得其核发的选址意见书，然后方可连同设计任务书一并上报，否则，有关部门对设计任务书将不予审批。

2. 建设项目选址意见书的内容

建设项目选址意见书应当包括下列内容：

（1）建设项目的基本情况

建设项目的基本情况包括：①建设项目的名称、性质、用地与建设规模；②供水、能源的需求量、运输方式与运输量；③废水、废气、废渣的排放方式和排放量等。

（2）建设项目规划选址的主要依据有以下几个方面：

1）经批准的项目建议书；

2）建设项目与城市规划布局的协调；

3）建设项目与城市交通、通讯、能源、市政、防灾规划的衔接与协调；

4）建设项目配套的生活设施与城市生活居住及公共设施规划的衔接与协调；

5）建设项目对于城市环境可能造成的污染影响，以及与城市环境保护规划和风景名胜、文物古迹保护规划的协调。

（3）建设项目选址、用地范围和具体规划要求

建设项目选址意见书还应当包括除建设项目地址和用地范围外的附图和明确有关问题的附件。附图和附件是建设项目选址意见书的配套证件，具有同等的法律效力。附图和附件由发证单位根据法律、法规规定和实际情况制定。

3. 申请建设项目选址意见书的程序

需要申请核发选址意见书的项目，首先由建设单位向当地市、县人民政府城乡规划行政主管部门提出选址申请，即填写建设项目选址申请表，然后由城乡规划行政主管部门根据《建设项目选址规划管理办法》第七条的规定，分级核发建设项目选址意见书。

按规定应由上级城乡规划行政主管部门核发选址意见书的建设项目，市、县城乡规划行政主管部门应对建设单位的选址报告进行审核，并提出选址意见，报上级城乡规划行政主管部门核发建设项目选址意见书。

4. 选址意见书的审批与核发

国家审批的大、中型和限额以上的建设项目，由项目所在地县、市人民政府城市规划行政主管部门提出审查意见，报省、自治区、直辖市人民政府城市规划行政主管

部门核发选址意见书，并报国务院城市规划行政主管部门备案。中央各部门、公司审批的小型和限额以下的建设项目，其选址意见书由项目所在地县、市人民政府城市规划行政主管部门核发。省、自治区建设项目由项目所在地县、市人民政府城市规划行政主管部门提出审查意见，报省、自治区人民政府城市规划行政主管部门核发。

阅读材料 某市110千伏变电站选址

某省电力公司为进一步完善城市输变电系统，增加区域供电能力，建设项目持该项目建议书批复等申请材料向市规划主管部门提出正式选址申请，拟在城市主干道春园路沿线兴建一座110kV变电站，用地规模约3 000平方米，变电站进出电力线沿城市主干道春园路布置。该用地位于一个居民小区内的空地，北面、东面都是多层住宅，西侧有一处锅炉房，南侧紧临小区游乐园。

经市规划主管部门审查，该项目根据相关规定需核发选址意见书，建设主体符合法定资格，申请事项符合法定程序，申请材料齐备。结合项目特点，规划部门还重点审查了以下几个条件：

1) 变电站的选址是否符合控制性详细规划和电力专项规划。
2) 变电站的用地规模是否符合国家规范和相关技术规定。
3) 变电站选址和进出线是否满足城市防灾和公共安全要求。

经过审查，变电站选址符合城市规划，距离周边建筑和构筑物的间距符合相关规范要求，可以保证周边建筑和构筑物的安全。市规划主管部门依据城市规划要求以及各相关部门意见，决定同意该变电站在春园路南选址定点，用地规模3 000平方米，建筑规模控制在2 500平方米以下，要求建设采取必要技术措施，确保周边安全，并向该建设单位颁发《建设项目选址意见书》及相关的附件和附图。

2.3.4 建设用地规划许可证

1. 建设用地规划许可证的概念和作用

建设用地规划许可证是指城乡规划行政主管部门依据城乡规划的要求和建设项目用地的实际需要，向提出用地申请的建设单位或个人核发的确定建设用地的位置、面积、界限的证件。

核发建设用地规划许可证的目的在于确保土地利用符合城市规划，维护建设单位按照规划使用土地的合法权益，为土地管理部门在规划区内行使权属管理职能提供必要的法律依据。

2. 以划拨方式取得土地使用权的建设用地规划

（1）法律规定

《城乡规划法》第三十七条规定，在城市、镇规划区内以划拨方式提供国有土地使用权的建设项目，经有关部门批准、核准、备案后，建设单位应当向城市、县人民政府城乡规划主管部门提出建设用地规划许可申请，由城市、县人民政府城乡规划主管部门依据控制性详细规划核定建设用地的位置、面积、允许建设的范围，核发建设用地规划许可证。

建设单位在取得建设用地规划许可证后,方可向县级以上地方人民政府土地主管部门申请用地,经县级以上人民政府审批后,由土地主管部门划拨土地。

(2) 程序

以划拨方式取得国有土地使用权的建设项目,办理建设用地规划许可证的程序如图2.2所示。

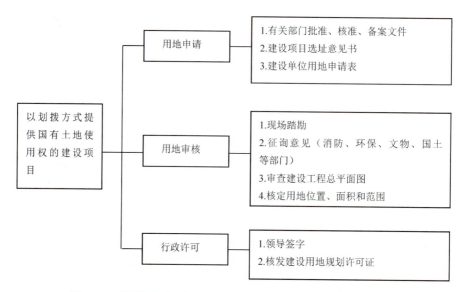

图 2.2　以划拨方式取得土地使用权的建设用地规划申请的程序

其具体内容包括以下几个方面:

1) 用地申请。凡在城市规划区内进行建设需要申请用地的,必须持国家批准建设项目的有关文件,向城乡规划主管部门提出定点申请。

2) 确定位置和界限。城市规划行政主管部门在受理申请后,与有关单位一起到用地现场进行实地调查、踏勘,同时,向其他相关部门(如环境保护、消防安全、文物保护、土地管理等方面的主管部门)征求意见。

3) 提供规划设计条件。在用地申请初审后,向申请人提供建设用地红线图,并提出规划设计要求。

4) 提供规划设计总图。根据用地申请人上报的总平面图和相关设计图,城市规划行政主管部门根据城市规划要求和用地实际情况,依据合理用地、节约用地的原则,核定用地面积。

5) 核发建设用地规划许可证。经上述审查合格后,城市规划行政主管部门向申请人颁发建设用地规划许可证。

3. 以出让方式取得土地使用权的建设用地规划

(1) 法律规定

《城乡规划法》第三十八条规定,以出让方式取得国有土地使用权的建设项目,建设单位在取得建设项目的批准、核准、备案文件和签订国有土地使用权出让合同后,向城市、县人民政府城乡规划主管部门领取建设用地规划许可证。

在城市、镇规划区内以出让方式提供国有土地使用权的,在国有土地使用权出让前,城市、县人民政府城乡规划主管部门应当依据控制性详细规划,提出出让地块的位置、使用性质、开发强度等规划条件,作为国有土地使用权出让合同的组成部分。

规划条件是指由城市、县人民政府城乡规划主管部门根据控制性详细规划提出的包括出让地块的位置、使用性质、开发强度等方面的要求。规划设计条件应当包括地块面积、土地使用性质、容积率、建筑密度、建筑高度、停车泊位、主要出入口、绿地比例、须配置的公共设施、工程设施、建筑界线、开发期限以及其他要求。未确定规划条件的地块,不得出让国有土地使用权。城市、县人民政府城乡规划主管部门不得在建设用地规划许可证中,擅自改变作为国有土地使用权出让合同组成部分的规划条件。

（2）程序

以出让方式取得国有土地使用权的建设项目,办理建设用地规划许可证的程序如图 2.3 所示。

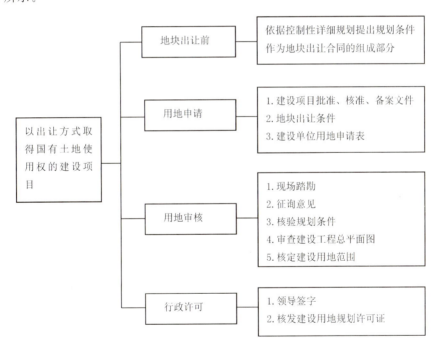

图 2.3　以出让方式取得土地使用权的建设用地规划申请的程序

其具体内容包括以下几个方面:

1) 申请并取得规划条件。向城乡规划主管部门申请并取得规划条件。

2) 申请并取得建设用地规划许可证。持建设项目的批准、核准、备案文件与国土主管部门签订土地出让合同,并按期缴纳完毕出让金,向城乡规划主管部门申请并取得建设用地规划许可证。

2.3.5 建设工程规划许可证

1. 建设工程规划许可证的概念和要求

建设工程规划许可证是指城乡规划行政主管部门向建设单位或个人核发的确认其建设工程符合城乡规划要求的证件，它是申请工程开工的必备证件。《城乡规划法》第四十条规定，在城市、镇规划区内进行建筑物、构筑物、道路、管线和其他工程建设的，建设单位或者个人应当向城市、县人民政府城乡规划主管部门或者省、自治区、直辖市人民政府确定的镇人民政府申请办理建设工程规划许可证。

申请办理建设工程规划许可证应提交相应的材料，主要包括：①使用土地的有关证明文件，通常是指使用权属证明文件；②有关建设工程的设计方案等材料；③需要建设单位编制修建性详细规划的建设项目，还应当提交修建性详细规划。

2. 建设工程规划许可证的作用

建设工程规划许可证是建设工程符合规划要求的法律凭证，是建设单位向建设行政主管部门申请施工许可的前提，建设工程的规划许可证一是可以确认城市中有关建设活动符合法定规划的要求，确保建设主体的合法权益；二是可以作为在建设活动进行过程中接受监督检查时的法定依据；三是可以作为城乡建设档案材料的重要内容。

3. 申请建设工程规划许可证的一般程序

（1）提出建设申请

建设单位或个人持被批准的设计任务书、建设用地规划许可证、土地使用权证等文件到城市规划行政主管部门提出申请。

（2）核发规划设计要点通知书

城市规划部门在受理申请后，根据城市详细规划要求，提出工程设计要求。

（3）核发设计方案通知书

建设单位或个人先根据上述的规划条件，完成总平面设计、交通组织设计、工程周围环境关系和建筑方案，将设计方案的图纸、文件报送城市规划行政主管部门进行审批。城市规划行政主管部门审查后，根据规划的合理性、节约用地、城市综合整体的原则，对方案提出修改意见，之后核发设计方案通知书。

（4）核发建设工程规划许可证

规划主管部门在审查建设单位送交的总平面图，个体建筑的平、立、剖面图，基础图等施工图纸后，发给建设工程规划许可证。建设单位在取得工程规划许可证后才可以施工。

4. 乡村建设规划许可证

《城乡规划法》第四十一条规定，在乡、村庄规划区内进行乡镇企业、乡村公共设施和公益事业建设的，建设单位或者个人应当向乡、镇人民政府提出申请，由乡、镇人民政府报城市、县人民政府城乡规划主管部门核发乡村建设规划许可证。建设单位或者个人在取得乡村建设规划许可证后，方可办理用地审批手续。

阅读材料　张某违规搭建房屋

张某家住某市中山区新安中里7号楼308号。未经城市规划部门的批准，他擅自在新建的12号楼东北侧便道上搭建了一间简易房屋用于经营。该区城市管理监察大队在检查中发现后，认为张某违反了《某市城市规划条例》的有关规定，遂依法通知其限期改正，自行拆除。但在规定期限内，张某未予改正。区城管大队又依据《违反〈某市城市规划条例〉行政处罚办法》第三条的规定，做出了责令限期拆除的决定，并于次日向张某送达了决定书，责令其自行拆除违法建设。张某不服，向本区人民法院提起行政诉讼。他认为其所搭建的简易房屋虽系违法建设，但其周围还有其他的违法建设，被告不应仅对其违法建设的房屋进行查处，故诉请法院撤销被告所作决定。

评析：

这是一起个人没有建设工程规划许可证违法建设房屋的实例。张某所建的简易房屋，既没有申请建设工程规划许可证，也没有申请临时建设工程规划许可证，明显属于违法建设。区城管大队系经国家和某市有关部门批准依法成立的区级综合性行政执法机关，其有权依据城市规划管理法律、法规、规章的规定，对辖区内无建设工程规划许可证的违法建设进行查处，并可责令其改正或予以行政处罚。

《中华人民共和国城乡规划法》明确规定，在城乡规划区内进行建设，应取得《建设工程规划许可证》及其他有关批准文件，否则视为违法建设。张某显然已违反了上述法律、法规的规定，区城管大队对该违法建设行为进行的查处是正确的，基本事实清楚，适用法律、法规正确，处理程序合法。至于张某关于区城管大队需对他人的违法建设问题做出处理的要求，应通过其他途径解决，且与张某违法建设无关，以此作为区城管大队对其违法行为处理不公正的理由不能成立。

2.4　城乡规划的修改

2.4.1　城乡规划实施评估制度

省域城镇体系规划、城市总体规划、镇总体规划的组织编制机关，应当组织有关部门和专家定期对规划的实施情况进行评估，并采取论证会、听证会或者其他方式征求公众意见。组织编制机关应当向本级人民代表大会常务委员会、镇人民代表大会和原审批机关提交评估报告并附具征求意见的情况。

2.4.2　城乡规划修改的条件

《城乡规划法》第四十七条规定，有下列情形之一的，组织编制机关方可按照规定的权限和程序修改省域城镇体系规划、城市总体规划、镇总体规划：
　　1）上级人民政府制定的城乡规划发生变更，提出修改规划要求的；
　　2）行政区划调整确需修改规划的；
　　3）因国务院批准重大建设工程确需修改规划的；
　　4）经评估确需修改规划的；
　　5）城乡规划的审批机关认为应当修改规划的其他情形。

2.4.3　城乡规划修改的程序

1. 省域城镇体系规划、城市总体规划、镇总体规划的修改程序

修改省域城镇体系规划、城市总体规划、镇总体规划前，组织编制机关应当对原规划的实施情况进行总结，并向原审批机关报告；修改涉及城市总体规划、镇总体规划强制性内容的，应当先向原审批机关提交专题报告，经同意后，方可编制修改方案。修改后的省域城镇体系规划、城市总体规划、镇总体规划，应当依照规定的审批程序报批。

2. 控制性详细规划的修改程序

修改控制性详细规划的，组织编制机关应当对修改的必要性进行论证，征求规划地段内利害关系人的意见，并向原审批机关提出专题报告，经原审批机关同意后，方可编制修改方案。修改后的控制性详细规划，应当依照规定的审批程序报批。控制性详细规划修改涉及城市总体规划、镇总体规划的强制性内容的，应当先修改总体规划。

2.4.4　城乡规划修改的补偿制度

在建设项目选址意见书、建设用地规划许可证、建设工程规划许可证或者乡村建设规划许可证发放后，因依法修改城乡规划给被许可人合法权益造成损失的，应当依法给予补偿。

经依法审定的修建性详细规划、建设工程设计方案的总平面图不得随意修改；确需修改的，城乡规划主管部门应当采取听证会等形式，听取利害关系人的意见；因修改给利害关系人合法权益造成损失的，应当依法给予补偿。

2.5　城乡规划的监督检查

2.5.1　城乡规划监督检查的部门

县级以上人民政府及其城乡规划主管部门应当加强对城乡规划编制、审批、实施、修改的监督检查。地方各级人民政府应当向本级人民代表大会常务委员会或者乡、镇

人民代表大会报告城乡规划的实施情况，并接受监督。

2.5.2 城乡规划监督检查的措施

县级以上人民政府城乡规划主管部门对城乡规划的实施情况进行监督检查，有权采取以下措施：

1) 要求有关单位和人员提供与监督事项有关的文件、资料，并进行复制；

2) 要求有关单位和人员就监督事项涉及的问题做出解释和说明，并根据需要进入现场进行勘测；

3) 责令有关单位和人员停止违反有关城乡规划的法律、法规的行为。

城乡规划主管部门的工作人员履行前款规定的监督检查职责，应当出示执法证件。被监督检查的单位和人员应当予以配合，不得妨碍和阻挠依法进行的监督检查活动。监督检查情况和处理结果应当依法公开，供公众查阅和监督。

2.6 违法行为及法律责任

2.6.1 城乡规划主管部门的违法行为及法律责任

镇人民政府或者县级以上人民政府城乡规划主管部门有下列行为之一的，由本级人民政府、上级人民政府城乡规划主管部门或者监察机关依据职权责令改正，通报批评；对直接负责的主管人员和其他直接责任人员依法给予处分：

1) 未依法组织编制城市的控制性详细规划、县人民政府所在地镇的控制性详细规划的；

2) 超越职权或者对不符合法定条件的申请人核发建设项目选址意见书、建设用地规划许可证、建设工程规划许可证、乡村建设规划许可证的；

3) 对符合法定条件的申请人未在法定期限内核发建设项目选址意见书、建设用地规划许可证、建设工程规划许可证、乡村建设规划许可证的；

4) 未依法对经审定的修建性详细规划、建设工程设计方案的总平面图予以公布的；

5) 同意修改修建性详细规划、建设工程设计方案的总平面图前未采取听证会等形式听取利害关系人的意见的；

6) 发现未依法取得规划许可证或者违反规划许可证的规定在规划区内进行建设的行为，而不予查处或者接到举报后不依法处理的。

2.6.2 政府有关部门的违法行为及法律责任

县级以上人民政府有关部门有下列行为之一的，由本级人民政府或者上级人民政府有关部门责令改正，通报批评；对直接负责的主管人员和其他直接责任人员依法给予处分：

1) 对未依法取得建设项目选址意见书的建设项目核发建设项目批准文件的；
2) 未依法在国有土地使用权出让合同中确定规划条件或者改变国有土地使用权出让合同中依法确定的规划条件的；
3) 对未依法取得建设用地规划许可证的建设单位划拨国有土地使用权的。

2.6.3　城乡规划编制单位的违法行为及法律责任

城乡规划编制单位有下列行为之一的，由所在地城市、县人民政府城乡规划主管部门责令限期改正，处合同约定的规划编制费一倍以上两倍以下的罚款；情节严重的，责令停业整顿，由原发证机关降低资质等级或者吊销资质证书；造成损失的，依法承担赔偿责任：

1) 超越资质等级许可的范围承揽城乡规划编制工作的；
2) 违反国家有关标准编制城乡规划的。

未依法取得资质证书承揽城乡规划编制工作的，由县级以上地方人民政府城乡规划主管部门责令停止违法行为，依照前款规定处以罚款；造成损失的，依法承担赔偿责任。

以欺骗手段取得资质证书承揽城乡规划编制工作的，由原发证机关吊销资质证书，依照本条第一款规定处以罚款；造成损失的，依法承担赔偿责任。

城乡规划编制单位取得资质证书后，不再符合相应的资质条件的，由原发证机关责令限期改正；逾期不改正的，降低资质等级或者吊销资质证书。

2.6.4　建设单位或者个人的违法行为及法律责任

建设单位或者个人未取得建设工程规划许可证或者未按照建设工程规划许可证的规定进行建设的，由县级以上地方人民政府城乡规划主管部门责令停止建设；尚可采取改正措施消除对规划实施的影响的，限期改正，处建设工程造价百分之五以上百分之十以下的罚款；无法采取改正措施消除影响的，限期拆除，不能拆除的，没收实物或者违法收入，可以并处建设工程造价百分之十以下的罚款。

在乡、村庄规划区内未依法取得乡村建设规划许可证或者未按照乡村建设规划许可证的规定进行建设的建设单位或者个人，由乡、镇人民政府责令停止建设、限期改正；逾期不改正的，可以拆除。城乡规划主管部门做出责令停止建设或者限期拆除的决定后，当事人不停止建设或者逾期不拆除的，建设工程所在地县级以上地方人民政府可以责成有关部门采取查封施工现场、强制拆除等措施。

习 题 2

一、单选题

1. 《城乡规划法》自（　　）起施行。
   A. 2007 年 10 月 28 日　　　　B. 2007 年 12 月 1 日
   C. 2008 年 1 月 1 日　　　　　D. 2008 年 2 月 1 日

2. 《城乡规划法》所称城乡规划，包括城镇体系规划、城市规划、镇规划、（　　）。
   A. 乡村规划　　　　　　　　B. 村庄规划
   C. 乡规划　　　　　　　　　D. 乡规划和村庄规划

3. 城市规划、镇规划分为（　　）和（　　）。
   A. 控制性规划　修建性规划　　B. 总体规划　建设规划
   C. 总体规划　详细规划　　　　D. 分区规划　详细规划

4. 按照国家规定需要有关部门批准或者核准的建设项目，以划拨方式提供国有土地使用权的，建设单位在报送有关部门批准或者核准前，应当向城乡规划主管部门申请核发（　　）。
   A. 选址意见书　　　　　　　B. 建设用地规划许可证
   C. 建设工程规划许可证　　　D. 规划条件通知书

5. 在乡、村庄规划区内进行乡镇企业、乡村公共设施和公益事业建设的，建设单位或个人应当向乡镇人民政府提出申请，由乡镇人民政府报县人民政府城乡规划主管部门核发（　　）。
   A. 建设用地规划许可证　　　B. 建设工程规划许可证
   C. 规划条件通知书　　　　　D. 乡村建设规划许可证

6. 因依法修改城乡规划，给被许可人合法权益造成损失的，应当（　　）。
   A. 依法给予困难补助　　　　B. 依法给予生活补助
   C. 依法给予补偿　　　　　　D. 依法给予赔偿

7. 对城乡规划的监督检查情况和处理结果应当（　　）。
   A. 依法公开　　　　　　　　B. 依法保密
   C. 依法归档　　　　　　　　D. 依法上报

8. 城乡规划主管部门做出责令停止建设或者限期拆除的决定后，当事人不停止建设或者逾期不拆除的，建设工程所在地县级以上地方人民政府可以责成有关部门采取（　　）等措施。
   A. 罚款　　　　　　　　　　B. 查封施工现场、强制拆除
   C. 申请人民法院强制执行　　D. 没收违法建筑物

9. 城市总体规划、镇总体规划的规划期限一般为（　　）年，近期建设规划的规划期限为（　　）年。

A. 10　5　　　　B. 15　10　　　　C. 20　5　　　　D. 20　10

10. （　　）未纳入国有土地使用权出让合同时，该国有土地使用权出让合同无效。

A. 土地所有权　　B. 规划条件　　C. 土地使用权　　D. 规划要点

二、多选题

1. 下列选项属乡规划、村庄规划的内容的有（　　）。

A. 规划区范围内的住宅、道路、供排水等农村生产、生活服务设施、公益事业等各项建设的用地布局、建设要求

B. 对耕地等自然资源和历史文化遗产保护的具体安排

C. 对防灾减灾等的具体安排

D. 本乡的村庄发展布局

E. 市域城乡统筹的发展战略

2. 控制性详细规划的编制依据为（　　）。

A. 城镇体系规划　　　　　　　B. 城市总体规划

C. 城市分区规划　　　　　　　D. 近期建设规划

E. 修建性详细规划

3. 下列应当作为城市总体规划、镇总体规划的强制性内容的是（　　）。

A. 规划区范围、规划区内建设用地规模

B. 基本农田和绿化用地

C. 防灾减灾

D. 禁止、限制和适宜建设的地域范围

E. 研究中心城区空间增长边界

三、简答题

1. 简述城市规划编制的内容。

2. 什么是城乡规划实施管理中的"一书两证"？

3. 简述建设工程规划许可证的概念。

第3章 建设工程勘察设计法律制度

教学目标

本章主要讲述建设工程勘察设计过程中的有关法律制度和管理条例，通过本章的学习，应达到以下目标：

(1) 熟悉建设工程勘察设计的概念、勘察设计的发包与承包；
(2) 掌握设计文件的编制与实施、施工图设计文件的审查；
(3) 熟悉工程勘察设计的质量管理。

引例

勘察设计纠纷案例

某厂新建一车间，分别与市设计院和市建设公司签订设计合同和施工合同。工程竣工后厂房北侧墙壁产生较大裂缝，属工程质量问题。为此，该厂向法院起诉市建设公司。经过工程质量鉴定单位勘查后，查明裂缝是由于地基不均匀沉降引起的。进一步分析的结论是结构设计图纸所依据的地质资料不准确，于是该厂又起诉市设计院。市设计院称是根据该厂提供的地质资料设计的，不应承担事故责任。经法院查证，该厂提供的地质资料不是新建车间的地质资料，而是与该车间相邻的某厂的地质资料，在事故发生前市设计院也不知道该情况。请思考：市建设公司有没有责任？哪方为事故的主要责任者？

这样的案件，应该用什么法律法规来判断呢？随着我国建筑市场的快速发展，建设工程的复杂程度也随之不断增加，各大参与方关系错综复杂，他们之间的纠纷也呈逐年上升的趋势，因此，加强这方面法律法规的学习是非常有必要的。

3.1 建设工程勘察设计法律概述

3.1.1 建设工程勘察设计的概念

1. 建设工程勘察

建设工程勘察是指为满足工程建设的规划、设计、施工、运营及综合治理等方面的需要，对地形、地质及水文等情况进行测绘、勘探测试，并提供相应成果和资料的活动，岩土工程中的勘测、设计、处理、监测活动也属于工程勘察范畴。

2. 建设工程设计

建设工程设计是指根据建设工程的要求，对建设工程所需的技术、经济、资质、环境等条件进行综合分析和论证，编制建设工程设计文件的活动。

在工程建设的各个环节中，勘察是基础，而设计是整个工程建设的灵魂。它们对工程的质量和效益都发挥着十分重要的作用。建设工程勘察和建设工程设计应当与社会、经济的发展水平相适应，做到经济效益、社会效益和环境效益相统一。

3.1.2 建设工程勘察设计法规的立法现状

工程勘察设计法规是指调整工程勘察设计活动中发生的各种社会关系的法律规范的总称。

目前，我国工程勘察设计方面的立法层次总的来说还比较低，主要由建设部及相关部委的规章和规范性文件组成。国务院及建设部先后颁发了多项管理文件，现行的主要法规有2000年国务院颁布的《建设工程勘察设计管理条例》（据2015年6月12日《国务院关于修改〈建设工程勘察设计管理条例〉的决定》进行了第一次修正，根据2017年10月7日《国务院关于修改部分行政法规的决定》进行了第二次修正）、2000年建设部颁布的《建筑工程设计招标投标管理办法》（2017年5月进行了修正）、2000年建设部颁布的《实施工程建设强制性标准监督规定》（2015年1月进行了修正）、2003年国家发展和改革委员会（简称发改委）等八部委颁布的《工程建设项目勘察设计招标投标办法》（2013年3月进行了修正）、2004年建设部颁布的《勘察设计注册工程师管理规定》（2016年10月进行了修正）、2007年建设部颁布的《建设工程勘察设计资质管理规定》等。

为适应市场经济的需要，进一步加强对建设工程勘察设计行为的规范和管理，国家正在积极制定《中华人民共和国工程勘察设计法》，届时它将成为我国第一部工程勘察设计方面的法律，对工程勘察设计的法制建设将有极大的推动作用。

3.1.3 建设工程勘察设计法规的基本原则

1. 市场准入制原则

任何单位和个人都必须在法律允许的范围内从事建设工程勘察设计活动。

2. 科学设计的原则

必须坚持先勘察、后设计、再施工的原则,同时坚持经济效益、社会效益、环境效益相结合。

3. 依法设计的原则

建设工程勘察设计单位和个人必须依法进行建设工程勘察、设计,严格执行工程建设强制性标准,并对建设工程勘察、设计的质量负责。

3.2 建设工程勘察设计发包与承包

3.2.1 建设工程勘察设计业务的委托

1. 建设工程勘察设计委托的条件

委托勘察设计业务的建设工程项目应当具备以下条件:

1) 建设工程项目可行性研究报告或项目建议书已获批准;
2) 已经办理了建设用地规划许可证等手续;
3) 法律、法规规定的其他条件。

2. 建设工程勘察设计的委托方式

《建设工程勘察设计管理条例》第十二条规定:"建设工程勘察、设计发包依法实行招标发包或者直接发包。"第十三条规定:"建设工程勘察、设计应当依照《中华人民共和国招标投标法》的规定,实行招标发包。"

上述规定表明,建设工程勘察、设计的委托方式有招标发包或者直接发包两种。除有特定要求的一些项目经有关主管部门批准后可以直接发包外,建设工程勘察设计任务都应按照《中华人民共和国招标投标法》的规定,采用招标发包的方式进行。

(1)招标发包

根据《中华人民共和国招标投标法》的规定,在中华人民共和国境内进行下列工程建设项目包括项目的勘察、设计、施工、监理以及与工程建设有关的重要设备、材料等的采购,必须进行招标。

1) 大型基础设施、公用事业等关系社会公共利益、公众安全的项目;
2) 全部或者部分使用国有资金投资或者国家融资的项目;
3) 使用国际组织或者外国政府贷款、援助资金的项目。

2018年3月27日,中华人民共和国国家发展和改革委员会发布第16号令,《必须招标的工程项目规定》已经获国务院批准，自 2018 年 6 月 1 日起施行。《必须招标的工程项目规定》第五条规定，在上述三种范围内的项目，勘察、设计、监理等服务的采购，单项合同估算价在 100 万元人民币以上的，必须进行招标。

（2）直接发包

《工程建设项目勘察设计招标投标办法》第四条规定，按照国家规定需要履行项目审批、核准手续的依法必须进行招标的项目，有下列情形之一的，经项目审批、核准部门审批、核准，项目的勘察设计可以不进行招标。

1）涉及国家安全、国家秘密、抢险救灾或者属于利用扶贫资金实行以工代赈、需要使用农民工等特殊情况的项目，不适宜进行招标；

2）主要工艺、技术采用不可替代的专利或者专有技术，或者其建筑艺术造型有特殊要求的项目；

3）采购人依法能够自行勘察、设计的项目；

4）已通过招标方式选定的特许经营项目投资人依法能够自行勘察、设计的项目；

5）技术复杂或专业性强，能够满足条件的勘察设计单位少于三家，不能形成有效竞争的项目；

6）已建成项目需要改、扩建或者技术改造，由其他单位进行设计影响项目功能配套性的项目；

7）国家规定其他特殊情形的项目。

同时，《建设工程勘察设计管理条例》第十六条规定，下列建设工程的勘察、设计，经有关主管部门批准，可以直接发包：

1）采用特定的专利或者专有技术的项目；

2）建筑艺术造型有特殊要求的项目；

3）国务院规定的其他建设工程的勘察、设计项目。

3.2.2 建设工程勘察设计发包与承包的一般规定

1）发包方可以将整个建设工程的勘察、设计发包给一个勘察、设计单位，也可以将整个建设工程的勘察、设计分别发包给几个勘察、设计单位。

2）承包方必须持有由建设行政主管部门颁发的工程勘察资质证书或工程设计资质证书，在证书规定的业务范围内承接勘察设计业务，并对其提供的勘察设计文件的质量负责。

3）建设工程勘察、设计单位不得将所承揽的建设工程勘察、设计转包。

4）除建设工程主体部分的勘察、设计外，经发包方书面同意，承包方可以将建设工程其他部分的勘察、设计再分包给其他具有相应资质等级的建设工程勘察、设计单位。

5）委托方将整个建设工程项目的设计业务分别委托给几个承接方时，需注意以下事项：①选定其中一个承接方作为主体承接方，负责对整个建设工程项目设计的总体协调；②实施工程项目总承包的建设工程按有关规定执行；③承接部分设计业务的承接方直接对委托方负责，并应当接受主体承接方的指导与协调；④委托勘察业务原则上也按此规定进行。

6）发包方应向承包方提供编制勘察设计文件所必需的基础资料和有关文件，并对提供的文件资料质量负责。

3.3 建设工程勘察设计文件的编制与实施

3.3.1 建设工程设计的原则与依据

1. 设计的原则

1）贯彻经济、社会发展规划，城乡规划和产业政策；
2）综合利用资源、满足环保要求；
3）遵守工程建设技术标准；
4）采用新技术、新工艺、新材料、新设备；
5）重视技术和经济效益的结合；
6）公共建筑和住宅要美观、适用和协调。

2. 设计的依据

建设工程设计的依据是各个建设工程在设计前必须进行的各种调查和研究，以及在这个基础上得出的工程建设的目的和条件。

《建设工程勘察设计管理条例》规定，编制建设工程勘察、设计文件，应当以下列规定为依据：①项目批准文件；②城市规划；③工程建设强制性标准；④国家规定的建设工程勘察、设计深度要求。

铁路、交通、水利等专业建设工程还应当以专业规划的要求为依据。

如有可能，设计单位应积极参与项目建议书的编制、建设地址的选择、建设规划的制定及试验研究等设计的前期工作。对大型水利枢纽、水电站、大型矿山、大型工厂等重点项目，在项目建议书批准前，还需要根据长远规划的要求进行必要的资源调查、工程地质和水文勘察、经济调查和多种方案的技术经济比较等方面的工作，从中了解和掌握有关情况，收集必要的设计基础资料，为编制设计文件做好准备。

3.3.2 工程设计阶段和内容

1. 设计阶段

根据《基本建设设计工作管理暂行办法》的规定，设计阶段可根据建设项目的复杂程度而决定。

建设项目一般按初步设计、施工图设计两个阶段进行。技术上复杂的建设项目，根据主管部门的要求，可按初步设计、技术设计和施工图设计三个阶段来进行。小型建设项目中技术简单的，经主管部门同意，在简化的初步设计确定后，就可做施工图设计。对牵涉面广的大型矿区、油田、林区、垦区和联合企业等建设项目，还应做总体设计。

2. 勘察设计文件的要求

《建设工程勘察设计管理条例》规定，勘察设计文件必须满足下述要求：

（1）勘察文件的编制

编制建设工程勘察文件，应当真实、准确，满足建设工程规划、选址、岩土治理和施工的需要。

（2）设计文件的编制

编制方案设计文件，应满足编制初步设计文件和控制概算的需要；编制初步设计文件应满足编制施工招标文件、主要设备材料订货和编制施工图设计文件的需要；编制施工图设计文件应满足设备材料采购、非标准设备制作和施工的需要，并注明建设工程的合理使用年限。

（3）材料、设备的选用

设计文件中选用的材料、构配件、设备，应当注明其规格、型号、性能等技术指标，其质量要求必须符合国家规定的标准。除有特殊要求的建筑材料、专用设备和工艺生产线等之外，设计单位不得指定生产厂家或供应商。

（4）新技术、新材料的使用

勘察设计文件中规定采用的新技术、新材料，如果可能影响建设工程质量和安全，又没有国家技术标准的，应当由国家认可的检测机构进行试验、论证，出具检测报告，并经国务院有关部门或省、自治区、直辖市人民政府有关部门组织的建设工程技术专家委员会审定后，方可使用。

3. 设计内容与深度

（1）总体设计

总体设计一般由文字说明和图纸两部分组成。其内容包括建设规模、产品方案、原料来源、工艺流程概况、主要设备配备、主要建筑物及构筑物、公用和辅助工程、"三废"治理及环境保护方案、占地面积估计、总图布置及运输方案、生活区规划、生产组织和劳动定员估计、工程进度和配合要求、投资估算等。

总体设计的深度应满足开展初步设计，主要大型设备、材料的预安排，土地征用谈判等工作的要求。现在，在总体设计中往往还对建设经济的指标有明确要求。

（2）初步设计

初步设计一般应包括以下有关文字说明和图纸：设计依据、设计指导思想、产品方案、各类资源的用量和来源、工艺流程、主要设备选型及配置、总图运输、主要建筑物和构筑物、公用及辅助设施、新技术采用情况、主要材料用量、外部协作条件、占地面积和土地利用情况、综合利用和"三废"治理、生活区建设、抗震和人防措施、生产组织和劳动定员、各项技术经济指标、建设顺序和期限、总概算等。

初步设计的深度应满足以下要求：设计方案的比选和确定、主要设备材料订货、土地征用、基建投资的控制、施工招标文件的编制、施工图设计的编制、施工组织设计的编制、施工准备和生产准备等。

(3) 技术设计

技术设计的内容，由有关部门根据工程的特点和需要自行制定。其深度应能满足确定设计方案中重大技术问题和有关试验、设备制造等方面的要求。

(4) 施工图设计

施工图设计，应根据已获批准的初步设计进行。其深度应能满足以下要求：设备材料的安排和非标准设备的制作与施工、施工图预算的编制、施工要求等，并应注明建设工程的合理使用年限。

3.3.3 设计文件的审批和修改

1. 设计文件的审批

在我国，建设项目设计文件的审批实行"分级管理、分级审批"的原则。

根据《基本建设设计工作管理暂行办法》，设计文件具体审批权限规定如下：

1) 大、中型建设项目的初步设计和总概算及技术设计，按隶属关系应由国务院主管部门或省、市、自治区审批。

2) 小型建设项目初步设计的审批权限，由主管部门或省、市、自治区自行规定。

3) 总体规划设计（或总体设计）的审批权限与初步设计的审批权限相同。

4) 各部门直接代管的下放项目的初步设计，由国务院主管部门为主，会同有关省、市、自治区共同审查或批准。

5) 施工图设计除主管部门规定要审查外，一般不再审批，设计单位要对施工图的质量负责，并向生产、施工单位进行技术交底，听取意见。

2. 设计文件的修改

设计文件是工程建设的主要依据，经批准后就具有一定的严肃性，不得做任意修改和变更。建设单位、施工单位、监理单位都无权修改建设工程勘察、设计文件。确需修改的，应由原勘察设计单位进行。经原勘察设计单位同意，建设单位也可委托其他具有相应资质的建设工程勘察设计单位修改，并由修改单位对修改的勘察设计文件承担相应的责任。

施工单位、监理单位发现建设工程勘察、设计文件不符合工程建设强制性标准或不符合合同约定的质量要求的，应当报告建设单位，建设单位有权要求建设工程勘察设计单位对建设工程勘察、设计文件进行补充和修改。

建设工程勘察、设计文件内容需要做重大修改的，建设单位应当报经原审批机关批准后，方可修改。

根据《基本建设设计工作管理暂行办法》，修改设计文件应遵守以下规定：

1) 设计文件是工程建设的主要依据，经批准后不得做任意修改；

2) 凡涉及计划任务书的主要内容，如建设规模、产品方案、建设地点、主要协作关系等方面的修改，须经原计划任务书审批机关批准；

3) 凡涉及初步设计的主要内容，如总平面布置、主要工艺流程、主要设备、建筑面积、建筑标准、总定员、总概算等方面的修改，须经原设计审批机关批准。修改工作须由原设计单位负责进行；

4）施工图的修改须经原设计单位的同意。

3.3.4 建设工程抗震

1. 建设工程抗震的概念

建设工程抗震是建设工程抗御地震灾害的简称，指通过编制、实施抗震防灾规划，对建设工程进行抗震设防和抗震加固，最大限度地抵抗和防御地震灾害。

2. 抗震设防范围

抗震设防是为了防御地震对建筑物、构筑物产生的破坏性，在工程设计和施工中所采取的预防性抗震措施与手段。

地震烈度为六度及六度以上地区和今后有可能发生破坏性地震地区的所有新建、改建、扩建工程必须进行抗震设防。

抗震设防地区村镇建设中的公共建筑、统建的住宅及乡镇企业的生产、办公用房，必须进行抗震设防。

3. 抗震设计

工程勘察设计单位应当按照抗震设防要求和工程建设强制性标准进行抗震设计，并对抗震设计的质量以及出具的施工图、设计文件的准确性负责。工程项目的设计文件应有抗震设防的内容，包括设防的依据、设防的标准和方案论证等。

新建工程采用新技术、新材料和新结构体系，均应通过相应级别的抗震性能鉴定，符合抗震要求的方可采用。

4. 抗震鉴定与加固

（1）抗震鉴定

抗震鉴定是指通过检查现有建筑的设计、施工质量和现状，按规定的抗震设防要求对其在抗震作用下的安全性进行评估。以下情形需要进行抗震鉴定：

1）未经抗震设防或抗震加固的建设工程；

2）虽经抗震设防或加固，但未经正式设计进行了改建、大规模装修、安装了大型设备的建设工程；

3）在使用过程中经历过破坏性地震、洪水、风暴等自然灾害，承重结构出现局部倒塌、裂缝，其抗震能力严重受损的建设工程。

（2）抗震加固

抗震加固是为使现有建设工程达到规定的抗震设防要求，采取增加强度、提高延性、加强整体性和改善传力途径等措施来改善和提高建筑的抗震能力。以下情形需要进行抗震加固：

1）重大建设工程；

2）可能发生严重次生灾害的建设工程；

3）具有重大历史、科学、艺术价值或者重要纪念意义的建设工程；

4）学校、医院等人员密集场所的建设工程；

5）地震重点监视防御区内的建设工程。

> **阅读材料**　建设工程抗震

据统计，世界上130次巨大的地震灾害中，90%～95%的伤亡是由于建筑物倒塌造成的。因此，居民住房、单位办公楼、学校校舍、工厂厂房，乃至水、电、气、通信等生命线工程，能否抗御大地震的发生，是能否把地震灾害损失降到最低的关键所在，因此说，"建筑大计，抗震第一"。因此，在《中华人民共和国防震减灾法》中明确规定，建设工程必须按照抗震设防要求和防震设计规范进行抗震设计，并按照抗震设计进行施工。

1. 地震造成房屋破坏的原因

地震时造成房屋破坏的"元凶"是地震力。什么是地震力？简单地说，地震力就是一种惯性力，行驶的汽车紧急刹车时，车上的人会向前倾倒，就是惯性力的作用。发生地震时，地震波引起地面震动产生的地震力作用于建筑物，如果房屋经受不住地震力的作用，轻者被损坏，重者就会倒塌。地震强度越大，房屋所受到的地震力就越大，破坏就越严重。

2. 地震造成房屋破坏的因素

首先与地震本身有关，地震强度越大，震中距越小，震源深度越浅，破坏就越重；其次是房屋本身的质量，包括其结构是否合理、工程质量是否达标等；再次是建筑物所在地的场地条件，包括场地土质的坚硬程度、覆盖层的深度等；最后，局部地形对地震灾害的影响也很大。

3. 提高房屋和工程抗震能力

地震灾害主要是由于工程和房屋结构物遭到破坏造成的。因此，加强房屋和工程结构物的抗震设防，提高现有房屋和工程结构的抗震能力是减轻地震灾害的重要措施之一。

3.4　建设工程施工图设计文件的审查

3.4.1　施工图设计文件审查的概念及发展

1. 施工图审查的概念

施工图设计文件（以下简称"施工图"）审查是指国务院建设行政主管部门和省、自治区、直辖市人民政府建设行政主管部门依法认定的设计审查机构，根据国家的法律、法规、技术标准与规范，对施工图设计文件进行结构安全和强制性标准、规范执行情况等技术方面进行的独立审查。

2. 我国施工图审查的发展历程

2004年以前，我国的施工图审查采取行政审批的形式。《建设工程质量管理条例》

（2000年版本）第十一条规定，建设单位应当将施工图设计文件报县级以上人民政府建设行政主管部门或者其他有关部门审查。这意味着施工图审查是政府主管部门对建筑工程勘察设计质量监督管理的重要环节，是基本建设必不可少的程序，工程建设有关各方必须认真贯彻执行。

2017年10月，国务院令第687号对《建设工程质量管理条例》进行了修改，将第十一条修改为：施工图设计文件审查的具体办法，由国务院建设行政主管部门、国务院其他有关部门制定。施工图设计文件未经审查批准的，不得使用。

2018年12月，住建部又一次修订《房屋建筑和市政基础设施工程施工图设计文件审查管理办法》，提出"逐步推行以政府购买服务方式开展施工图设计文件审查"。

2019年3月，国务院发布《关于全面开展工程建设项目审批制度改革的实施意见》（简称《实施意见》），其中提出要进一步精简审批环节，要求"试点地区在加快探索取消施工图审查（或缩小审查范围）、实行告知承诺制和设计人员终身负责制等方面，尽快形成可复制可推广的经验。"

目前，已有多地取消施工图审查。山东、山西、陕西渭南全面取消施工图审查；青岛、南京部分取消施工图审查；浙江实行施工图自审备案制；广东要求简化施工图审查，审查全部网上进行。2020年7月起，深圳市内新建、扩建、改建房建和市政（含水务、交通）工程取消施工图审查，实行告知承诺制。施工图审查或将走完从"政府行政审查—市场操作政府监管—政府购买—取消"的生命周期。

3.4.2 施工图审查的范围和内容

1. 施工图审查的范围

《建设工程施工图设计文件审查暂行办法》规定，凡属建筑工程设计等级分级标准中的各类新建、改建、扩建的建设工程项目均须进行施工图审查。各地的具体审查范围，由各省、自治区、直辖市人民政府建设行政主管部门确定。

按规定应进行施工图审查而未审查或经审查不合格的施工图，一律不得使用。

2. 施工图审查的内容

《建设工程施工图设计文件审查暂行办法》规定，施工图审查的主要内容为：

1) 建筑物的稳定性与安全性，包括地基基础及结构主体的安全、可靠；
2) 是否符合消防、节能、环保、抗震、卫生、人防等有关强制性标准、规范；
3) 是否达到规定的施工图设计深度的要求；
4) 是否损害公共利益。

施工图审查的目的是维护社会公共利益，保护社会公众的生命财产安全，因此，施工图审查主要涉及社会公众利益、公众安全方面的问题。

住房和城乡建设部《房屋建筑和市政基础设施工程施工图设计文件审查管理办法》（2013年发布，2018年修订）第十一条规定，审查机构应当对施工图审查下列内容：

1) 是否符合工程建设强制性标准；
2) 地基基础和主体结构的安全性；
3) 消防安全性；

4）人防工程（不含人防指挥工程）防护安全性；

5）是否符合民用建筑节能强制性标准，对执行绿色建筑标准的项目，还应当审查是否符合绿色建筑标准；

6）勘察设计企业和注册执业人员以及相关人员是否按规定在施工图上加盖相应的图章和签字；

7）法律、法规、规章规定必须审查的其他内容。

3.4.3 施工图审查机构

审查机构是专门从事施工图审查业务，不以营利为目的的独立法人。省、自治区、直辖市人民政府住房城乡建设主管部门应当会同有关主管部门按照本办法规定的审查机构条件，结合本行政区域内的建设规模，确定相应数量的审查机构。

《建设工程施工图设计文件审查暂行办法》第十八条规定，设计审查机构的设立，应当坚持内行审查的原则。符合以下条件的机构方可申请承担设计审查工作：

1）具有符合设计审查条件的工程技术人员组成的独立法人实体；

2）有固定的工作场所，注册资金不少于20万元；

3）有健全的技术管理和质量保证体系；

4）地级以上城市（含地级市）的审查机构，具有符合条件的结构审查人员不少于6人；勘察、建筑和其他配套专业的审查人员不少于7人。县级城市的设计审查机构应具备的条件，由省级人民政府建设行政主管部门规定。

5）审查人员应当熟练掌握国家和地方现行的强制性标准、规范。

《建设工程施工图设计文件审查暂行办法》第十七条规定，设计审查人员必须具备下列条件：

1）具有10年以上结构设计工作经历，独立完成过五项二级以上（含二级）项目工程设计的一级注册结构工程师、高级工程师，年满35周岁，最高不超过65周岁；

2）有独立工作能力，并有一定语言文字表达能力；

3）有良好的职业道德。

直辖市、计划单列市、省会城市的设计审查机构，由省、自治区、直辖市建设行政主管部门初审后，报国务院建设行政主管部门审批，并颁发施工图设计审查许可证；其他城市的设计审查机构由省级建设行政主管部门审批，并颁发施工图设计审查许可证。取得施工图设计审查许可证的机构，方可承担审查工作。

《房屋建筑和市政基础设施工程施工图设计文件审查管理办法》第七条、第八条规定了一类和二类审查机构应当具备的条件。

3.4.4 施工图审查的要求与管理

1. 施工图审查的要求

根据《房屋建筑和市政基础设施工程施工图设计文件审查管理办法》第九条的规定，建设单位应当将施工图送审查机构审查，但审查机构不得与所审查项目的建设单位、勘察设计企业有隶属关系或者其他利害关系。送审管理的具体办法由省、自治区、直辖市人民政府住房城乡建设主管部门按照"公开、公平、公正"的原则规定。

建设单位不得明示或者暗示审查机构违反法律法规和工程建设强制性标准进行施工图审查，不得压缩合理的审查周期、压低合理的审查费用。

根据《房屋建筑和市政基础设施工程施工图设计文件审查管理办法》第十条规定，建设单位应当向审查机构提供下列资料并对所提供资料的真实性负责：

1）作为勘察、设计依据的政府有关部门的批准文件及附件；

2）全套施工图；

3）其他应当提交的材料。

2. 施工图审查的管理

（1）施工图审查时限

施工图审查原则上不超过下列时限：

1）大型房屋建筑工程、市政基础设施工程为15个工作日，中型及以下房屋建筑工程、市政基础设施工程为10个工作日。

2）工程勘察文件，甲级项目为7个工作日，乙级及以下项目为5个工作日。

以上时限不包括施工图的修改时间和审查机构的复审时间。

（2）其他规定

任何单位或者个人不得擅自修改审查合格的施工图；确须修改的，建设单位应当将修改后的施工图送原审查机构再次进行审查。

勘察设计企业应当依法进行建设工程勘察、设计，严格执行工程建设强制性标准，并对建设工程勘察、设计的质量负责。

审查机构对施工图审查工作负责，承担审查责任。施工图经审查合格后，仍有违反法律、法规和工程建设强制性标准的问题，给建设单位造成损失的，审查机构依法承担相应的赔偿责任。

（3）施工图审查后的处理

审查合格的，审查机构应当向建设单位出具审查合格书，并在全套施工图上加盖审查专用章。审查合格书应当有各专业的审查人员签字，经法定代表人签发，并加盖审查机构公章。审查机构应当在出具审查合格书后5个工作日内，将审查情况报工程所在地县级以上地方人民政府住房城乡建设主管部门备案。

审查不合格的，审查机构应当将施工图退还给建设单位并出具审查意见告知书，说明不合格原因。同时，还应当将审查意见告知书及审查中发现的建设单位、勘察设计企业和注册执业人员违反法律、法规和工程建设强制性标准的问题，报工程所在地县级以上地方人民政府住房城乡建设主管部门。

施工图退还给建设单位后，建设单位应当要求原勘察设计企业进行修改，并将修改后的施工图送原审查机构进行复审。

3. 对审查结果有争议的解决途径

建设单位或设计单位对审查机构做出的审查报告有重大分歧意见时，可由建设单位或设计单位向所在省、自治区、直辖市人民政府建设行政主管部门提出复查申请，由省、自治区、直辖市人民政府建设行政主管部门组织专家论证并做出复查结果。

3.4.5 施工图审查各方的责任

设计文件质量责任是在设计文件出现质量问题时，设计单位和设计人员承担直接责任，设计审查单位和设计审查人员负间接的监督责任。如因设计质量存在问题而造成损失时，业主只能向设计单位和设计人员追责，审查机构和审查人员在法律上并不承担赔偿责任。

1. 设计单位与设计人员的责任

勘察设计单位及其设计人员必须对自己的勘察设计文件的质量负责，这是《工程建设质量管理条例》《建设工程勘察设计管理条例》等法规所明确规定的，也是国际上通行的规则，它并不因通过了审查机构的审查就可免责。审查机构的审查只是一种监督行为，若设计文件出现质量问题，设计单位和设计人员必须依据实际情况和相关法律规定，承担相应的经济责任、行政责任或刑事责任。

2. 审查机构与审查人员的责任

审查机构和审查人员在设计质量问题上的免责并不意味着审查机构和审查人就不必承担任何责任。《建设工程施工图设计文件审查暂行办法》第二十一条明确规定，施工图审查机构和审查人员应当依据法律、法规和国家与地方的技术标准认真履行审查职责。施工图审查机构应当对审查的图纸质量负相应的审查责任，但不代替设计单位承担设计质量责任。施工图审查机构不得对本单位，或与本单位有直接经济利益关系的单位完成的施工图进行审查。审查人员要在审查过的图纸上签字。对玩忽职守、徇私舞弊、贪污受贿的审查人员和机构，由建设行政主管部门依法给予暂停或者吊销其审查资格，并处以相应的经济处罚。构成犯罪的，还要依法追究其刑事责任。

3. 政府主管部门的责任

政府各级建设行政主管部门在施工图审查中享有行政审批权，主要负责行政监督管理和程序性审批工作。它对设计文件的质量不承担直接责任，但对其审批工作的质量负有不可推卸的责任，这个责任具体表现为行政责任和刑事责任。

对此，《建设工程勘察设计管理条例》明确规定："国家机关工作人员在建设工程勘察设计活动的监督管理工作中玩忽职守、滥用职权、徇私舞弊，构成犯罪的，依法追究刑事责任；尚不构成犯罪的，依法给予行政处分。"

阅读材料 施工图审查

2019年3月，国务院发布《关于全面开展工程建设项目审批制度改革的实施意见》（简称《意见》）。《意见》提出"试点地区要进一步精简审批环节，在加快探索取消施工图审查（或缩小审查范围）、实行告知承诺制和设计人员终身负责制等方面，尽快形成可复制可推广的经验"。该文件下发后，包括深圳、山西、陕西、浙江、广东、青岛、南京等地在内的多个省、市地区相继发布政策，响应"施工图审改革"政策。

这是自2018年国家持续推进优化营商环境和工程建设审批制度改革以来，我国建设工程领域一项重要的制度变革探索。其主要目的在于取消冗长的行政审批流程，强化相关建设活动主体（建设单位、设计单位）的主体责任，实现施工图审查从行政审查到市场自审的机制优化。

3.5 建设工程勘察设计监督管理

3.5.1 监督管理机构

《建设工程勘察设计管理条例》规定，国务院建设行政主管部门对全国的建设工程勘察、设计活动实施统一监督管理。国务院铁路、交通、水利等有关部门按照国务院规定的职责分工，负责全国的有关专业建设工程勘察、设计活动的监督管理。

县级以上地方人民政府的建设行政主管部门对本行政区域内的建设工程勘察、设计活动实施监督管理，且交通、水利等有关部门在各自的职责范围内，负责本行政区域内有关专业建设工程勘察、设计活动的监督管理。

县级以上地方人民政府的建设行政主管部门和其他有关部门应当加强对建设工程质量的监督管理，对其是否违反有关建设工程质量的法律、法规和强制性标准执行情况进行监督检查。

3.5.2 监督管理内容

建设工程勘察设计单位在建设工程勘察、设计资质证书规定的业务范围内跨部门、跨地区承揽勘察、设计业务的，有关地方人民政府及其所属部门不得设置障碍，不得违反国家规定收取任何费用。

县级以上地方人民政府的建设行政主管部门或者交通、水利等有关部门应当对施工图设计文件中涉及公共利益、公众安全、工程建设强制性标准的内容进行审查。施工图设计文件未经审查批准的，不得使用。

任何单位和个人对建设工程勘察、设计活动中的违法行为都有权进行检举、控告或投诉。

3.5.3 建设工程勘察设计违法责任

违反《建设工程质量管理条例》的行为，必须受到相应的处罚，造成重大安全事故的，还要追究其刑事责任。

1. 建设单位的违法责任

发包方将建设工程勘察设计业务发包给不具有相应资质等级的建设工程勘察、设计单位的，责令改正，并处以 50 万元以上 100 万元以下的罚款。

建设单位在施工图设计文件未经审查或审查不合格，却擅自施工的，将处 20 万元以上 50 万元以下的罚款。

建设单位明示或者暗示设计单位或者施工单位违反工程建设强制性标准，降低工程质量的，责令改正，并处以 20 万元以上 50 万元以下的罚款。

2. 勘察、设计单位的违法责任

建设工程勘察设计单位未取得资质证书承揽工程的，予以取缔。以欺骗手段取得资质证书承揽工程的，吊销其资质证书。对于超越资质等级许可的范围，或以其他勘察设计单位的名义承揽勘察、设计业务；或者允许其他单位或个人以本单位的名义承揽建设工程勘察、设计业务的建设工程勘察设计单位，可责令其停业整顿，降低资质等级，情节严重的，吊销其资质证书。

对于有上述各种行为的勘察设计单位，还应处以合同约定的勘察费、设计费 1 倍以上 2 倍以下的罚款，并没收其违法所得。

非法转包的责任：建设工程勘察设计单位将所承揽的工程进行转包的，责令改正，没收违法所得，处以合同约定的勘察费、设计费 25% 以上 50% 以下的罚款，还可责令其停业整顿、降低其资质等级；情节严重的，吊销其资质证书。

不按规定进行设计的责任：对于不按工程建设强制性标准进行勘察、设计的勘察设计单位，不按勘察成果文件进行设计，或指定建筑材料、建筑构配件生产厂、供应商的设计单位，责令其改正，并处 10 万元以上 30 万元以下的罚款。因上述行为造成工程事故的，责令停业整顿，降低资质等级；情节严重的，吊销资质证书；造成损失的，依法承担赔偿损失。

3. 勘察、设计执业人员的违法责任

个人未经注册，擅自以注册建造工程勘察、设计人员的名义从事建设工程勘察、设计活动的，责令停止违法行为；已经注册的执业人员和其他专业技术人员，但未受聘于一个建设工程勘察设计单位或同时受聘于两个以上建设工程勘察设计单位从事有关业务活动的，可责令停止执行业务或吊销其资格证书。对于上述人员，还要没收其违法所得，并处违法所得 2 倍以上 5 倍以下的罚款；给他人造成损失的，还要依法承担赔偿责任。

4. 国家管理机关工作人员的违法责任

国家机关工作人员在建设工程勘察、设计的监督管理工作中玩忽职守、滥用职权、徇私舞弊，构成犯罪的，依法追究刑事责任；尚不构成犯罪的，依法给予行政处分。

习 题 3

一、单项选择题

1. 根据《建设工程勘察设计管理条例》规定，下列说法不正确的是（   ）。

   A. 发包方可以将整个建设工程的勘察、设计发包给一个勘察、设计单位，也可以将建设工程的勘察、设计分别发包给几个勘察、设计单位

   B. 建设工程勘察、设计单位不得将所承揽的建设工程勘察、设计转包，但经发包方书面同意后，可将除建设工程主体部分外的其他部分的勘察、设计分包给其他具有相应资质等级的建设工程勘察、设计单位

   C. 县级以上人民政府建设行政主管部门或者交通、水利等有关部门应当对施工图设计文件中涉及公共利益、公众安全、工程建设强制性标准的内容进行审查

   D. 国务院对全国的建设工程勘察、设计活动实施统一监督管理

2. 某工程设计文件需要作重大修改，则（   ）。

   A. 设计单位应和建设单位协商一致修改后即可使用

   B. 设计单位可直接进行修改

   C. 应由建设单位报原审批机关批准

   D. 须开专家论证会后，设计单位方可修改

3. 施工图设计文件审查机构要求有固定的办公场所，注册资金不少于（   ）万元。

   A. 10   B. 20   C. 30   D. 40

4. （   ）应当将施工图设计文件报县级以上人民政府建设行政主管部门或者其他有关部门审查。

   A. 设计单位   B. 监理单位   C. 施工单位   D. 建设单位

5. 某工程建筑艺术造型有特殊要求，设计任务的发包采用的是（   ）。

   A. 公开发包   B. 直接发包   C. 招标发包   D. 邀请发包

6. 《建设工程勘察设计管理条例》规定，发包方将整个建设工程的勘察、设计任务（   ）。

   A. 可以发包给几个勘察、设计单位

   B. 不得发包给多个勘察、设计单位

   C. 必须发包给一个勘察、设计单位后再分包

   D. 必须发包给一个勘察、设计单位

7. 施工单位必须按照工程设计图纸和施工技术标准施工，不得擅自修改工程设计，不得偷工减料指的是（   ）。

   A. 施工图设计不得有任何变动

B. 施工单位不得偷工减料，可以高于设计要求

C. 施工单位修改设计必须经过监理单位认可

D. 施工单位对设计的任何变动必须经过原设计单位认可

8. 建设工程勘察单位在编制建设工程勘察文件时，不作为编制依据的是（　　）。

A. 项目批准文件

B. 城市规划

C. 项目投资匡算

D. 国家规定的建设工程勘察深度要求

9. 下列行为违反了《建设工程勘察设计管理条例》的是（　　）。

A. 将建筑艺术造型有特定要求的项目的勘察、设计任务直接发包

B. 业主将一个工程建设项目的勘察、设计分别发包给几个勘察设计单位

C. 勘察设计单位将所承揽的勘察、设计任务进行转包

D. 经发包方同意，勘察、设计单位将所承揽的勘察设计任务的非主体部分进行分包

10. 确需修改建设工程勘察、设计文件（　　）。

A. 应当由建设单位委托相关单位修改

B. 应当由原批准单位指定设计单位修改

C. 应当由原建设工程勘察、设计单位委托其他单位修改

D. 应当由原建设工程勘察、设计单位修改

二、多项选择题

1. 关于修改建设工程设计文件的说法，正确的有（　　）。

A. 经原设计单位书面同意，建设单位可委托其他具有相应资质的单位修改设计文件

B. 设计文件不符合建设工程强制性标准时，施工单位有权要求设计单位修改

C. 建设单位可以任意委托其他设计单位修改设计文件

D. 设计文件需要做重大修改的，建设单位应当先报原审批机关批准

E. 设计文件不符合合同约定时，监理单位有权修改设计

2. 未经注册，擅自以注册建设工程勘察、设计人员的名义从事建设工程勘察、设计活动的，（　　）。

A. 责令停止违法行为

B. 没收违法所得

C. 处违法所得2倍以上5倍以下罚款

D. 给他人造成损失的，依法承担赔偿责任

E. 追究刑事责任

3. 根据《建设工程勘察设计管理条例》，可以直接发包的工程建设勘察、设计项目有（　　）。

A. 采用特定专利的项目　　　　　　B. 采用特定的专有技术的项目

C. 小型项目　　　　　　　　　　D. 私人投资的项目

E. 建筑艺术造型有特定要求的项目

4. 设计单位的质量责任包括（　　）。

A. 科学设计　　　　　　　　　　B. 选择材料设备

C. 指定供应商　　　　　　　　　D. 解释设计文件

E. 参与质量事故调查

5. 依法必须进行勘察、设计招标的工程建设项目，在招标时已经符合的条件是（　　）。

A. 项目已履行审批手续，取得批准

B. 有必需的勘察、设计基础资料的收集计划

C. 勘察、设计所需资金已经落实

D. 工程需要的设计图纸已审查合格

E. 已经取得规划许可证

三、思考题

1. 什么是工程勘察？什么是工程设计？
2. 建设工程勘察、设计的委托方式有哪几种？
3. 哪些建设工程的勘察、设计可以直接发包？
4. 工程设计的依据和设计内容是什么？
5. 工程设计文件的修改有哪些相关规定？
6. 什么是施工图设计文件的审查？

第4章　建筑法律制度

教学目标

本章主要介绍建筑法律制度的基本内容及重点问题。通过本章学习，应达到以下目标：

(1) 了解建筑法的概念及立法原则；
(2) 掌握施工许可制度以及建筑工程的发包与承包制度；
(3) 熟悉从业资格制度以及建设工程监理的有关规定。

引例

山西临汾聚仙饭店"8·29"重大坍塌事故

2020年8月29日9时40分许，山西省临汾市襄汾县陶寺乡陈庄村聚仙饭店发生坍塌事故，造成29人死亡、28人受伤，直接经济损失达1164.35万元。

2020年8月29日，国务院安全生产委员会决定对该起重大事故查处实行挂牌督办，要求山西省抓紧组织进行事故调查，事故结案前，将事故调查报告报国务院安全委员会办公室审核同意后向社会公布。2020年8月30日，山西省人民政府成立襄汾县"8·29"饭店坍塌重大事故调查组，对事故展开调查。

2021年1月4日，应急管理部公布2020年全国应急救援和生产安全事故各十大典型案例，其中就包括山西临汾聚仙饭店"8·29"重大坍塌事故。据应急管理部此次发布的案例情况显示，聚仙饭店坍塌事故发生的原因是该饭店建筑结构整体性差，经多次加建后，宴会厅东北角承重砖柱长期处于高应力状态；北楼二层部分屋面预制板长期处于超荷载状态，在其上部高炉水渣保温层造成的持续压力下，发生脆性断裂，形成对宴会厅顶板的猛烈冲击，导致东北角承重砖柱崩塌，最终造成北楼二层南半部分和宴会厅整体坍塌。

应急管理部还指出，聚仙饭店经营者长期违法占地，多次通过不正当手段取得未经审批的集体土地建设用地使用证，拒不执行原襄汾县国土资源等部门的行政处罚和人民法院的裁定。同时，聚仙饭店经营者先后8次进行违规扩建，从未经过专业设计、无资质且不按规范施工，也从未经过竣工验收，仅依靠包工头和个人想法，建设全程无人监管、无人审查，房屋质量安全无保障。

建设法规

4.1 建筑法律制度概述

4.1.1 建筑法的概念和调整对象

1. 建筑法的概念

《中华人民共和国建筑法》经 1997 年 11 月 1 日第八届全国人民代表大会常务委员会第 28 次会议审议通过;根据 2011 年 4 月 22 日第十一届全国人民代表大会常务委员会第 20 次会议《关于修改〈中华人民共和国建筑法〉的决定》进行第一次修正;根据 2019 年 4 月 23 日第十三届全国人民代表大会常务委员会第十次会议《关于修改〈中华人民共和国建筑法〉等八部法律的决定》进行第二次修正。《中华人民共和国建筑法》(以下简称《建筑法》)分总则、建筑许可、建筑工程发包与承包、建筑工程监理、建筑安全生产管理、建筑工程质量管理、法律责任、附则共 8 章 85 条,自 1998 年 3 月 1 日起开始施行。

由于根据《建筑法》制定的《建设工程安全生产管理条例》《建设工程质量管理条例》已经分别对建筑工程的安全和质量做出了更为详细的规定,因而本章仅就建筑许可、建筑工程发包与承包、建筑工程监理等内容进行阐述。

建筑法的概念有广义和狭义之分。广义的建筑法是指以在建筑活动中和建筑管理活动中形成的社会关系为调整对象的法律规范体系,是规范建筑活动和建筑管理活动的法律、行政法规、部门规章、地方立法和司法解释等组成的有机整体。狭义的建筑法是指国家立法机关制定的统一调整建设单位、建筑从业单位及从业者、建筑行政机关在建筑活动中的市场准入、工程发包与承包、勘察、设计、施工、竣工验收直至交付使用等各个环节所发生的各种社会关系的基本法律,如《建筑法》。

2. 建筑法的调整对象

《建筑法》的调整对象可参照其第八十三条的规定:"省、自治区、直辖市人民政府确定的小型房屋建筑工程的建筑活动,参照本法执行。依法核定作为文物保护的纪念建筑物和古建筑等的修缮,依照文物保护的有关法律规定执行。抢险救灾及其他临时性房屋建筑和农民自建低层住宅的建筑活动,不适用本法。"其第八十四条规定:"军用房屋建筑工程建筑活动的具体管理办法,由国务院、中央军事委员会依据本法制定。"

建筑活动是建筑法所要规范的核心内容。《建筑法》所称的建筑活动是指各类房屋建筑及其附属设施的建造和与其配套的线路、管道、设备的安装活动。但《建筑法》中关于施工许可、建筑施工企业资质审查和建筑工程发包、承包、禁止转包,以及建筑工程监理、建筑工程安全和质量管理的规定,适用于其他专业建筑工程的建筑活动。

建筑法的调整对象主要有两种社会关系:一是从事建筑活动过程中所形成的社会关系;二是在实施建筑活动管理过程中所形成的社会关系。从性质上来看,前一种属于平等主体的民事关系，即平等主体的建设单位、勘察设计单位、建筑安装企业、监理单位、建筑材料供应单位之间在建筑活动中所形成的民事关系。后一种则属于行政管理关系，即建设行政主管部门对建筑活动进行计划、组织、监督的关系。

4.1.2 建筑法的立法目的

《建筑法》第一条的规定明确了其立法目的在于加强对建筑活动的监督管理，维护建筑市场的秩序，保证建筑工程的质量和安全，促进建筑业健康发展。

1. 加强对建筑活动的监督管理

随着市场经济的发展，建筑市场的不规范行为也与日俱增，《建筑法》的立法目的之一在于在本法规定的范围的基础上加强监督管理的力度，并以现代化的管理方式来管理建筑活动，为从事建筑活动和对建筑活动进行监督管理提供必须遵守的行为规范。

2. 维护建筑市场秩序

所谓维护建筑市场秩序，主要包括两层意思：一层是维护现有合法、合理的建筑市场秩序，另一层是清除和打击建筑市场的不规范行为。《建筑法》从市场准入、市场竞争、市场交易等多方面确立了建筑市场运行必须遵守的基本规则，保护合法的建设行为，处罚违法的建设行为，这些对于构建健康有序的建筑市场秩序非常有必要。

3. 保证建筑工程的质量和安全

"百年大计、质量第一"，质量与安全是建筑工程的生命线。《建筑法》通过对工程质量和安全方面的标准、规范等的确立要求建筑市场的监督管理者和建筑市场的参与者都必须根据国家的相关规定要求自己的行为，才能保证建筑工程的质量和安全。

4. 促进建筑业健康发展

促进建筑业健康发展是《建筑法》立法的最终目的，即国家通过对建筑活动的监督管理，维护建筑市场的秩序，保证建筑工程的质量和安全，最终使得建筑业适应社会主义市场经济发展的要求，得以合理有序地向前发展。

4.2 建筑许可

4.2.1 建筑工程施工许可的概念

建筑许可是指建设行政主管部门或者其他有关行政主管部门准许、变更和终止公民、法人和其他组织从事建筑活动的具体行政行为。建筑许可制度是各国普遍采用的对建筑活动进行管理的一项重要制度。

在我国，根据《建筑法》的相关规定，建筑许可的表现形式为施工许可证、批准证件（开工报告）、资质证书、执业资格证书等。建筑许可包括三项许可制度：施工许可证制度、单位资质制度、个人资格制度。

《建筑法》第七条规定，建筑工程开工前，建设单位应当按照国家有关规定向工程所在地县级以上人民政府建设行政主管部门申请领取施工许可证；但是，国务院建设行政主管部门确定的限额以下的小型工程除外。这一规定确立了建筑工程的施工许可制度。建筑工程施工许可制度是建设行政主管部门根据建设单位的申请，依法对建筑工程是否具备施工条件进行审查，符合条件者，准许该建筑工程开始施工并颁发施工许可证的一种制度。

从业资格许可制度是指国家对从事建筑活动的单位（企业）和人员实行资质或资格审查，并许可其按照相应的资质、资格条件从事相应的建筑活动的制度。从业资格许可制度包括从事建筑活动的单位资质制度和从事建筑活动的个人资格制度。

根据《建筑法》的相关规定，从事建筑活动的单位资质制度的管理对象，主要包括建筑施工企业、勘察单位、设计单位和工程监理单位等；个人资格制度的管理对象主要包括注册建筑师以及注册监理工程师、注册造价工程师、注册建造师、注册结构工程师等。

4.2.2 建筑工程施工许可制度

建设单位必须在建设工程立项批准后、工程发包前，向建设行政主管部门或其授权的部门办理工程报建登记手续。未办理报建登记手续的工程，不得发包，不得签订工程合同。新建、扩建或改建的建设工程，建设单位必须在开工前向建设行政主管部门或其授权的部门申请领取建设工程施工许可证。未领取施工许可证的，不得开工。

建立施工许可制度，有利于保证建设工程的开工符合必要条件，避免不具备条件的建设工程盲目开工而给当事人造成损失或导致国家财产的浪费，从而使建设工程在开工后能够顺利施工，也便于有关行政主管部门了解和掌握所辖范围内有关建设工程的数量、规模以及施工队伍等基本情况，依法进行指导和监督，保证建设工程活动依法有序地进行。

1. 施工许可证的申请

《建筑法》第七条规定，建筑工程开工前，建设单位应当依照国家有关规定向工程所在地县级以上人民政府建设行政主管部门申请领取施工许可证；但是，国务院建设行政主管部门确定的限额以下的小型工程除外。按照国务院规定的权限和程序批准开工报告的建筑工程，不再领取施工许可证。这个规定确立了我国工程建设的施工许可制度。

上述规定明确了施工许可证的申请时间与申请主体：施工许可证应在建筑工程开工前申请领取。也即应当在施工准备工作基本就绪之后，组织施工之前申请；施工许可证的申请者是建设单位（也可称业主或者项目法人），做好各项施工准备工作，是建设单位的义务。因此，施工许可证的申领，应当由建设单位来承担，而不应是施工单位或其他单位来承担。建设单位未依法在开工前申请领取施工许可证便开工建设的，属于违法行为。

县级以上人民政府的建设行政主管部门是施工许可证的审查和发放机关。建设行政主管部门应当依法履行该项职责，对经审查符合法定开工条件的建筑工程颁发施工许可证，对不符合条件的不得发给施工许可证。

2. 施工许可证的申请范围

我国目前对建设工程开工条件的审批，存在着颁发"施工许可证"和批准"开工报告"两种形式。多数工程是办理施工许可证，部分工程则为批准开工报告。

根据《建筑工程施工许可管理办法》（2014年）第二条的规定，在中华人民共和国境内从事各类房屋建筑及其附属设施的建造、装修装饰和与其配套的线路、管道、设备的安装，以及城镇市政基础设施工程的施工，建设单位在开工前应当依照本办法的规定，向工程所在地的县级以上地方人民政府住房城乡建设主管部门（以下简称发证机关）申请领取施工许可证。

根据《建筑法》第七条的规定，例外情形有如下两种：

（1）国务院建设行政主管部门确定的限额以下的小型工程

按照《建筑法》的规定，国务院建设行政主管部门确定的限额以下的小型工程，可以不申请办理施工许可证。据此，《建筑工程施工许可管理办法》第二条做出了进一步的规定，工程投资额在30万以下或者建筑面积在300平方米以下的工程，可以不申请办理施工许可证。这一限额由省、自治区、直辖市人民政府住房城乡建设主管部门根据当地实际情况进行调整，并报国务院住房城乡建设主管部门备案。由于小型建筑工程具有投资少、建设规模小、施工相对来说比较简单等特点，没有必要都向建设行政主管部门申请领取施工许可证。

（2）有批准开工报告的建筑工程

《建筑法》规定，按照国务院规定的权限和程序批准开工报告的建筑工程，不再领取施工许可证。开工报告是建设单位按照国家有关规定向计划行政管理部门申请准予开工的文件。为了避免出现同一项建筑工程的开工由不同的政府行政主管部门多头重复审批的现象，规定对实行开工报告审批制度的建筑工程，不必再领取施工许可证。

需要办理开工报告的建筑工程，必须按照国务院规定的权限和程序办理，没有办理的，不得开工。有了开工报告，就不必再申请领取施工许可证。

3. 施工许可证的审批

施工许可证由工程所在地县级以上人民政府建设行政主管部门审批。具体由哪一级建设行政主管部门审批，则要视工程的投资额大小和投资额来源的不同而定。建设行政主管部门应当自收到申请之日起7日内，对符合条件的申请者颁发施工许可证。

4. 申请领取施工许可证的条件

根据《建筑法》第八条的规定，申请领取施工许可证，应当具备下列条件：

（1）已经办理该建筑工程用地批准手续

根据《中华人民共和国土地管理法》的有关规定，任何单位和个人进行建设，需要使用土地的，必须依法申请使用土地。其中需要使用国有建设用地的，应当向有批准权的土地行政主管部门申请，经其审查，报本级人民政府批准。

如果没有办理用地批准手续，意味着还没有合法的土地使用权，自然是无法开工的，因此，不能颁发施工许可证。

（2）依法应当办理建设工程规划许可证的，已经取得建设工程规划许可证根据《城市规划法》的规定，规划许可证包括建设用地规划许可证和建设工程规划许可证。建设用地规划许可证是城市规划行政主管部门根据城市规划的要求和建设项目用地的实际需要，向提出建设用地申请的建设单位或个人核发的确定建设用地的位置、面积、界限的证件。建设工程规划许可证是城市规划行政主管部门向建设单位或个人核发的确认其建设工程符合城市规划要求的证件。

如果没有取得规划许可证，意味着拟建的工程属于违章建筑。这种情况下，自然不能颁发施工许可证。

（3）需要拆迁的，其拆迁进度符合施工要求

很多工程都涉及拆迁，如果拆迁工作进展不顺利，就意味着后续工作无法进行。因此，工程开始修建之前，必须首先解决拆迁的问题。但是，解决拆迁的问题并不意味着必须要拆迁完毕才能开始施工，只要拆迁的进度能够满足后续施工的要求就可以了。这样可以形成拆迁与施工的流水作业，缩短总工期。

（4）已经确定建筑施工企业

只有确定了建筑施工企业，才具有了开工的可能性。如果建筑施工企业尚未确定，显然就不具备开工的条件。

按照规定应该公开招标的工程没有公开招标，或者肢解发包工程，以及将工程发包给不具备相应资质条件的，这些情况下所确定的施工企业无效。

（5）有满足施工需要的资金安排、施工图纸及技术资料

建设单位在建筑工程施工过程中必须有满足施工需要的建设资金，这是预防拖欠工程款，保证施工顺利进行的基本经济保障。对此，《建筑工程施工许可管理办法》第四条进一步具体规定，建设工期不足一年的，到位资金原则上不得少于工程合同价的50%；建设工期超过一年的，到位资金原则上不得少于工程合同价的30%。建设单位应当提供本单位截至申请之日无拖欠工程款情形的承诺书或者能够表明其无拖欠工程款情形的其他材料，以及银行出具的到位资金证明，有条件的可以实行银行付款保函或者其他第三方担保。

另外，如果没有满足施工需要的施工图纸和技术资料，施工单位显然也是无法开始施工的。《建筑工程施工许可管理办法》第四条进一步规定，建设单位在申请领取施工许可证时，除了应当"有满足施工需要的技术资料"，还应满足"施工图设计文件已按规定审查合格"。

（6）有保证工程质量和安全的具体措施

施工企业编制的施工组织设计中有根据建筑工程特点制定的相应质量、安全技术措施。建立工程质量安全责任制并落实到具体的人。专业性较强的工程项目编制了专项质量、安全施工组织设计，并按照规定办理了工程质量、安全监督手续。

委托监理单位进行监理也是建设单位保证质量和安全的一项具体措施。同时，监理单位在监理过程中也是很多具体保证质量和安全措施的执行者，因此，《建筑工程施工许可管理办法》对于申请施工许可证的条件又在《建筑法》的基础上进一步延伸，规定了"按照规定应该委托监理的工程已委托监理"。

5. 领取施工许可证的程序

1）建设单位到发证机关领取《建筑工程施工许可证申请表》；

2）建设单位持加盖单位及法人代表人印鉴的《建筑工程施工许可证申请表》，并附相关的证明文件，向发证机关提出申请；

3）发证机关在收到建设单位报送的《申请表》和所附的证明文件后，对于符合条件的，应当自收到申请之日起 7 日内给建设单位颁发施工许可证；对于不符合条件的，应当自收到申请之日起 7 日内书面通知该建设单位，并说明理由。

6．领取施工许可证的法律后果

（1）施工许可证的有效期限

建设单位应当自领取施工许可证之日起 3 个月内开工。因故不能按期开工的，应当向发证机关申请延期，延期以两次为限，每次不超过 3 个月。既不开工又不申请延期或者超过延期时限的，施工许可证自行废止。

（2）中止施工和恢复施工

在建的建筑工程因故中止施工的，建设单位应当自中止施工之日起 1 个月内，向发证机关报告，并按照规定做好建设工程的维护管理工作。恢复施工时，应当向发证机关报告；中止施工满 1 年的工程恢复施工前，建设单位应当报发证机关核验施工许可证。

按照国务院有关规定批准开工报告的建筑工程，因故不能按期开工或者中止施工的，应当及时向批准机关报告情况，因故不能按期开工超过 6 个月的，应当重新办理开工报告的批准手续。

（3）未取得施工许可证擅自开工的后果

《建筑法》第六十四条规定："违反本法规定，未取得施工许可证或者开工报告未经批准擅自施工的，责令改正，对不符合开工条件的责令停止施工，可以处以罚款。"

《建筑工程施工许可管理办法》第十二条规定："对于未取得施工许可证或者为规避办理施工许可证将工程项目分解后擅自施工的，由有管辖权的发证机关责令停止施工，限期改正，对建设单位处工程合同价款 1‰ 以上 2‰ 以下罚款；对施工单位处 3 万元以下罚款。"

4.2.3 工程建设从业单位资质管理

从事建筑工程活动的企业或单位，应当向工商行政管理部门申请设立登记，并由建设行政主管部门审查，颁发资格证书。建筑工程从业的经济组织包括施工单位、勘察、设计单位和工程监理单位，以及法律、法规规定的其他单位（如工程招标代理机构、工程造价咨询机构等）。

《建筑法》第十二条规定："从事建筑活动的建筑施工企业、勘察单位、设计单位和工程监理单位，应当具备下列条件：①有符合国家规定的注册资本；②有与其从事的建筑活动相适应的具有法定执业资格的专业技术人员；③有从事相关建筑活动所应有的技术装备；④法律、行政法规规定的其他条件。"

《建筑法》第十三条规定："从事建筑活动的建筑施工企业、勘察单位、设计单位和工程监理单位，按照其拥有的注册资本、专业技术人员、技术装备和已完成的建筑工程业绩等资质条件，划分为不同的资质等级，经资质审查合格，取得相应等级的资质证书后，方可在其资质等级许可的范围内从事建筑活动。"

1. 建筑业企业资质管理

建筑业企业，是指从事土木工程、建筑工程、线路管道设备安装工程的新建、扩建、改建等施工活动的企业。

建筑业企业资质分为施工总承包企业资质、专业承包企业资质和劳务分包企业资质三个序列。施工总承包企业资质、专业承包企业资质按照工程性质和技术特点分别划分为若干资质类别，各资质类别按照规定的条件又划分为若干资质等级。劳务分包企业资质不分类别与等级。

（1）施工总承包序列

取得施工总承包资质的企业（以下简称施工总承包企业），可以承接施工总承包工程。施工总承包企业可以对所承接的施工总承包工程内各专业工程全部自行施工，也可以将专业工程或劳务作业依法分包给具有相应资质的专业承包企业或劳务分包企业。根据专业范围，施工总承包企业资质分为房屋建筑工程、公路工程、铁路工程、港口工程、水利水电工程、电力工程、矿山工程、冶炼工程、化工石油工程、市政公用工程、通信工程、机电安装工程12个资质类别。

以房屋建筑工程为例，《房屋建筑工程施工总承包企业资质等级标准》将施工总承包企业资质等级分为特级、一级、二级和三级。其中，特级房屋建筑施工总承包企业承担任务范围不受限制，一级、二级及三级应在其资质等级许可的范围内从事建筑活动。

（2）专业承包序列

取得专业承包资质的企业（以下简称专业承包企业），可以承接施工总承包企业分包的专业工程和建设单位依法发包的专业工程。专业承包企业可以对所承接的专业工程全部自行施工，也可以将劳务作业依法分包给劳务分包企业。

《专业承包企业资质等级标准》根据专业范围，将专业承包企业分为地基基础工程专业承包、桥梁工程专业承包、建筑幕墙工程专业承包、钢结构工程专业承包等36个资质类别。按照不同的资质类别，专业承包企业一般分为2~3个资质等级。

（3）劳务分包序列

取得劳务分包资质的企业，可以承接施工总承包企业或专业承包企业分包的劳务作业。

劳务分包序列不分类别和等级，可承担各类施工劳务作业。

2. 建设工程勘察设计资质管理

（1）工程勘察资质

根据《勘察设计资质管理规定》，工程勘察资质分为工程勘察综合资质、工程勘察专业资质、工程勘察劳务资质。工程勘察综合资质只设甲级；工程勘察专业资质设甲级、乙级，根据工程性质和技术特点，部分专业可以设丙级；工程勘察劳务资质不分等级。

取得工程勘察综合资质的企业，可以承接各专业（海洋工程勘察除外）、各等级工程勘察业务；取得工程勘察专业资质的企业，可以承接相应等级相应专业的工程勘察业务；取得工程勘察劳务资质的企业，可以承接岩土工程治理、工程钻探、凿井等工程勘察劳务业务。

（2）工程设计资质的分类及可以承揽的业务范围

工程设计资质分为工程设计综合资质、工程设计行业资质、工程设计专业资质和工程设计专项资质。工程设计综合资质只设甲级；工程设计行业资质、工程设计专业资质、工程设计专项资质分别设甲级、乙级。根据工程性质和技术特点，个别行业、专业、专项资质可以设丙级，建筑工程专业资质可以设丁级。

取得工程设计综合资质的企业，可以承接各行业、各等级的建设工程设计业务；取得工程设计行业资质的企业，可以承接相应行业相应等级的工程设计业务及本行业范围内同级别的相应专业、专项（设计施工一体化资质除外）工程设计业务；取得工程设计专业资质的企业，可以承接本专业相应等级的专业工程设计业务及同级别的相应专项工程设计业务（设计施工一体化资质除外）；取得工程设计专项资质的企业，可以承接本专项相应等级的专项工程设计业务。

3. 工程监理企业

根据《工程监理企业资质标准》的相关规定，工程监理企业资质分为综合资质、专业资质和事务所三个序列。综合资质只设甲级；专业资质原则上分为甲、乙、丙三个级别，并按照工程性质和技术特点划分为14个专业工程类别，除房屋建筑、水利水电、公路和市政公用四个专业工程类别设丙级资质外，其他专业工程类别不设丙级资质；事务所不分等级。

（1）综合资质可以承揽的业务范围

综合资质可以承担所有专业工程类别建设工程项目的工程监理业务，以及建设工程的项目管理、技术咨询等相关服务。

（2）专业资质可以承揽的业务范围

专业甲级资质可承担相应专业工程类别建设工程项目的工程监理业务，以及相应类别建设工程的项目管理、技术咨询等相关服务；专业乙级资质可承担相应专业工程类别二级（含二级）以下建设工程项目的工程监理业务，以及相应类别和级别建设工程的项目管理、技术咨询等相关服务；专业丙级资质可承担相应专业工程类别三级建设工程项目的工程监理业务，以及相应类别和级别建设工程的项目管理、技术咨询等相关服务。

（3）事务所资质可以承揽的业务范围

事务所资质可承担三级建设工程项目的工程监理业务，以及相应类别和级别建设工程项目管理、技术咨询等相关服务。但是，国家规定必须实行强制监理的建设工程监理业务除外。

国务院建设行政主管部门负责全国建筑业企业资质、建设工程勘察、设计资质、工程监理企业资质的归口管理工作，国务院铁道、交通、水利、信息产业、民航等有关部门配合国务院建设行政主管部门实施相关资质类别和相应行业企业资质的管理工作。

新设立的企业，应到工商行政管理部门登记注册手续并取得企业法人营业执照后，方可到建设行政主管部门办理资质申请手续。任何单位和个人不得涂改、伪造、出借、转让企业的资质证书，不得非法扣押、没收资质证书。

4.2.4 工程建设专业技术人员执业资格管理

从事建筑工程活动的人员，要通过国家的任职资格考试、考核，由建设行政主管部门注册并颁发资格证书。建筑工程的执业人员主要包括注册建筑师、注册结构工程师、注册监理工程师、注册工程造价师、注册建造师以及法律、法规规定的其他人员。建筑工程从业者的资格证件，严禁出卖、转让、出借、涂改、伪造。违反上述规定的，将视具体情节，追究其法律责任，建筑工程从业者资格的具体管理办法，由国务院建设行政主管部门另行规定。

《建筑法》第十四条规定："从事建筑活动的专业技术人员，应当依法取得相应的执业资格证书，并在执业资格证书许可的范围内从事建筑活动。"

1. 建筑业专业人员执业资格制度的含义

建筑业专业人员执业资格制度指的是我国的建筑业专业人员在各自的专业范围内参加全国或行业组织的统一考试，获得相应的执业资格证书，经注册后在资格许可范围内执业的制度。建筑业专业人员执业资格制度是我国强化市场准入制度、提高项目管理水平的重要举措。

2. 目前我国主要的建筑业专业技术人员执业资格种类

我国目前有多种建筑业专业职业资格，其中主要有注册建筑师、注册结构工程师、注册造价工程师、注册土木（岩土）工程师、注册房地产估价师、注册监理工程师和注册建造师。

3. 建筑业专业技术人员执业资格的共同点

这些不同岗位的执业资格存在许多共同点，这些共同点正是我国建筑业专业技术人员执业资格的核心内容。

（1）均需要参加统一考试

跨行业、跨区域执业的，要参加全国统一考试；只在本行业内部执业的，要参加本行业统一考试；只在本区域内部执业的，要参加本区域统一考试。

（2）均需要注册

只有经过注册后才能成为注册执业人员。没有注册的，即使通过了统一考试，也不能执业。每个不同的执业资格的注册办法均由相应的法规或者规章所规定。

（3）均有各自的执业范围

每个执业资格证书都限定了一定的执业范围，其范围也均由相应的法规或者规章所界定。注册执业人员不得超越范围执业。

（4）均须接受继续教育

由于知识在不断更新，每一位注册执业人员都必须要及时更新知识，因此都必须要接受继续教育。接受继续教育的频率和形式由相应的法规或者规章所规定。

4.3 建设工程发包与承包

4.3.1 建设工程发包与承包概述

建设工程发包与承包作为构成建设工程承发包商业活动不可分割的两个方面，是指建设单位或者总承包单位（发包方），将待完成的建筑勘察、设计、施工、监理、重要设备材料的采购等工作的全部或其中一部分委托工程勘察设计企业、建筑业企业、监理企业、设备供应商或制造商（承包方），并按照双方约定支付一定的报酬，通过合同明确双方当事人的权利、义务的一种交易行为。

建设工程发包和承包的内容涉及建设工程的全过程，包括可行性研究的承发包、工程勘察设计的承发包、材料及设备采购承发包、工程施工的承发包、工程劳务的承发包、工程项目监理的承发包、工程项目管理的承发包等。但在实践中，建设工程承发包的内容较多的是指建设工程勘察设计以及工程施工的承发包。

4.3.2 建设工程发包

建设工程的发包方式主要有招标发包和直接发包两种。《建筑法》第十九条规定，建筑工程依法实行招标发包，对不适用于招标发包的可以直接发包。

建设工程实行公开招标的，发包单位应当依照法定程序和方式，在具备相应资质条件的投标者中，择优选定中标者。建设工程实行招标发包的，发包单位应当将建设工程发包给依法中标的承包单位。建设工程实行直接发包的，发包单位应当将建设工程发包给具有相应资质条件的承包单位。

1. 建设工程发包方式

根据《建筑法》的规定，建设工程的发包方式分为招标发包和直接发包。

（1）建设工程直接发包

建设工程直接发包是指发包方与承包方直接进行协商，以约定工程建设的价格、工期和其他条件的交易方式。根据《工程建设项目施工招标投标办法》第十二条的规定，依法必须进行施工招标的工程建设项目有下列情形之一的，可以不进行施工招标：

1）涉及国家安全、国家秘密、抢险救灾或者属于利用扶贫资金实行以工代赈需要使用农民工等特殊情况，不适宜进行招标的；

2）施工主要技术采用不可替代的专利或者专有技术；

3）已通过招标方式选定的特许经营项目投资人依法能够自行建设；

4）采购人依法能够自行建设；

5）在建工程追加的附属小型工程或者主体加层工程，原中标人仍具备承包能力，并且其他人承担将影响施工或者功能配套要求；

6) 国家规定的其他情形。

(2) 建设工程招标发包

建设工程招标与投标是指发包方事先标明其拟建工程的内容和要求,由愿意承包的单位递送标书,明确其承包工程的价格、工期、质量等条件,再由发包方从中择优选择工程承包方的交易方式。根据《中华人民共和国招标投标法》的规定,在中华人民共和国境内进行下列工程建设项目包括项目的勘察、设计、施工、监理以及与工程建设有关的重要设备、材料等的采购,必须进行招标:

1) 大型基础设施、公用事业等关系社会公共利益、公众安全的项目;
2) 全部或者部分使用国有资金投资或者国家融资的项目;
3) 使用国际组织或者外国政府贷款、援助资金的项目。

所列项目的具体范围和规模标准,由国务院发展计划部门会同国务院有关部门制定,报国务院批准。法律或者国务院对必须进行招标的其他项目范围有规定的,依照其规定。

2018年3月27日,国家发改委发布了经国务院批准的《必须招标的工程项目规定》(发改委16号令),于2018年6月1日起施行,2000年5月1日原国家发展计划委员会发布的《工程建设项目招标范围和规模标准规定》同时废止。

《必须招标的工程项目规定》第二条规定,全部或者部分使用国有资金投资或者国家融资的项目包括:

1) 使用预算资金200万元人民币以上,并且该资金占投资额10%以上的项目;
2) 使用国有企业事业单位资金,并且该资金占控股或者主导地位的项目。

第三条规定,使用国际组织或者外国政府贷款、援助资金的项目包括:

1) 使用世界银行、亚洲开发银行等国际组织贷款、援助资金的项目;
2) 使用外国政府及其机构贷款、援助资金的项目。

第五条规定,本规定第二条至第四条规定范围内的项目,其勘察、设计、施工、监理以及与工程建设有关的重要设备、材料等的采购达到下列标准之一的,必须招标:

1) 施工单项合同估算价在400万元人民币以上;
2) 重要设备、材料等货物的采购,单项合同估算价在200万元人民币以上;
3) 勘察、设计、监理等服务的采购,单项合同估算价在100万元人民币以上。

同一项目中可以合并进行的勘察、设计、施工、监理以及与工程建设有关的重要设备、材料等的采购,合同估算价合计达到前款规定标准的,必须招标。

2. 建设工程发包具体规定

《建筑法》中关于建设工程发包的相关规定有:

1) 发包方式要符合法律规定,依法应实行招标发包的工程,不得进行直接发包。
2) 建筑工程无论是实行招标发包还是直接发包,发包单位都必须将建筑工程发包给具有相应资质条件的承包单位。
3) 按照合同约定,建筑材料、建筑构配件和设备由工程承包单位采购的,发包单位不得指定生产商、供应商。
4) 发包单位应当按合同约定及时拨付工程款项。

5）发包单位及其工作人员不得收受贿赂、回扣或索取其他好处。

《建筑法》规定，发包单位及其工作人员在建筑工程发包中不得收受贿赂、回扣或者索取其他好处。

6）提倡实行工程总承包。

《建筑法》第二十四条第一款规定，提倡对建筑工程实行总承包。《建筑法》第二十四条第二款规定，建筑工程的发包单位可以将建筑工程的勘察、设计、施工、设备采购一并发包给一个工程总承包单位，也可以将建筑工程勘察、设计、施工、设备采购的一项或者多项发包给一个工程总承包单位。

7）禁止将建设工程肢解发包。

《建筑法》第二十四条规定，提倡对建筑工程实行总承包，禁止将建筑工程肢解发包。建筑工程的发包单位可以将建筑工程的勘察、设计、施工、设备采购一并发包给一个工程总承包单位，也可以将建筑工程勘察、设计、施工、设备采购的一项或者多项发包给一个工程总承包单位；但是，不得将应当由一个承包单位完成的建筑工程肢解成若干部分发包给几个承包单位。

肢解发包指的是建设单位将应当由一个承包单位完成的建设工程分解成若干部分发包给不同的承包单位的行为。肢解发包可能导致发包人变相规避招标，肢解发包必然增加发包次数，导致在合同管理上难度加大，不利于成本控制和进度控制。

4.3.3 建设工程承包

1. 资质管理

承包建设工程的单位应当持有依法取得的资质证书，并在其资质等级许可的业务范围内承揽工程。禁止建筑施工企业超越本企业资质等级许可的业务范围或者以任何形式用其他建筑施工企业的名义承揽工程。禁止建筑施工企业以任何形式允许其他单位或者个人使用本企业的资质证书、营业执照，或者以本企业的名义承揽工程。

2. 建筑工程联合承包制度

《建筑法》提倡对建筑工程实行总承包。但同时，《建筑法》第二十七条规定："大型建筑工程或者结构复杂的建筑工程，可以由两个以上的承包单位联合共同承包。"

（1）联合体中各成员单位的责任承担

1）内部责任

组成联合体的成员单位在投标之前必须要签订共同投标协议，明确约定各方拟承担的工作和责任，并将共同投标协议连同投标文件一并提交招标人。依据《工程建设项目施工招标投标办法》，联合体投标未附联合体各方共同投标协议的，由评标委员会初审后按废标处理。

2）外部责任

《建筑法》第二十七条同时还规定："共同承包的各方对承包合同的履行承担连带责任。"依据《民法通则》第八十七条的规定，负有连带义务的每个债务人，都负有清偿全部债务的义务，履行了义务的人，有权要求其他负有连带义务的人偿付他应当承担的份额。

（2）联合体资质的认定

联合体作为投标人也要符合资质管理的规定，因此，也必须要对联合体确定资质等级。

《建筑法》第二十七条对如何认定联合体资质做出了原则性规定，两个以上不同资质等级的单位实行联合共同承包的，应当按照资质等级较低的单位的业务许可范围承揽工程。

《招标投标法》及其相关规定对"联合体投标"问题做出了更具体的规定。

3. 建筑工程分包制度

（1）分包的含义

《建筑法》第二十九条规定："建筑工程总承包单位可以将承包工程中的部分工程发包给具有相应资质条件的分包单位。"

工程分包是指工程承包方按与发包方商定的方案将承包范围内的非主要部分及专业性较强的工程另行发包给具有相应资质的建筑安装单位承包的行为。

依据《房屋建筑和市政基础设施工程施工分包管理办法》的相关规定，施工分包是指建筑业企业将其所承包的房屋建筑和市政基础设施工程中的专业工程或者劳务作业发包给其他建筑业企业完成的活动。

其中，专业工程分包，是指施工总承包企业将其所承包工程中的专业工程发包给具有相应资质的其他建筑业企业完成的活动。劳务作业分包，是指施工总承包企业或者专业承包企业将其承包工程中的劳务作业发包给劳务分包企业完成的活动。

建筑工程总承包单位可以将承包工程中的部分工程发包给具有相应资质条件的分包单位。但是，除总承包合同中约定的分包外，必须经建设单位认可。施工总承包的，建筑工程主体结构的施工必须由总承包单位自行完成。

（2）对分包单位的认可

《建筑法》第二十九条进一步规定："除总承包合同中约定的分包外，必须经建设单位认可。"

这条规定实际上赋予了建设单位对分包商的否决权，即没有经过建设单位认可的分包商是违法的分包商。尽管《建筑法》将认可的范围局限于"总承包合同中约定的分包单位"以外的分包商，但是，由于总承包合同中的分包单位已经在合同中得到了建设单位的认可，所以，实质上需要建设单位认可的分包单位的范围包含了所有的分包单位。

在国外，可以存在指定分包商，例如，《FIDIC施工合同条件》中就有指定分包商。但在我国，《房屋建筑和市政基础设施工程施工分包管理办法》第七条明确规定："建设单位不得直接指定分包工程承包人"。《工程建设项目施工招标投标办法》第六十六条也规定："招标人不得直接指定分包人。"

（3）违法分包

《建筑法》明确规定，禁止总承包单位将工程分包给不具备相应资质条件的单位。也禁止分包单位将其承包的工程再分包。

依据《建筑法》和《建设工程质量管理条例》更进一步将违法分包的情形界定为：

1）总承包单位将建设工程分包给不具备相应资质条件的单位的；

2）建设工程总承包合同中未有约定，又未经建设单位认可，承包单位将其承包的部分建设工程交由其他单位完成的；

3）施工总承包单位将建设工程主体结构的施工分包给其他单位的；

4）分包单位将其承包的建设工程再分包的。

（4）总承包单位与分包单位的连带责任

《建筑法》第二十九条第二款规定："建筑工程总承包单位按照总承包合同的约定对建设单位负责；分包单位按照分包合同的约定对总承包单位负责。总承包单位和分包单位就分包工程对建设单位承担连带责任。"

连带责任既可以依合同约定产生，也可以依法律规定产生。建设单位虽然和分包单位之间没有合同关系，但是当分包工程发生质量、安全、进度等方面问题给建设单位造成损失时，建设单位既可以根据总承包合同向总承包单位追究违约责任，也可以根据法律规定直接要求分包单位承担损害赔偿责任，分包单位不得拒绝。总承包单位和分包单位之间的责任划分，应当根据双方的合同约定或者各自过错的大小来确定；一方向建设单位承担的责任超过其应承担份额的，有权向另一方追偿。

4. 转包

转包是指承包单位承包建设工程后，不履行合同的责任与义务，将其承包的建设工程倒手转让给他人或将其承包的全部建设工程肢解以后以分包的名义分别转给其他单位承包，并不对工程承担技术、质量、经济等法律责任的行为。因此，《建筑法》规定，禁止承包单位将其承包的全部建筑工程转包给他人；禁止承包单位将其承包的全部建筑工程肢解以后以分包的名义分别转包给他人。

由于转包行为严重扰乱了建筑市场的秩序，具有较大的危害性，因此，转包人应对其行为承担法律责任。《建筑法》第六十七条第一款规定："承包单位将承包的工程转包的，或者违反本法规定进行分包的，责令改正，没收违法所得，并处罚款，可以责令停业整顿，降低资质等级；情节严重的，吊销资质证书。"除此之外，转包行为属法律禁止行为，转包合同无效。转包人对因转包工程不符合规定的质量标准造成的损失，与接受转包的单位承担连带责任。

4.4 建设工程监理

4.4.1 建设工程监理的概念

建设工程监理，是指具有相应资质的监理单位受工程项目业主的委托，依据国家有关法律、法规，经建设主管部门批准的工程项目建设文件、建设工程合同和建设工程委托监理合同，对工程建设实施的专业化监督和管理。

根据《建筑法》的有关规定，建设单位与其委托的工程监理单位应当订立书面委托合同。工程监理单位应当根据建设单位的委托，客观、公正地执行监理业务。建设单位和工程监理单位之间是一种委托代理关系，适用《民法通则》有关代理的法律规定。

在监理的过程中要注意以下两点：

（1）独立监理

《建筑法》第三十四条规定："工程监理单位不得转让工程监理业务。"监理合同一经订立，任何一方不得擅自变更合同。工程监理单位只有保持独立性，才有可能做到客观公正。工程监理单位与被监理工程的承包单位以及建筑材料、建筑构配件和设备供应单位不得有隶属关系或者其他利害关系。

（2）公正监理

《建筑法》第三十四条规定："工程监理单位应当根据建设单位的委托，客观、公正地执行监理任务。"若没有公正，监理制度就失去了意义。工程监理单位应当根据建设单位的委托，客观、公正地执行监理任务。工程监理单位与承包单位串通，为承包单位谋取非法利益，给建设单位造成损失的，应当与承包单位承担连带赔偿责任。

4.4.2 强制监理的范围

并不是所有的工程都需要实行监理，《建筑法》第三十条规定："国家推行建筑工程监理制度。国务院可以规定实行强制监理的建筑工程的范围。"

2000年1月30日施行的《建设工程质量管理条例》第十二条规定了必须实行监理的建设工程范围。在此基础上，《建设工程监理范围和规模标准规定》（2001年1月17日建设部令第86号发布）则对必须实行监理的建设工程做出了更具体的规定。

1. 国家重点建设项目

国家重点建设项目是指依据《国家重点建设项目管理办法》所确定的对国民经济和社会发展有重大影响的骨干项目。

2. 大中型公用事业工程

大中型公用事业工程是指项目总投资额在3 000万元以上的下列工程项目：①供水、供电、供气、供热等市政工程项目；②科技、教育、文化等项目；③体育、旅游、商业等项目；④卫生、社会福利等项目；⑤其他公用事业项目。

3. 成片开发建设的住宅小区工程

建筑面积在5万平方米以上的住宅建设工程必须实行监理；5万平方米以下的住宅建设工程，可以实行监理，具体范围和规模标准，由省、自治区、直辖市人民政府建设行政主管部门规定。

4. 利用外国政府或者国际组织贷款、援助资金的工程

1）使用世界银行、亚洲开发银行等国际组织贷款资金的项目；

2）使用国外政府及其机构贷款资金的项目；

3）使用国际组织或者国外政府援助资金的项目。

5. 国家规定必须实行监理的其他工程

（1）项目总投资额在3 000万元以上关系社会公共利益、公众安全的下列基础设施

项目：①煤炭、石油、化工、天然气、电力、新能源等项目；②铁路、公路、管道、水运、民航以及其他交通运输业等项目；③邮政、电信枢纽、通信、信息网络等项目；④防洪、灌溉、排涝、发电、引（供）水、滩涂治理、水资源保护、水土保持等水利建设项目；⑤道路、桥梁、地铁和轻轨交通、污水排放及处理、垃圾处理、地下管道、公共停车场等城市基础设施项目；⑥生态环境保护项目；⑦其他基础设施项目。

（2）学校、影剧院、体育场馆项目。

4.4.3 建设监理的依据及内容

1. 工程监理的依据

根据《建筑法》《建设工程质量管理条例》和《建设工程安全生产管理条例》的有关规定，工程监理的依据包括以下内容：

（1）法律、法规

监理单位的工作就是对工程建设实施专业化的监督和管理，监理的对象即是施工单位。施工单位的建设行为是受很多法律、法规制约的。例如，不可偷工减料等。工程监理在监理过程中首先就要监督检查施工单位是否存在违法行为，因此法律、法规是工程监理单位的依据之一。

（2）有关的技术标准

技术标准分为强制性标准和推荐性标准。强制性标准是各参建单位都必须执行的标准，而推荐性标准则是可以自主决定是否采用的标准。通常情况下，建设单位如要求采用推荐性标准，应当与设计单位或施工单位在合同中予以明确约定。经合同约定采用的推荐性标准，对合同当事人同样具有法律约束力，设计或施工未达到该标准，将构成违约行为。

（3）设计文件

施工单位的任务是按照施工图设计文件进行施工。如果施工单位没有按照图纸的要求去修建工程就构成违约，如果擅自修改图纸更是构成了违法。因此，设计文件就是监理单位的依据之一。

（4）建设工程承包合同

建设单位和承包单位通过订立建设工程承包合同，明确双方的权利和义务。合同中约定的内容要远远大于设计文件的内容。例如，进度、工程款支付方式等都不是设计文件所能描述的，而这些内容也是当事人必须履行的义务。工程监理单位有权利也有义务监督检查承包单位是否按照合同约定履行这些义务。因此，建设工程承包合同也是工程监理的一个依据。

2. 工程监理的内容

工程监理在本质上是项目管理，是监理单位代表建设单位而进行的项目管理。其监理的内容自然与项目管理的内容是一致的。其内容包括"三控制、三管理、一协调"，即进度控制、质量控制、成本控制；安全管理、合同管理、信息管理；沟通协调。

但是由于监理单位是接受建设单位的委托代表建设单位进行项目管理的，其权限取决于建设单位的授权。因此，其监理的内容也不尽相同。

因此，《建筑法》第三十三条规定："实施建筑工程监理前，建设单位应当将委托的工程监理单位、监理的内容及监理权限，书面通知被监理的建筑施工企业。"

4.4.4 建设监理人员的权利与义务

1. 监理人员主要的权利

工程监理人员认为工程施工不符合工程设计要求、施工技术标准和合同约定的，有权要求建筑施工企业改正。

工程监理人员发现工程设计不符合建筑工程质量标准或者合同约定的质量要求的，应当报告建设单位要求设计单位改正。

2. 监理人员主要的义务

1）工程监理单位应当在其资质等级许可的监理范围内，承担工程监理业务；

2）工程监理单位应当根据建设单位的委托，客观、公正地执行监理任务；

3）工程监理单位与被监理工程的承包单位以及建筑材料、建筑构配件和设备供应单位不得有隶属关系或者其他利害关系；

4）工程监理单位不得转让工程监理业务。

3. 监理人员主要责任

1）监理单位对建设单位或承接建设工程项目的单位提供的资料和文件，承担保密的责任；

2）监理单位未履行监理义务或监理单位指令错误，给建设单位造成损失的，应承担相应的赔偿责任；

3）监理单位与承包单位串通，给建设单位造成损失的，应与承包单位承担连带赔偿责任；

4）监理单位对第三方违反合同规定的质量和工期，或是由于不可抗力导致监理合同不能全部或部分履行不承担责任。

4.4.5 建设监理合同

《中华人民共和国合同法》第二百七十六条规定："建设工程实行监理的，发包人应当与监理人采用书面形式订立委托监理合同。发包人与监理人的权利和义务以及法律责任，应当依照本法委托合同以及其他有关法律、行政法规的规定。"由此可见，建设项目的业主（建设监理的委托人）与建设监理单位（建设监理的受托人）之间是由委托合同所确立的权利、义务关系，这个委托监理合同又是监理单位开展监理工作的最主要的直接依据之一。监理合同的适当订立和履行不仅关系到建设项目监理工作的成败和建设项目控制目标的实现与否，而且还关系到合同双方的直接利益。正因为如此，业主和监理单位都应当十分重视监理合同的订立和履行。

由于建设项目本身具有复杂性的特点，监理合同的内容不仅复杂而且十分专业化。对于处于委托人地位的建设项目业主来说，能够在平等、自愿的基础上自主签订内容完善、合乎科学规律的委托监理合同，一般而言，不在业主的知识、经验和能力范围之内。因此，委托监理合同示范文本十分必要。中华人民共和国建设部和中华人民共和国国家工商行政管理局于 2000 年 2 月联合发布了《建设工程委托监理合同》（示范文本）（GF－2000－0202），它由委托监理合同、标准条件和专用条件三个部分组成。2012 年 3 月，住房和城乡建设部、国家工商行政管理总局对《建设工程委托监理合同（示范文本）》（GF－2000－0202）进行了修订，制定了《建设工程监理合同（示范文本）》（GF－2012－0202）。

建设工程监理企业不按照委托监理合同的约定履行监理义务，对应当监督检查的项目不检查或者不按规定检查，给建设单位造成损失的，应当承担相应的赔偿责任。建设工程监理企业与承包单位串通，为承包单位谋取非法利益，给建设单位造成损失的，应当与承包单位一起承担连带赔偿责任。

1. 与建筑施工单位串通的法律责任

工程监理单位与建设单位或者建筑施工企业串通，弄虚作假、降低工程质量的，责令改正，处以罚款，降低资质等级或者吊销资质证书；有违法所得的，予以没收；造成损失的，承担连带赔偿责任；构成犯罪的，依法追究刑事责任。

2. 转让工程监理业务的法律责任

工程监理单位转让监理业务的，责令改正，没收违法所得，可以责令停业整顿，降低资质等级；情节严重的，吊销资质证书。

习 题 4

一、单选题

1. 某医院欲新建一办公大楼，该办公大楼由某城建集团承包建造，则施工许可证应由（　　）申领。
   A. 医院　　　　　　　　　　B. 城建集团
   C. 城建集团分包商　　　　　D. 城建集团或医院

2. 领取施工许可证后因故不能按期开工的，应当在期满之前申请延期，但延期以（　　）为限，每次不超过（　　）。
   A. 三次，三个月　　　　　　B. 两次，两个月
   C. 两次，三个月　　　　　　D. 三次，两个月

3. 建设单位申请领取施工许可证时必须有已经落实的建设资金。建设工期不足一年的，到位资金原则上不得少于工程合同价的（　　）。
   A. 20%　　　B. 30%　　　C. 40%　　　D. 50%

4. 我国建筑业企业资质分为（　　）三个序列。
   A. 工程总承包、施工总承包和专业承包

B. 工程总承包、专业分包和劳务分包
C. 施工总承包、专业分包和劳务分包
D. 施工总承包、专业承包和劳务分包

5. 专业工程分包单位可以将（　　）分包给符合资质条件的分包单位。
A. 全部专业工程　　　　　　　　B. 部分专业工程
C. 专业工程施工管理　　　　　　D. 劳务作业

6. 关于建筑工程的发包、承包发式，以下说法错误的是（　　）。
A. 建筑工程的发包方式分为招标发包和直接发包
B. 未经发包方同意且无合同约定，承包方不得对专业工程进行分包
C. 联合体各成员对承包合同的履行承担连带责任
D. 发包方有权将单位工程的地基与基础、主体结构、屋面等工程分别发包给符合资质的施工单位

7. 关于建筑工程发承包制度的说法，正确的是（　　）。
A. 总承包合同可以采用书面形式或口头形式
B. 发包人可以将一个单位工程的主体分解成若干部分发包
C. 建筑工程只能招标发包，不能直接发包
D. 国家提倡对建筑工程实行总承包

8. 甲施工单位与乙施工单位以联合体方式承揽建设工程。以下不符合有关规定的是（　　）。
A. 双方应签订联合承包的协议
B. 按照资质等级低的单位的业务范围承揽建设工程
C. 甲与乙就承揽工程向建设单位承担连带责任
D. 联合体造成违约，甲、乙以联合承包协议为依据对建设单位只承担约定的责任

9. 下列使用国有资金的项目中，必须通过招标方式选择施工单位的是（　　）。
A. 某水利工程，其单项施工合同估算价 600 万元人民币
B. 利用扶贫资金实行以工代赈需要使用农民工的项目
C. 某军事工程，其重要设备的采购单项合同估算价 100 万元人民币
D. 某福利院工程，其单项施工合同估算价 300 万元人民币且施工主要技术采用某专有技术

10. 监理工程师李某在对某工程施工的监理过程中，发现该工程设计存在瑕疵，则李某（　　）。
A. 可以要求施工单位修改设计
B. 应当报告建设单位要求施工单位修改设计
C. 应当报告建设单位要求设计单位修改设计
D. 应当要求设计单位修改设计

二、多项选择题

1. 某体育馆施工实行工程总承包，发包单位可以将工程的（　　）一并发包。

A. 代建 B. 施工
C. 监理 D. 设计
E. 设备采购

2. 关于建设工程总承包合同的履行，下列正确的是（   ）。
A. 建设工程总承包合同订立后，双方都应按合同的规定严格履行
B. 除总承包合同中约定的工程分包外，必须经发包人认可
C. 工程总承包单位可以将承包工程中的部分工程发包给不具有相应资质条件的分包单位
D. 工程总承包单位可以将承包工程中的部分工程发包给具有相应资质条件的分包单位
E. 总承包单位可以按合同规定对工程项目进行分包，可以倒手转包

3. 我国《建筑法》规定，申请领取建筑工程施工许可证具备的条件包括（   ）。
A. 已经办理用地批准手续 B. 应委托监理的已委托监理
C. 拆迁完毕 D. 建设资金落实
E. 已确定建筑施工企业

4. 我国《建筑法》规定，对于建筑工程承包，（   ）。
A. 两个以上不同资质等级的单位实行联合共同承包的，应当按照资质等级低的单位的业务许可范围承揽工程
B. 建筑工程总承包单位可以将承包工程中的部分工程发包给具有相应资质条件的分包单位
C. 在特定的条件下，分包单位可以将其承包的工程再分包
D. 在特定的条件下，承包单位可以将其承包的全部建筑工程转包给他人
E. 对于联合承包，共同承包的各方对承包合同的履行承担连带责任

5. 下列关于总承包单位和分包单位承担责任的表述，正确的是（   ）。
A. 分包单位按照分包合同的约定仅对总承包单位负责
B. 分包单位按照分包合同的约定仅对建设单位负责
C. 总承包单位和分包单位就分包工程对建设单位承担连带责任
D. 总承包单位按照总承包合同的约定对建设单位负责
E. 总承包单位和分包单位对建设单位各自承担责任

6. 下面说法错误的是（   ）。
A. 施工单项合同估算价在 400 万元人民币以上的项目必须招标
B. 个人投资的项目不需要招标
C. 符合工程招标范围，重要材料单项合同估算价在 200 万元人民币以上的项目必须招标
D. 符合工程招标范围，监理单项合同估算价在 100 万美元以上的必须招标
E. 所有项目都需要招标

7. 可以不进行招标的项目有（   ）。
A. 抢险救灾的项目

B. 施工单位自建自用的项目

C. 利用扶贫救资金以工代赈需要使用农民工的

D. 整体加层工程，原中标人仍具备承包能力的

E. 施工主要技术采用特定专利的

8. 项目监理在实施监理过程中，主要依据有（　　）。

　　A. ISO 质量体系　　　　　　　　B. 工程建设国家强制性标准

　　C. 工程设计文件　　　　　　　　D. 施工企业管理制度

　　E. 建设工程施工合同

9. 根据我国有关法律的规定，下列必须实行监理的建设工程包括（　　）。

A. 投资 4 000 万元的城市地热管网铺设工程

B. 建筑面积 10 万平方米的住宅建设工程

C. 学校、体育场馆

D. 投资 10 00 万元的城市小型污水处理工程

E. 使用世界银行 300 万美元贷款的建设项目

10. 关于工程监理单位，说法正确的是（　　）。

A. 工程监理单位不能在超出其资质等级许可的范围内承担工程监理业务

B. 工程监理单位可以转让工程监理业务

C. 工程监理单位与被监理工程的承包单位不得有隶属关系

D. 工程监理单位未按照规定检查给建设单位造成损失的，应当承担相应的赔偿责任

E. 工程监理单位与承包单位串通，给建设单位造成损失的，应与承包单位承担连带赔偿责任

三、简答题

1. 什么是建筑许可？建筑许可包括哪几种？
2. 申请施工许可证的范围和具备条件是什么？
3. 简述从业资格制度。
4. 什么是建设工程的承包与发包？发包有哪些方式？
5. 我国实行强制招标的建设工程有哪些？其规模标准是怎样规定的？
6. 什么是工程建设监理？实行强制监理的建设工程的范围有哪些？

第5章　建设工程招标投标法律制度

教学目标

本章主要讲述建设工程招标投标法律制度的概念、建设工程招标投标的全过程以及相应的违法行为和法律责任。通过本章学习，应达到以下目标：

（1）理解建设工程招标投标法的概念，了解其立法历程和基本原则；

（2）掌握工程项目招标的范围和规模标准，招标的方式，联合体投标的含义及法律规定。掌握建设工程招标投标、开标、评标、定标的全过程以及相应法律规定；

（3）熟悉招标人和投标人的违法行为以及法律责任。

引例

深挖彻查招投标领域腐败问题

2020年8月，中央纪委国家监委官方网站发布《深挖彻查招投标领域腐败问题》一文，就如何系统治理招投标乱相问题做了总结。从近年查处的工程建设领域问题来看，招投标中公告发布、标书编制、评标、签约等关键环节仍存在漏洞，规避公开招标、化整为零、围标串标、违规公示等现象较为普遍。

为进一步营造公平公正的招投标市场秩序，多地查处工程建设招投标领域腐败问题以及串通投标、弄虚作假案件，并公布招投标违法违规典型案例。如四川遂宁共查处工程招标领域违纪、违法人员309人，追缴违纪违法款3亿元，同步出台9项制度堵塞这些漏洞。督促责任单位建立责任清单，分别从招投标文件编制、合同履约管理、标后监督检查、失信行为联合惩戒等薄弱环节对责任进行明确规定。推动责任单位建立项目日常监督检查备案制度、责任追究终身制，将每个项目的监督检查责任落实到具体的人。

5.1 建设工程招标投标法概述

5.1.1 建设工程招标投标的概念及意义

1. 建设工程招标投标的概念

招标投标是指在市场经济条件下进行大宗货物的买卖、工程建设项目的发包与承包以及服务项目的采购与提供时,买方(采购方)提出自己的条件吸引卖方参与竞争,并择优确定卖方(提供方)的一种交易方式。招标和投标是指交易活动的两个主要步骤。

建设工程招标,是指建设单位(或业主)就拟建的工程发布通告,用法定方式吸引建设项目的承包单位参加竞争,进而通过法定程序从中选择条件优越者来完成工程建设任务的法律行为。一般建设工程的招标种类包括工程项目全过程招标,勘察设计招标,材料、设备供应招标,工程施工招标,工程监理招标等。

建设工程投标是建设工程招标的对称概念,是指经过特定审查而获得投标资格的建设项目承包单位,按照招标文件的要求,在规定的时间内向招标单位填报投标书,并争取中标的法律行为。招标人与中标人应签订明确双方权利义务的合同。

2. 建设工程招标投标的意义

1)有利于打破垄断,开展竞争,促进企业转变经营机制,提高企业的管理水平。

2)能够促进建设工程按程序和客观规律办事,克服建筑市场的混乱现象,保证承发包工作的公平、公正。

3)建设工程实行招投标制,可以确保和提高工程质量,缩短建设工期,降低工程造价。

4)促进经济体制的改革和市场经济体制的建立。

5)促进我国建筑企业进入国际市场。

5.1.2 建设工程招标投标法的概念及立法历程

1. 建设工程招标投标法的概念

建设工程招标投标法是国家用来规范招标投标活动、调整在招标投标过程中产生的各种关系的法律规范的总称,它包括所有调整工程建设项目招标投标活动的法律规范,其中最有代表性的就是《中华人民共和国招标投标法》。

《中华人民共和国招标投标法》(以下简称《招标投标法》)由中华人民共和国第九届全国人民代表大会常务委员会第十一次会议于 1999 年 8 月 30 日通过,自 2000 年 1 月 1 日起施行。其立法目的是为了规范招标投标活动,保护国家利益、社会公共利益和招标投标活动当事人的合法权益,提高经济效益,保证项目质量。2017 年 12 月 27

日，中华人民共和国第十二届全国人民代表大会常务委员会第三十一次会议对《招标投标法》进行了修订，自2017年12月28日起施行。

《招标投标法》共六章，六十八条。第一章为总则，规定了《招标投标法》的立法宗旨，适用范围，强制招标的范围，以及招标投标活动中应遵循的基本原则；第二至第四章根据招标投标活动的具体程序和步骤，规定了招标、投标、开标、评标和中标各阶段的行为规则，第五章规定了违反上述规则应承担的法律责任；第六章为附则，规定了《招标投标法》的例外适用情形以及生效日期。

2. 建设工程招标投标法的立法历程

1984年，国家计委、城乡建设环境保护部联合下发了《建设工程招标投标暂行规定》，我国由此开始推行招投标制度。1992年12月30日，建设部颁发了《工程建设施工招标投标管理办法》。1994年12月16日，建设部、国家体改委再次发出《全面深化建筑市场体制改革的意见》，明确提出大力推行招标投标，强化市场竞争。1999年3月15日，全国人大通过了《中华人民共和国合同法》，该法对招标投标制度产生了重要的影响。

1999年8月30日，全国人大常委会通过了《中华人民共和国招标投标法》，并于2000年1月1日起施行。这部法律将建设工程的招标投标制度全面上升到了法律的高度。此后关于建设工程招标投标制度的法律法规层出不穷，建设工程招标投标制度得到不断完善和丰富。

2000年5月1日，国家计委发布了《工程建设项目招标范围的规模标准规定》。2001年7月5日，国家计委等七部委联合发布《评标委员会和评标办法暂行规定》（2013年修订）。其中有三个重大突破：①关于低于成本价的认定标准；②关于中标人的确定条件；③关于最低价中标。2000年7月1日，国家计委发布了《工程建设项目自行招标试行办法》和《招标公告发布暂行办法》（2013年修订）。2003年，国家发改委发布了《工程建设项目施工招标投标办法》（2013年修订）。2011年11月30日，《中华人民共和国招标投标法实施条例》于国务院第183次常务会议通过，自2012年2月1日起施行。2017年、2018年、2019年又分别进行了三次修订。2018年3月27日，国家发展和改革委员会发布《必须招标的工程项目规定》，自2018年6月1日起施行。

5.1.3 建设工程招标投标活动的基本原则

《招标投标法》第五条规定："招标投标活动应当遵循公开、公平、公正和诚实信用的原则。"

1. 公开原则

招标投标活动应当遵循公开原则，这是为了保证招标活动的广泛性、竞争性和透明性。公开原则，首先要求招标信息公开，其次，公开原则还要求招标投标过程公开。

2. 公平原则

招标投标活动的公平原则，要求招标人严格按照规定的条件和程序办事，平等地对待每一个投标竞争者，不得对不同的投标竞争者采用不同的标准。招标人不得以任何方式限制或者排斥本地区、本系统以外的法人或者其他组织参加投标。

3. 公正原则

在招标投标活动中招标人的行为应当公正,对所有的投标竞争者都应平等对待,不能有特殊。招标人和投标人双方在招标投标活动中的地位平等,任何一方不得向另一方提出不合理的要求,不得将自己的意志强加给对方。

4. 诚实信用原则

诚实信用是民事活动的一项基本原则,招标投标活动是以订立采购合同为目的的民事活动,当然也适用这一原则。诚实信用原则要求招标投标各方都要诚实守信,不得有欺骗、背信弃义的行为。

5.1.4 工程项目招标的范围和规模标准

1. 强制招标的工程项目范围和规模标准

(1)强制招标的工程建设项目范围

根据《招标投标法》第三条规定,在中华人民共和国境内进行下列工程建设项目包括项目的勘察、设计、施工、监理以及与工程建设有关的重要设备、材料等的采购,必须进行招标:

1)大型基础设施、公用事业等关系社会公共利益、公众安全的项目;
2)全部或者部分使用国有资金投资或者国家融资的项目;
3)使用国际组织或者外国政府贷款、援助资金的项目。

具体而言,强制招标所涉及的工程建设项目涵盖的范围见表5.1。

表5.1 强制招标的范围一览表

强制招标的范围	关系社会公共利益、公共安全的大型基础设施项目	能源项目;邮电通讯项目;城市设施项目;交通运输项目;水利项目;生态环境保护项目
	关系社会公共利益、公共安全的公用事业项目	市政工程项目;科技、教育、文化、体育、旅游、卫生、社会福利项目
	全部或者部分使用国有资金投资的项目	使用财政预算资金的项目;使用国有企业单位自有资金的项目;使用纳入财政管理的政府性专向建设基金的项目
	国家融资的项目	使用国家发行债券所筹资金的项目;使用国家政策性贷款的项目;国家特许的融资项目;使用国家对外借款或担保所筹资金的项目;国家授权投资主体融资的项目
	使用国际组织或者外国政府贷款、援助资金的项目	使用国际组织贷款资金的项目;使用国际组织或者外国政府援助资金的项目;使用外国政府及其机构贷款资金的项目

(2) 强制招标项目的规模标准

根据《必须招标的工程项目规定》的相关条文，规定范围内的项目，勘察、设计、施工、监理以及与工程建设有关的重要设备、材料等的采购达到下列标准之一的，必须招标：

1) 施工单项合同估算价在 400 万元人民币以上；
2) 重要设备、材料等货物的采购，单项合同估算价在 200 万元人民币以上；
3) 勘察、设计、监理等服务的采购，单项合同估算价在 100 万元人民币以上。

2. 可以不进行招标的工程建设项目

如果建设项目不属于必须招标的项目则可以招标也可以不招标。例外的是，即使符合必须招标项目的条件但是属于某些特殊情形的，也是可以不招标的。

(1) 可以不进行招标的施工项目

根据《招标投标法》第六十六条的规定，涉及国家安全、国家秘密、抢险救灾或者属于利用扶贫资金实行以工代赈、需要使用农民工等特殊情况，不适宜进行招标的项目，按照国家有关规定可以不进行招标。

同时，《中华人民共和国招标投标法实施条例》第九条进行了补充规定，除《招标投标法》第六十六条规定的可以不进行招标的特殊情况外，有下列情形之一的，可以不进行招标：

1) 需要采用不可替代的专利或者专有技术；
2) 采购人依法能够自行建设、生产或者提供；
3) 已通过招标方式选定的特许经营项目投资人依法能够自行建设、生产或者提供；
4) 需要向原中标人采购工程、货物或者服务，否则将影响施工或者功能配套要求；
5) 国家规定的其他特殊情形。

(2) 可以不进行招标的勘察、设计项目

根据《建设工程勘察设计管理条例》第十六条规定，下列建设工程的勘察、设计，经有关主管部门批准，可以直接发包：

1) 采用特定的专利或者专有技术的；
2) 建筑艺术造型有特殊要求的；
3) 国务院规定的其他建设工程的勘察、设计。

5.2 建设工程项目招标

5.2.1 建设工程招标人

《招标投标法》规定，招标人是提出招标项目、进行招标的法人或其他组织。因此，招标人应当是法人或者其他组织，而自然人则不能成为招标人。同时，招标人应依法提出招标项目，同时组织招标行为。

5.2.2 建设工程招标的组织形式

根据《招标投标法》规定，招标组织形式包括自行招标和委托招标。

1. 自行招标

自行招标是指招标人自身具有编制招标文件和组织评标的能力，依法自行办理招标。招标人具有编制招标文件和组织评标能力的，可以自行办理招标事宜。任何单位和个人不得强制其委托招标代理机构办理招标事宜。依法必须进行招标的项目，招标人自行办理招标事宜的，应当向有关行政监督部门备案。

根据《工程建设项目自行招标试行办法》的有关规定，工程建设项目自行招标所具备的条件包括：①具有项目法人资格（或者法人资格）；②具有与招标项目规模和复杂程度相适应的工程技术、概预算、财务和工程管理等方面专业技术力量；③有从事同类工程建设项目招标的经验；④拥有3名以上取得招标职业资格的专职招标业务人员；⑤熟悉和掌握招标投标法及有关法规规章。

2. 委托招标

委托招标是指招标人委托招标代理机构办理招标事宜。招标人有权自行选择招标代理机构，委托其办理招标事宜。任何单位和个人不得以任何方式为招标人指定招标代理机构。招标代理机构是依法设立、从事招标代理业务并提供相关服务的社会中介组织。

（1）招标代理机构的性质

招标人不具备自行招标能力，或者不愿自行招标的，应当委托具有相应资格条件的专业招标代理机构，由其代理招标人进行招标。招标代理机构与行政机关和其他国家机关不得存在隶属关系或者其他利益关系。

招标代理机构应当具备下列条件：

1) 有从事招标代理业务的营业场所和相应的资金；
2) 有能够编制招标文件和组织评标的相应专业力量。

（2）招标代理机构可以承担的招标事宜

根据《工程建设项目施工招标投标办法》第二十二条的规定，招标代理机构应当在招标人委托的范围内承担招标事宜。招标代理机构可以在其资格等级范围内承担下列招标事宜：

1) 拟订招标方案，编制和出售招标文件、资格预审文件；
2) 审查投标人资格；
3) 编制标底；
4) 组织投标人踏勘现场；
5) 组织开标、评标，协助招标人定标；
6) 草拟合同；
7) 招标人委托的其他事项。

招标代理机构不得无权代理、越权代理，不得明知委托事项违法而进行代理。招标代理机构不得接受同一招标项目的投标代理和投标咨询业务；未经招标人同意，不得转让招标代理业务。

阅读材料 取消招标代理机构的资格认定

中华人民共和国建设部颁布的《工程建设项目招标代理机构资格认定办法》自2007年3月1日起施行，其第五条规定工程招标代理机构资格分为甲级、乙级和暂定级。甲级工程招标代理机构可以承担各类工程的招标代理业务；乙级工程招标代理机构只能承担工程总投资1亿元人民币以下的工程招标代理业务；暂定级工程招标代理机构，只能承担工程总投资6000万元人民币以下的工程招标代理业务。

2017年12月28日，中华人民共和国住房和城乡建设部办公厅发布关于取消工程建设项目招标代理机构资格认定，加强事中事后监管的通知。自通知发布之日起，各级住房和城乡建设部不再受理招标代理机构资格认定的申请，停止招标代理机构资格审批。此举旨在深入推进工程建设领域"放管服"改革，加强工程建设项目招标代理机构事中事后监管，规范工程招标代理行为，维护建筑市场秩序。

2018年3月8日，中华人民共和国住房和城乡建设部发布《住房城乡建设部关于废止〈工程建设项目招标代理机构资格认定办法〉的决定》，已经2018年2月12日第37次部常务会议审议通过，自发布之日起施行，取消工程项目招标代理机构资格认定。取消资格认定相当于取消门槛，带来的影响深远，会有更多的机构进入招标代理市场，招标代理的竞争会更加激烈。但作为招标人，其选择招标代理的范围会更宽。取消招标代理机构资格认定后，招标代理机构不再需要取得资质证书即可承办招标代理业务，监管部门无法通过发放资质证书对不符合条件的代理机构进行限制。

5.2.3 建设工程招标应具备的条件

工程勘察设计招标项目应具备的条件包括：①具有经过审批单位批准的设计任务书；②具有开展设计必需的可靠基础资料；③成立了专门的招标小组或办公室，并有指定的负责人。

《工程建设项目施工招标投标办法》（2013年）规定，依法必须招标的工程建设项目，应当具备下列条件才能进行施工招标：①招标人已经依法成立；②初步设计及概算应当履行审批手续的，已经批准；③有相应资金或资金来源已经落实；④有招标所需的设计图纸及技术资料。

5.2.4 建设工程招标的方式

1. 公开招标

公开招标，也称无限竞争招标，是指招标人以招标公告的方式邀请不特定的法人或者其他组织投标。招标人采用公开招标方式的，应当发布招标公告。依法必须进行招标的项目的招标公告，应当通过国家指定的报刊、信息网络或者其他媒介发布。

2. 邀请招标

邀请招标，也称有限竞争招标，是指招标人以投标邀请书的方式邀请特定的法人或者其他组织投标。

对于应当公开招标的施工招标项目，有下列情形之一的，经批准可以进行邀请招标：

1）项目技术复杂或有特殊要求，或者受自然地域环境限制，只有少量潜在投标人可供选择；

2）涉及国家安全、国家秘密或者抢险救灾，适宜招标但不宜公开招标；

3）采用公开招标方式的费用占项目合同金额的比例过大。

采用邀请招标方式的，招标人应当向三家以上具备承担施工招标项目的能力、资信良好的特定的法人或者其他组织发出投标邀请书。

3. 两种方式的主要区别

（1）发布信息的方式不同

公开招标采用公告的形式发布，邀请招标采用投标邀请书的形式发布。

（2）选择的范围不同

公开招标因使用招标公告的形式，针对的是一切潜在的对招标项目感兴趣的法人或其他组织，招标人事先不知道投标人的数量；邀请招标针对已经了解的法人或其他组织，而且事先已经知道投标人的数量。

（3）竞争的范围不同

由于公开招标使所有符合条件的法人或其他组织都有机会参加投标，竞争的范围较广，竞争性体现得也比较充分，招标人拥有绝对的选择余地，容易获得最佳招标效果；邀请招标中投标人的数目有限，竞争的范围有限，招标人拥有的选择余地相对较小，有可能提高中标的合同价，也有可能将某些在技术上或报价上更有竞争力的供应商或承包商遗漏。

（4）公开的程度不同

公开招标中的所有活动都必须严格按照预先指定并为大家所知的程序标准公开进行，大大减少了作弊的可能；相比而言，邀请招标的公开程度逊色一些，产生不法行为的机会也就多一些。

(5) 时间和费用不同

由于邀请招标不发公告，招标文件只发送给几家特定的法人或者其他组织，使整个招标投标的时间大大缩短，招标费用也相应减少。而公开招标的程序比较复杂，从发布公告，投标人做出反应，评标，到签订合同，有许多时间上的要求，要准备许多文件，因而耗时较长，费用也比较高。

5.2.5 建设工程招标的程序

整个建设工程的完整的招投标过程主要分为三个阶段，分别是招标准备阶段、招标投标阶段和决标成交阶段，每个阶段具体包含的工作内容如图5.1所示。

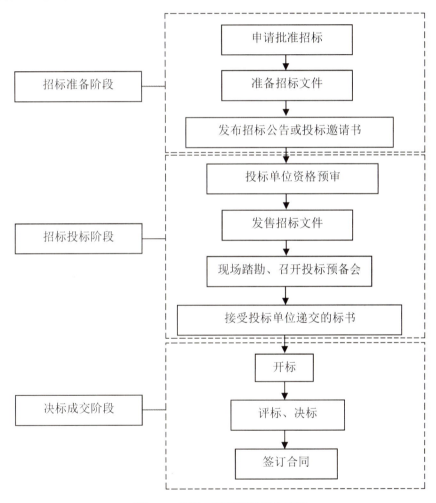

图 5.1 建设工程招标投标全过程

1. 招标准备工作

招标的准备工作主要包括成立招标组织，确定招标方式以及申请批准招标。其中招标申请是招标单位向政府主管机关提交招标申请书用以要求开始组织招标、办理招标事宜。招标申请书主要包括工程名称、建设地点、招标工程建设规模、结构类型、招标范围、招标方式、要求施工企业等级、施工前期准备情况（土地征用、拆迁情况、勘察设计情况、施工现场条件等）、招标机构组织情况等内容。招标申请书批准后，就可以编制资格预审文件和招标文件。

2. 发布招标公告和投标邀请书

招标的方式有两种，公开招标和邀请招标。采用公开招标的工程项目，应当在国家或者地方指定的报刊、信息网络或者其他媒介上发布招标公告，并同时在中国工程建设和建筑业信息网上发布招标公告。采用邀请招标方式的，应当向三个以上符合资质条件的施工企业发出投标邀请书。

根据《招标投标法》的规定，招标公告与投标邀请书应当载明同样的事项，具体包括以下内容：①招标人的名称和地址；②招标项目的内容、规模、资金来源；③招标项目的实施地点和工期；④获取招标文件或者资格预审文件的地点和时间；⑤对招标文件或者资格预审文件收取的费用；⑥对招标人的资质等级的要求。

3. 资格预审

根据《工程建设项目施工招标投标办法》的有关规定，资格审查分为资格预审和资格后审。资格预审，是指在投标前对潜在投标人进行的资格审查。资格后审，是指在开标后对投标人进行的资格审查。

（1）资格预审的要求

采取资格预审的，招标人可以发布资格预审公告，资格预审公告适用有关招标公告的规定。招标人应当在资格预审文件中载明资格预审的条件、标准和方法。招标人不得改变载明的资格条件或者以没有载明的资格条件对潜在投标人进行资格预审。

经资格预审后，招标人应当向资格预审合格的潜在投标人发出资格预审合格通知书，告知获取招标文件的时间、地点和方法，并同时向资格预审不合格的潜在投标人告知资格预审结果。资格预审不合格的潜在投标人不得参加投标。

资格预审时，招标人不得以不合理的条件限制、排斥潜在投标人或者投标人，不得对潜在投标人或者投标人实行歧视待遇。任何单位和个人不得以行政手段或者其他不合理方法限制投标人的数量。

（2）资格预审的内容

资格预审的重点是专业资格审查，内容包括：①施工经历，包括以往承担类似项目的业绩；②为承担本项目所配备的人员状况，包括管理人员和主要人员的名单和简历；③为履行合同任务而配备的机械、设备以及施工方案等情况；④财务状况，包括申请人的资产负债表、现金流量表等。

4. 编制和发售招标文件

（1）招标文件的编制

建设工程招标文件既是投标单位编制投标文件的依据，也是招标单位与将来中标单位签订工程承包合同的基础，招标文件中提出的各项要求，对整个招标工作乃至承发包双方都有约束力。《招标投标法》第十九条规定："招标人应当根据招标项目的特点和需要编制招标文件。招标文件应当包括招标项目的技术要求、对投标人资格审查的标准、投标报价要求和评标标准等所有实质性要求和条件以及拟签订合同的主要条款。国家对招标项目的技术、标准有规定的，招标人应当按照其规定在招标文件中提出相应要求。招标项目需要划分标段、确定工期的，招标人应当合理划分标段、确定工期，并在招标文件中载明。"

根据《工程建设项目施工招标投标办法》第二十四条的规定，招标人应当根据招标工程的特点和需要，自行或者委托工程招标代理机构编制招标文件。招标文件应当包括下列内容：①招标公告或投标邀请书；②投标人须知；③合同主要条款；④投标文件格式；⑤采用工程量清单招标的，应当提供工程量清单；⑥技术条款；⑦设计图纸；⑧评标标准和方式；⑨投标辅助材料。

（2）招标文件的发售

招标文件一般发售给通过资格预审、获得投标资格的投标人。根据《工程建设项目施工招标投标办法》第十五条的规定，招标人应当按招标公告或者投标邀请书规定的时间、地点出售招标文件。自招标文件或者资格预审文件出售之日起至停止出售之日止，最短不得少于5个工作日。对招标文件或者资格预审文件的收费应当限于补偿印刷、邮寄的成本支出，不得以营利为目的。除不可抗力原因外，招标人在发布招标公告、发出投标邀请书后或者售出招标文件或资格预审文件后不得终止招标。

（3）招标文件的修改

招标文件发出后，招标单位不得擅自变更其内容。确需进行必要的澄清、修改或补充，须报招标管理机构审查同意。《招标投标法》第二十三条规定："招标人对已发出的招标文件进行必要的澄清或者修改的，应当在招标文件要求提交投标文件截止时间至少十五日前，以书面形式通知所有招标文件收受人。该澄清或者修改的内容为招标文件的组成部分。"

（4）招标文件规定的时限要求

根据《招标投标法》第二十四条规定："招标人应当确定投标人编制投标文件所需要的合理时间；但是，依法必须进行招标的项目，自招标文件开始发出之日起至投标人提交投标文件截止之日止，最短不得少于二十日。"

招标文件中还应载明投标有效期。投标有效期，是招标文件中规定的投标文件有效期。在此期间内，投标人有义务保证投标文件的有效性。《工程建设项目施工招标投标办法》第二十九条规定："招标文件应当规定一个适当的投标有效期，以保证招标人有足够的时间完成评标和与中标人签订合同。投标有效期从投标人提交投标文件截止之日起计算。"

在原投标有效期结束前，出现特殊情况的，招标人可以书面形式要求所有投标人延长投标有效期。投标人同意延长的，不得要求或被允许修改其投标文件的实质性内容，但应当相应延长其投标保证金的有效期；投标人拒绝延长的，其投标失效，但投标人有权收回其投标保证金。因延长投标有效期造成投标人损失的，招标人应当给予补偿，但因不可抗力需要延长投标有效期的除外。

5. 科学编制标底或最高投标限价

根据《工程建设项目施工招标投标办法》第三十四条规定，招标人可根据项目特点决定是否编制标底。编制标底的，标底编制过程和标底在开标前必须保密。

招标项目编制标底的,应根据批准的初步设计、投资概算,依据有关计价办法,参照有关工程定额,结合市场供求状况,综合考虑投资、工期和质量等方面的因素合理确定。标底由招标人自行编制或委托中介机构编制。一个工程只能编制一个标底。任何单位和个人不得强制招标人编制或报审标底,或干预其确定标底。

招标项目可以不设标底,进行无标底招标。

招标人设有最高投标限价的,应当在招标文件中明确最高投标限价或者最高投标限价的计算方法。招标人不得规定最低投标限价。

6. 现场踏勘与召开投标预备会

(1) 现场踏勘

现场踏勘是指招标人组织投标申请人对工程现场场地和周围环境等客观条件进行的现场勘察,招标人根据招标项目的具体情况,可以组织投标申请人踏勘项目现场,但招标人不得单独或者分别组织任何一个投标人进行现场踏勘。

为便于投标单位提出问题并得到解答,现场踏勘一般安排在投标预备会之前的1~2天进行。招标单位应向投标单位介绍有关现场的以下情况:施工现场是否达到招标文件规定的条件;施工现场的地理位置和地形、地貌;施工现场的地质、土质、地下水位、水文等情况;施工现场气候条件,如气温、湿度、风力、年雨雪量等;现场环境,如交通、饮水、污水排放、生活用电、通信等;工程在施工现场中的位置或布置;临时用地、临时设施搭建等。

投标人在现场踏勘中如有疑问,应在投标预备会前以书面形式向招标人提出,但应给招标人留有解答时间。

(2) 投标预备会

投标预备会也称答疑会、标前会议,是指招标单位为澄清或解答招标文件或现场踏勘中的问题,以便投标单位更好地编制投标文件而组织召开的会议。投标预备会在招标管理机构监督下,由招标单位组织并主持召开,参加会议的人员包括招标单位、投标单位、代理机构、招标文件的编制人员、招投标管理机构的管理人员等。所有参加投标预备会的投标单位应签到登记,以证明出席投标预备会。在预备会上对招标文件和现场情况做介绍或解释,并解答投标单位提出的疑问,包括书面提出的和口头提出的询问。在投标预备会上还应对图纸进行交底和解释。投标预备会结束后,由招标单位整理会议记录和解答内容,报招标管理机构核准同意后,尽快以书面形式将问题及解答同时发送到所有获得招标文件的投标单位。

5.3 建设工程项目投标

5.3.1 建设工程投标人

1. 投标人的概念及要求

投标人是指响应投标，参加投标竞争的人。所谓响应投标，是指获得招标信息或收到投标邀请书后接受资格审查，购买招标文件，编制投标文件（俗称标书）等按招标人要求所进行的活动。《招标投标法》规定，除依法允许个人参加投标的科研项目外，其他项目的投标人必须是法人或其他经济组织，自然人不能成为建设工程的投标人。

《招标投标法》第二十六条规定："投标人应当具备承担招标项目的能力；国家有关规定对投标人资格条件或者招标文件对投标人资格条件有规定的，投标人应当具备规定的资格条件。"

2. 联合体投标

（1）联合体投标含义

联合体投标指的是某承包单位为了承揽不适于自己单独承包的工程项目而与其他单位联合，以一个投标人的身份去投标的建设行为。根据《招标投标法》第三十一条第一款的规定，两个以上法人或者其他组织可以组成一个联合体，以一个投标人的身份共同投标。

（2）联合体各方的资格要求

《招标投标法》第三十一条第二款规定："联合体各方均应当具备承担招标项目的相应能力；国家有关规定或者招标文件对投标人资格条件有规定的，联合体各方均应当具备规定的相应资格条件。由同一专业的单位组成的联合体，按照资质等级较低的单位确定资质等级。"

（3）联合体各方的权利和义务

《招标投标法》第三十一条第二款规定："联合体各方应当签订共同投标协议，明确约定各方拟承担的工作和责任，并将共同投标协议连同投标文件一并提交招标人。联合体中标的，联合体各方应当共同与招标人签订合同，就中标项目向招标人承担连带责任。"根据该规定，联合体各方的权利和义务分为内部和外部两种。

1) 联合体各方内部的权利和义务。共同投标协议属于合同关系，联合体内部各方通过协议明确约定各方在中标后要承担的工作和责任，该约定必须详细、明确，避免日后发生争议。同时，该共同协议应当同投标文件一并提交招标人，使招标人了解有关情况，并在评标时予以考虑。

2) 联合体各方外部的权利和义务。联合体各方就中标项目对外向招标人承担连带责任。所谓连带责任，是指在同一债权债务关系中两个以上的债务人中，任何一个债务人都负有向债权人履行债务的义务。债权人可以向其中任何一个或者多个债务人请求履行债务，可以请求部分履行，也可以请求全部履行。负有连带责任的债务人不得以债务人之间对债务分担比例有约定来拒绝部分或全部履行债务。连带债务人中一个或者多人履行了全部债务后，其他连带债务人对债权人的履行义务即行解除。但是，对连带债务人内部关系而言，根据其内部约定，债务人清偿债务超过其应承担份额的，有权向其他连带债务人追偿。

5.3.2 建设工程投标的程序

1. 编制投标文件

根据《招标投标法》第二十七条的规定，投标人应当按照招标文件的要求编制投标文件。投标文件应当对招标文件的实质性要求做出响应。《工程建设项目施工招标投标办法》第三十六条，投标文件一般包括下列内容：①投标函；②投标报价；③施工组织设计；④商务和技术偏差表。投标人根据招标文件载明的项目实际情况，拟在中标后将中标项目的部分非主体、非关键性工作进行分包的，应当在投标文件中载明。

投标文件编制中，投标单位应认真仔细研读招标文件，依据招标文件和工程技术规范要求编制投标文件。投标文件编制完成后应仔细整理、核对，按招标文件的规定进行密封和标志。投标单位必须使用招标文件中提供的表格格式。投标单位在填写投标文件的空格时，凡要求填写的空格都必须填写，填写都要字迹清晰、端正，补充设计图纸要整洁。投标文件一般规定不允许涂改。如允许涂改，一定要按规定确认。投标单位按招标文件所提供的表格格式，编制一份投标文件"正本"和投标须知所述份数的"副本"，并由投标单位法定代表人亲自签署并加盖法人单位公章和法定代表人印鉴。

2. 交纳投标保证金

投标担保金，是指投标人保证其投标被接受后对其投标书中规定的责任不得撤销或者反悔。否则，招标人将对投标保证金予以没收。

《工程建设项目施工招标投标办法》第三十七条规定，招标人可以在招标文件中要求投标人提交投标保证金。投标保证金除现金外，还可以是银行出具的银行保函、保兑支票、银行汇票或现金支票。投标保证金一般不得超过项目估算价的2%，但最高不得超过80万元人民币。投标保证金有效期应当与投标有效期一致。投标人应当按照招标文件要求的方式和金额，将投标保证金随投标文件提交给招标人。投标人不按招标文件要求提交投标保证金的，该投标文件将被拒绝，作废标处理。

3. 提交投标文件

投标人应当在招标文件要求提交投标文件的截止时间前，将投标文件送达投标地点；在截止时间后送达的投标文件，招标人应当拒收。

招标人收到投标文件后，应当签收保存，不得开启。投标人少于三个的，招标人应当依法重新招标。

4. 投标文件的补充、修改、替代或撤回

投标人在招标文件要求投标文件的截止时间前，可以补充、修改或者撤回已提交的投标文件，并书面通知招标人。补充、修改的内容为投标文件的组成部分。招标人已收取投标保证金的，应当自收到投标人书面撤回通知之日起5日内退还。

在提交投标文件截止时间后到招标文件规定的投标有效期终止之前，投标人不得补充、修改、替代或者撤回其投标文件。投标人补充、修改、替代投标文件的，招标人不予接受；投标人撤回投标文件的，其投标保证金将被没收。

5.4 建设工程项目的开标、评标与中标

5.4.1 开标

1. 开标的概念

开标是指投标截止后，招标人按招标文件所规定的时间和地点，开启投标人提交的投标文件，公开宣布投标人的名称、投标价格及投标文件中的其他主要内容的活动。

2. 开标的时间与地点

《招标投标法》规定："开标应当在招标文件规定的提交投标文件截止时间的同一时间公开进行；开标地点应当为招标文件中预先确定的地点。"根据这一规定，投标文件截止时间即是开标时间。

3. 开标的程序

《招标投标法》规定："开标由招标人主持，邀请所有投标人参加"。开标时，还可以邀请招标主管部门、评标委员会、监察部门的有关部门人员参加，也可以委托公证部门对整个开标过程依法进行公证。

开标时，由投标人或者推选的代表检查投标文件的密封情况，由工作人员当众拆封，宣读投标人名称、投标价格和投标文件的其他主要内容。招标人在招标文件要求提交投标文件的截止时间前收到的所有投标文件，开标时都应当当众予以拆封、宣读。开标过程应当记录，并存档备查。

4. 不予受理的投标文件与无效标书

投标文件有下列情形之一的，招标人应当拒收：①逾期送达；②未按招标文件要求密封的。

在开标时，投标文件出现下列情形之一的，评标委员会应当否决其投标：①投标文件未经投标单位盖章和单位负责人签字；②投标联合体没有提交共同投标协议；③投标人不符合国家或者招标文件规定的资格条件；④同一投标人提交两个以上不同的投标文件或者投标报价，但招标文件要求提交备选投标的除外；⑤投标报价低于成本或者高于招标文件设定的最高投标限价；⑥投标文件没有对招标文件的实质性要求和

条件做出响应；⑦投标人有串通投标、弄虚作假、行贿等违法行为。

5.4.2 评标

评标是由招标人依法组建的评标委员会根据招标文件规定的评标标准和方法，对投标文件进行系统的评审和比较的过程。

1. 评标委员会

评标委员会由招标人或其委托的招标代理机构熟悉相关业务的代表和有关技术、经济等方面的专家组成，成员人数为 5 人以上（单数），其中技术、经济等方面的专家人数不得少于成员总数的三分之二。评标委员会专家设负责人的，评标委员会负责人由评标委员会成员推举产生或者由招标人确定。评选委员会负责人与评标委员会成员有同等的表决权。与投标人有利害关系的人不得进入相关项目的评标委员会，已经进入的应当更换。评标委员会成员的名单在中标结果确定前应当保密。

2. 投标文件的澄清和说明

评标委员会可以要求投标人对投标文件中含意不明确的内容作必要的澄清或者说明，但是澄清或者说明不得超出投标文件的范围或者改变投标文件的实质性内容。澄清和说明应以书面方式进行。

评标委员会在对实质上响应招标文件要求的投标进行报价评估时，除招标文件另有约定外，应当按下述原则进行修正：

1）用数字表示的数额与用文字表示的数额不一致时，以文字数额为准；

2）单价与工程量的乘积与总价之间不一致时，以单价为准。若单价有明显的小数点错位，应以总价为准，并修改单价。

3. 投标偏差

根据《评标委员会和评标方法暂行规定》，评标委员会应当根据招标文件，审查并逐项列出投标文件的全部投标偏差。投标偏差分为重大偏差和细微偏差。

（1）重大偏差

下列情况属于重大偏差：①没有按照招标文件要求提供投标担保或者所提供的投标担保有瑕疵；②投标文件没有投标人授权代表签字和加盖公章；③投标文件载明的招标项目完成期限超过招标文件规定的期限；④明显不符合技术规格、技术标准的要求；⑤投标文件载明的货物包装方式、检验标准和方法等不符合招标文件的要求；⑥投标文件附有招标人不能接受的条件；⑦不符合招标文件中规定的其他实质性要求。投标文件存在重大偏差的，为未能对招标文件做出实质性响应，应按规定作否决投标处理。

（2）细微偏差

细微偏差是指投标文件在实质上响应招标文件要求，但在个别地方存在漏项或者提供了不完整的技术信息和数据等情况，并且补正这些遗漏或者不完整不会对其他投标人造成不公平的结果。细微偏差不影响投标文件的有效性。

评标委员会应当书面要求存在细微偏差的投标人在评标结束前予以补正。拒不补正的，在详细评审时可以对细微偏差作不利于该投标人的量化，量化标准应当在招标文件中明确规定。

（3）有效投标过少的处理

如果否决不合格投标后，因有效投标不足三个使得投标明显缺乏竞争的，评标委员会可以否决全部投标。投标人少于三个或者所有投标被否决的，招标人应当依法重新招标。

4. 详细评审及其方法

中标人的投标应当符合下列条件之一：①能够最大限度满足招标文件中规定的各项综合评价标准；②能够满足招标文件的实质性要求，并且经评审的投标价格最低；但是投标价格低于成本的除外。经初步评审合格的投标文件，评标委员会应当根据招标文件确定的评标标准和方法，对其技术部分和商务部分作进一步评审和比较。

评标方法包括经评审的最低投标价法、综合评估法或者法律、行政法规允许的其他评标方法。

（1）经评审的最低投标价法

1）经评审的最低投标价法的含义。根据经评审的最低投标价法，能够满足招标文件的实质性要求，并且经评审的最低投标价的投标，应当推荐为中标候选人。这种评标方法是按照评审程序，经初审后，以合理低标价作为中标的主要条件。合理的低标价必须是经过终审，进行答辩，证明是能实现低标价的切实可行、措施得当的报价。不保证最低的投标价中标，因为这种评标方法在比较价格时必须考虑一些修正因素，因此也有一个评标的过程。

2）最低投标价法的适用范围。经评审的最低投标价法一般适用于具有通用技术、性能标准或者招标人对其技术、性能没有特殊要求的招标项目。这种评标方法应当是一般项目的首选评标方法。

3）最低投标价法的评标要求。采用经评审的最低投标价法的，评标委员会应当根据招标文件中规定的评标价格调整方法，对所有投标人的投标报价以及投标文件的商务部分作必要的价格调整。

中标人的投标应当符合招标文件规定的技术要求和标准，但评标委员会无需对投标文件的技术部分进行价格折算。根据经评审的最低投标价法完成详细评审后，评标委员会应当拟定一份"标价比较表"，连同书面评标报告提交招标人。"标价比较表"应当载明投标人的投标报价、对商务偏差的价格调整和说明以及经评审的最终投标价。

（2）综合评估法

1）综合评估法的含义。不宜采用经评审的最低投标价法的招标项目，一般应当采取综合评估法进行评审。

用综合评估法评标能够最大限度地满足招标文件中规定的各项综合评价标准的投标，应当推荐为中标候选人。衡量投标文件是否能够最大限度地满足招标文件中规定的各项评价标准，可以采取折算为货币的方法、打分的方法或者其他方法。需量化的因素及其权重应当在招标文件中明确规定。

在综合评估法中,最为常用的方法是百分法。这种方法是将评审各指标分别在百分之内所占比例和评标标准在招标文件内规定。开标后按评标程序,根据评分标准,由评委对各投标人的标书进行评分,最后以总得分最高的投标人为中标人。这种评标方法一直是建设工程领域采用较多的方法。

2) 综合评估法的评标要求。评标委员会对各个评审因素进行量化时,应当将量化指标建立在同一基础或者同一标准上,使各投标文件具有可比性。

对技术部分和商务部分进行量化后,评标委员会应当对这两部分的量化结果进行加权,计算出每一投标的综合评估价或者综合评估分。

根据综合评估法完成评标后,评标委员会应当拟定一份"综合评估比较表",连同书面评标报告提交招标人。"综合评估比较表"应当载明投标人的投标报价、所做的任何修正、对商务偏差的调整、对技术偏差的调整、对各评审因素的评估以及对每一投标的最终评审结果。

(3) 其他评标方法

在法律、行政法规允许的范围内,招标人也可以采用其他评标方法。

5. 编制评标报告

评标委员会经过对投标人的投标文件进行初审和终审以后,评标委员会要编制书面评标报告。评标报告由评标委员会全体成员签字。对评标结论持有异议的评标委员会成员可以书面方式阐述其不同意见和理由。评标委员会成员拒绝在评标报告上签字且不陈述其不同意见和理由的,视为同意评标结论。评标委员会应当对此做出书面说明并记录在案。

依法必须进行招标的项目,招标人应当自收到评标报告之日起 3 日内公示中标候选人,公示期不得少于 3 日。

6. 其他规定

评标和定标应当在投标有效期内完成。不能在投标有效期内完成评标和定标的,招标人应当通知所有投标人延长投标有效期。拒绝延长投标有效期的投标人有权收回投标保证金。同意延长投标有效期的投标人应当相应延长其投标担保的有效期,但不得修改投标文件的实质性内容。因延长投标有效期造成投标人损失的,招标人应当给予补偿,但因不可抗力需延长投标有效期的除外。

5.4.3 中标

1. 中标候选人的确定

经过评标后,就可确定出中标候选人(或中标单位)。评标委员会推荐的中标候选人应当限定在 1~3 人,并标明排列顺序。对使用国有资金投资或者国家融资的项目,招标人应当确定排名第一的中标候选人为中标人。招标人可以授权评标委员会直接确定中标人。

在确定中标人之前,招标人不得与投标人就投标价格、投标方案等实质性内容进行谈判。招标人应当在投标有效期截止时限 30 日前确定中标人。

2. 发出中标通知书并订立书面合同

1）中标人确定后，招标人应当向中标人发出中标通知书，并同时将中标结果通知所有未中标的投标人。中标通知书对招标人和中标人具有法律效力。中标通知书发出后，招标人改变中标结果，或者中标人放弃中标项目的，应当依法承担法律责任。

2）招标人和中标人应当自中标通知书发出之日起30日内，按照招标文件和中标人的投标文件订立书面合同。招标人和中标人不得再行订立背离合同实质性内容的其他协议。中标人不与招标人订立合同的，投标保证金不予退还并取消其中标资格，给招标人造成的损失超过投标保证金数额的，应当对超过部分予以赔偿。招标人无正当理由不与中标人签订合同，给中标人造成损失的，招标人应当给予赔偿。

3）招标人最迟应当在书面合同签订后5日内向中标人和未中标的投标人退还投标保证金及银行同期存款利息。

4）中标人应当按照合同约定履行义务，完成中标项目。中标人不得向他人转让中标项目，也不得将中标项目肢解后分别向他人转让。中标人按照合同约定或者经招标人同意，可以将中标项目的部分非主体、非关键性工程分包给他人完成。接受分包的人应当具备相应的资格条件，并且不能再次分包。中标人应当就分包项目向招标人负责，接受分包的人就分包项目承担连带责任。

3. 履约担保

招标文件要求中标人提交履约担保的，中标人应当提交。所谓履约担保，是指发包人在招标文件中规定的要求承包人提交的保证履行合同义务的担保。

履约担保一般有银行保函、履约担保书和保留金三种形式。其中最为常用的是银行保函，它是由商业银行出具的担保证明，通常为合同金额的10%左右。履约担保与投标阶段递交的投标保证金之间的区别如表5.2所示。

表 5.2 投标保证金与履约担保的区别

	提交人	防范	有效期	额度
投标保证金	所有投标人	不审慎投标	开标～决标后30日	≤2%或≤80万
履约担保	中标人	不履行合同	开工～竣工	合同金额10%

4. 提交招标投标报告

依法必须进行招标的项目，招标人应自确定中标人之日起15日内，向有关行政监督部门提交招标投标情况的书面报告。

建设法规

5.5 违法行为及法律责任

5.5.1 招标人的违法行为及法律责任

1. 违反强制招标义务

依法必须进行招标的项目而不招标的,将必须进行招标的项目化整为零或者以其他任何方式规避招标的,有关行政监督部门责令限期改正,可以处项目合同金额千分之五以上千分之十以下的罚款;对全部或者部分使用国有资金的项目,项目审批部门可以暂停项目执行或者暂停资金拨付;对单位直接负责的主管人员和其他直接责任人员依法给予处分。上述行为影响中标结果的,中标无效。

2. 限制竞争或违反非歧视义务

招标人以不合理的条件限制或者排斥潜在投标人的,对潜在投标人实行歧视待遇的,强制要求投标人组成联合体共同投标的,或者限制投标人之间竞争的,责令改正,可以处1万元以上5万元以下的罚款。

3. 违反保密义务

依法必须进行招标的项目的招标人向他人透露已获取招标文件的潜在投标人的名称、数量或者可能影响公平竞争的有关招标投标的其他情况的,或者泄露标底的,给予警告,可以并处1万元以上10万元以下的罚款;对单位直接负责的主管人员和其他直接责任人员依法给予处分;构成犯罪的,依法追究刑事责任。前款所列行为影响中标结果的,中标无效。

4. 违反禁止谈判义务

依法必须进行招标的项目,招标人违反本法规定,与投标人就投标价格、投标方案等实质性内容进行谈判的,给予警告,对单位直接负责的主管人员和其他直接责任人员依法给予处分。前款所列行为影响中标结果的,中标无效。

5. 不当确定中标人

招标人在评标委员会依法推荐的中标候选人以外确定中标人的,依法必须进行招标的项目在所有投标被评标委员会否决后自行确定中标人的,中标无效,责令改正,可以处中标项目金额千分之五以上千分之十以下的罚款;对单位直接负责的主管人员和其他直接责任人员依法给予处分。

6. 与中标人订立合同并不得变更合同实质性内容

招标人与中标人不按照招标文件和中标人的投标文件订立合同的,或者招标人、中标人订立背离合同实质性内容的协议的,责令改正;可以处中标项目金额千分之五以上千分之十以下的罚款。

5.5.2 投标人的违法行为及法律责任

1. 串通投标

（1）投标人相互串通投标报价

《招标投标法》第三十二条第一款规定："投标人不得相互串通投标报价，不得排挤其他投标人的公平竞争，损害招标人或者其他投标人的合法权益。"《工程建设项目施工招标投标办法》第四十六条规定，下列行为均属于投标人串通投标报价：

1）投标人之间相互约定抬高或降低投标报价；
2）投标人之间相互约定，在招标项目中分别以高、中、低价位报价；
3）投标人之间先进行内部竞价，内定中标人，然后再参加投标；
4）投标人之间其他串通投标报价行为。

（2）投标人与招标人串通投标

《招标投标法》第三十二条第二款规定："投标人不得与招标人串通投标，损害国家利益、社会公共利益或者他人的合法权益。"《工程建设项目施工招标投标办法》第四十七条规定，下列行为均属于招标人与投标人串通投标：

1）招标人在开标前开启投标文件并将有关信息泄露给其他投标人，或者授意投标人撤换、修改投标文件；
2）招标人向投标人泄露标底、评标委员会成员等信息；
3）招标人明示或者暗示投标人压低或抬高投标报价；
4）招标人明示或者暗示投标人为特定投标人中标提供方便；
5）招标人与投标人为谋求特定中标人中标而采取的其他串通行为。

（3）应承担的法律责任

投标人相互串通投标或者与招标人串通投标的，投标人以向招标人或者评标委员会成员行贿的手段谋取中标的，中标无效，处中标项目金额千分之五以上千分之十以下的罚款，对单位直接负责的主管人员以及其他直接责任人员处单位罚款数额百分之五以上百分之十以下的罚款；有违法所得的，并处没收违法所得；情节严重的，取消其一年至二年内参加依法必须进行招标的项目的投标资格并予以公告，直至由工商行政管理机关吊销营业执照；构成犯罪的，应依法追究刑事责任；给他人造成损失的，依法承担赔偿责任。

> **阅读材料**　招投标不规范案例之串通投标

某学校对学生宿舍楼进行招标。由于该学校与一家建筑公司有长期的业务往来，故此次仍然希望这家建筑公司中标。于是双方达成默契，在招标时，该学校要求该建筑公司在投标报价时尽量压低投标报价，以确保中标，在签合同时，再将工程款提高，果然在开标时，该公司的报价为最低价，经评委审议，最终推荐此公司为中标候选人。学校向该公司发中标通知书。在签合同前，该公司以材料涨价为由，将原投标报价提高了 10%，结果提高后的工程造价高于开标时所有投标人的报价，与招标学校签订了施工合同。

2. 以行贿的手段谋取中标

《招标投标法》第三十二条第三款规定："禁止投标人以向招标人或者评标委员会成员行贿的手段谋取中标。"

投标人以行贿的手段谋取中标是严重违背招标投标法基本原则的违法行为，对其他投标人是不公平的。投标人以行贿手段谋取中标的法律后果是中标无效，有关责任人和单位应当承担相应的行政责任或刑事责任；给他人造成损失的，还应当承担民事赔偿责任。

3. 弄虚作假，骗取中标

《招标投标法》第三十三条规定："投标人不得以他人名义投标或者以其他方式弄虚作假，骗取中标"。根据《工程建设项目施工招标投标办法》第四十八条规定，以他人名义投标是指投标人挂靠其他施工单位，或从其他单位通过转让或租借的方式获取资格或资质证书，或者由其他单位及其法定代表人在自己编制的投标文件上加盖印章或签字等行为。

投标人以他人名义投标或者以其他方式弄虚作假，骗取中标的，中标无效，给招标人造成损失的，依法承担赔偿责任；构成犯罪的，依法追究刑事责任。

依法必须进行招标的项目的投标人有前款所列行为尚未构成犯罪的，处中标项目金额千分之五以上千分之十以下的罚款，对单位直接负责的主管人员和其他直接责任人员处单位罚款数额千分之五以上千分之十以下的罚款；有违法所得的，并处没收违法所得；情节严重的，取消其1～3年内参加依法必须进行招标的项目的投标资格并予以公告，直至由工商行政管理机关吊销营业执照。投标人的行为影响中标结果的，中标无效。

5.5.3　中标人的违法行为及法律责任

中标人将中标项目转让给他人的，将中标项目肢解后分别转让给他人的，违反本法规定将中标项目的部分主体、关键性工作分包给他人的，或者分包人再次分包的，转让、分包无效，处转让、分包项目金额千分之五以上千分之十以下的罚款；有违法所得的，并处没收违法所得；可以责令停业整顿；情节严重的，由工商行政管理机关吊销营业执照。

中标人不履行与招标人订立的合同的，履约保证金不予退还，给招标人造成的损失超过履约保证金数额的，还应当对超过部分予以赔偿；没有提交履约保证金的，应当对招标人的损失承担赔偿责任。

中标人不按照与招标人订立的合同履行义务，情节严重的，取消其2～5年内参加依法必须进行招标的项目的投标资格并予以公告，直至由工商行政管理机关吊销营业执照。

5.5.4 招标代理机构的违法行为及法律责任

招标代理机构违反规定，泄露应当保密的与招标投标活动有关的情况和资料的，或者与招标人、投标人串通损害国家利益、社会公共利益或者他人合法权益的，处5万元以上25万元以下的罚款，对单位直接负责的主管人员和其他直接责任人员处单位罚款数额百分之五以上百分之十以下罚款；有违法所得的，并处没收违法所得；情节严重的，暂停直至取消招标代理资格；构成犯罪的，依法追究刑事责任。给他人造成损失的，依法承担赔偿责任。招标代理机构的行为影响中标结果的，中标无效。

5.5.5 评标委员会的违法行为及法律责任

评标委员会成员在评标过程中擅离职守，影响评标程序正常进行，或者在评标过程中不能客观公正地履行职责的，给予警告；情节严重的，取消担任评标委员会成员的资格，不得再参加任何依法必须进行招标项目的评标，并处1万元以下的罚款。

评标委员会成员收受投标人的财物或者其他好处的，评标委员会成员或者参加评标的有关工作人员向他人透露对投标文件的评审和比较、中标候选人的推荐以及与评标有关的其他情况的，给予警告，没收收受的财物，可以并处3000元以上5万元以下的罚款，对有所列违法行为的评标委员会成员取消担任评标委员会成员的资格，不得再参加任何依法必须进行招标的项目的评标；构成犯罪的，依法追究刑事责任。

习 题 5

一、单选题

1. 甲、乙两建筑公司组成一个联合体去投标，在共同投标协议中约定：如果在施工过程中出现质量问题而遭遇建设单位索赔，各自承担索赔额的50%。后来甲建筑公司施工部分出现质量问题，建设单位索赔20万元。下列说法正确的是（   ）。

    A. 由于是甲公司的原因导致，故建设单位只能向甲公司主张权利

    B. 因约定各自承担50%，故乙公司只应对建设单位承担10万元的赔偿责任

    C. 如果建设单位向乙公司主张，则乙公司应先对20万元索赔额承担责任

    D. 只有甲公司无力承担，乙公司才应先承担全部责任

2. 根据《招标投标法》规定，投标联合体（   ）。

    A. 可以牵头人的名义提交投标保证金

    B. 必须由相同专业的不同单位组成

    C. 各方应在中标后签订共同投标协议

D. 是各方合并后组建的投标实体

3. 招标人以招标公告的方式邀请不特定的法人或者组织来投标，这种招标方式称为（　　）。

A. 公开招标　　　B. 邀请招标　　　C. 议标　　　D. 定向招标

4. 根据《工程建设项目施工招标投标办法》规定，在招标文件要求提交投标文件的截止时间前，投标人（　　）。

A. 可以补充修改或者撤回已经提交的投标的文件，并书面通知招标人

B. 不得补充、修改、替代或者撤回已经提交的投标文件

C. 须经过招标人的同意才可以补充、修改、替代已经提交的投标文件

D. 撤回已经提交的投标文件的，其投标保证金将被没收

5. 根据《招标投标法》规定，在工程建设招标投标过程中，开标的时间应在招标文件规定的（　　）公开进行。

A. 任意时间

B. 投标有效期内

C. 提交投标文件截止时间的同一时间

D. 提交投标文件截止时间之后三日内

6. 评标委员会组建过程中，下列做法符合规定的是（　　）。

A. 评标委员会成员的名单仅在评标结束前保密

B. 评标委员会7个成员中，招标人的代表有3名

C. 项目评标专家从招标代理机构的专家库内的专家名单中随机抽取

D. 评标委员会成员由3人组成

7. 按照《建筑法》及其相关规定，投标人之间（　　）不属于串通投标的行为。

A. 相互约定抬高或者降低投标报价

B. 约定在招标项目中分别以高、中、低价位报价

C. 相互探听对方投标标价

D. 先进行内部竞价，内定中标人后再参加投标

8. 下列选项中不属于招标代理机构的工作事项是（　　）。

A. 审查投标人资格　　　　　　　B. 编制标底

C. 组织开标　　　　　　　　　　D. 进行评标

9. 书面评标报告做出后，中标人应由（　　）确定。

A. 评标委员会　　　　　　　　　B. 招标人

C. 招标代理机构　　　　　　　　D. 招标投标管理机构

10. 招标人和中标人应当自中标通知书发出之日起（　　）日内，按照招标文件和中标人的投标文件订立书面合同。

A. 20　　　　B. 30　　　　C. 40　　　　D. 50

二、多选题

1. 关于招标投标活动公开原则的说法，正确的有（   ）。
   A. 招标信息公开 B. 评标标准公开
   C. 开标程序公开 D. 评标委员会组成人员公开
   E. 中标结果公开

2. 按照《招标投标法》及相关规定，在建筑工程投标过程中，下列应当作为废标处理的情形是（   ）。
   A. 联合体共同投标，投标文件中没有附共同投标协议
   B. 交纳投标保证金超过规定数额
   C. 投标人是响应招标，参加投标竞争的个人
   D. 投标人在开标后修改补充投标文件
   E. 投标人未对招标文件的实质内容和条件作出响应

3. 下列属于投标人之间串通投标的行为是（   ）。
   A. 招标人在开标前开启投标文件，并将投标情况告知其他投标人
   B. 投标人之间相互约定，在招标项目中分别以高、中、低价位报价
   C. 投标人在投标时递交虚假业绩证明
   D. 投标人与招标人商定，在投标时压低标价，中标后再给投标人额外补偿
   E. 投标人没有进行内部竞价，内定中标人后再参加投标

4. 投标有效期内，投标人有（   ）行为的，其投标保证金予以没收。
   A. 撤回投标文件
   B. 补充投标文件
   C. 放弃中标
   D. 澄清投标文件
   E. 说明（解释）投标文件

5. 下列行为中，导致中标无效的有（   ）。
   A. 招标代理机构与招标人、投标人串通
   B. 招标人限制投标人之间的竞争
   C. 以他人名义进行投标，骗取中标的
   D. 对于依法必须进行招标的项目，招标人与投标人进行实质性谈判
   E. 在评标委员会依法推荐的中标候选人以外确定中标人

6. 下列应当公开招标的项目有（   ）。
   A. 属于利用扶贫资金实行以工代赈需要使用农民工的项目
   B. 全部使用国有资金投资的项目
   C. 国务院发展计划部门确定的国家重点建设项目
   D. 农民自建的住宅项目
   E. 湖北省确定的重点建设项目

7. 甲建设单位委托乙招标代理机构通过公开招标方式选择施工单位，乙的下列行为不符合法律规定的有（　　）。

A. 乙以甲的名义在媒体上发布招标公告

B. 乙依法定权利根据评标报告和推荐的中标候选人确定某投标人中标

C. 为保证公平、公正，乙将招标事宜转委托给另一招标代理机构

D. 乙接受委托后，指派工作人员张某具体操办该招标事宜

E. 乙接受某一投标人委托，指派王某编制该工程投标书

8. 在建设工程项目的招投标活动中，某投标人以低于成本的报价竞标。下列说法正确的是（　　）。

A. 该行为目的是为了排挤其他对手，应当禁止

B. 该行为没有违背诚实信用原则，不应禁止

C. 该行为的确降低了工程造价，应当提倡

D. 该投标文件应作废标处理

E. 其做法符合低价中标原则，不应禁止

三、简答题

1. 简述工程招标的范围。

2. 简述建设工程招标的方式以及它们之间的区别。

3. 建设工程招标投标的程序是怎样的？

4. 评标方法有哪几种？

5.《招标投标法》对于开标时间、地点及参与人员、评标委员会的组成有哪些规定？

第6章 建设工程质量管理法律制度

教学目标

本章主要讲述建设工程质量的内涵、建设工程质量管理法律制度体系、建设工程标准、建设工程质量管理监督体系。通过本章学习,应达到以下目标:

(1) 掌握建设工程质量、建设工程质量管理体系的概念,了解建设工程质量法规的现状;

(2) 掌握工程建设行为主体的质量责任;

(3) 熟悉政府对工程质量的监督管理、工程建设的标准化管理;

(4) 掌握工程建设竣工验收和质量保修制度。

引例

5·16 上海长宁区改建厂房坍塌事故

2019年5月16日11时10分左右,上海市长宁区昭化路148号一幢厂房发生局部坍塌,造成12人死亡,10人重伤,3人轻伤,坍塌面积约1000平方米,直接经济损失约3430万元。

该坍塌事故是一起重大生产安全责任事故。其直接原因是该厂房一层承重砖墙(柱)本身承载力不足,施工过程中未采取维持墙体稳定的措施,施工时承重砖墙(柱)瞬间失稳,后部分厂房结构出现连锁坍塌,生活区设在施工区内,导致群死群伤。其间接原因有以下几个:

(1) 琛含公司未尽到建设方主体责任。公司主要负责人未依法履行安全生产工作职责;建设项目未立项、报建;结构设计图纸未经审查,未取得施工许可证违法组织施工;将工程发包给个人和不具备结构改造资质的单位;在收到该区域工程停工通知单、知道厂房承重砖墙(柱)本身承载力不足,依然组织人员进行违法施工。

(2) 隆耀公司未尽到承包方主体责任。公司主要负责人未依法履行安全生产工作职责;超资质承揽工程;违规允许个人挂靠,安排人员挂名项目经理,对承

建设法规

包项目未实施实际管理；在没有施工许可证，结构设计图纸未经审查，无施工组织设计、无安全技术交底的情况下进行施工；项目施工现场内违规设置办公区、生活区。

（3）上汽资产公司未尽到对出租场所统一协调、管理的责任。公司主要负责人未依法履行安全生产工作职责；以租代管，对出租场所安全检查流于形式；未按上级集团公司规定，对出租厂房进行安全性检测；未按规定督促落实租赁方对装修、改造等进行报备；对出租场所建筑结构改变情况失管、失察。

（4）上汽进出口公司作为产权方，未完全尽到产权人的管理责任。未按合同约定，有效督促上汽资产公司落实租赁厂房的安全管理工作。

根据事故原因调查和事故责任认定，依据有关法律法规和党纪政纪规定，对事故有关责任人员和责任单位进行了相应的处理：建设单位法人/总经理、施工单位总负责人等8人被移送司法机关，施工单位被吊销资质、吊销安全生产许可证，项目经理"挂证"被吊销建造师注册资格，终身不予注册。此次处罚给予党纪、政务处分16人；对相关单位也做出了处理和行政处罚建议。

质量是建筑工程的生命，相比进度控制和成本控制，质量控制的结果影响更深更广，质量达到预期的目标不仅是建设工程参与各方利益的保证前提，更是社会效益的重要体现。基于质量管理的重要性，我国在长期的工程建设发展过程中，形成了较为系统的有关建设工程质量管理的法律制度体系，这个体系既着眼于建设工程生命周期的重要阶段，也从参与方责任及义务方面做出了规范。

6.1 建设工程质量管理法律制度概述

6.1.1 建设工程质量的含义

建设工程质量的含义有广义和狭义之分。

1. 狭义上的建设工程质量

从狭义上说，建设工程质量是指工程符合业主需要而具备的使用功能。这一概念强调的是工程的实体质量，如基础是否坚固、主体结构是否安全以及通风、采光是否合理等。

2. 广义上的建设工程质量

广义的工程质量不仅包括工程的实体质量，还包括形成实体质量的工作质量。工作质量是指参与工程的建设者，为了保证工程实体质量所从事工作的水平和完善程度，包括社会工作质量，如社会调查、市场预测、质量回访和保修服务等；生产过程工作质量，如管理工作质量、技术工作质量和后勤工作质量等。工作质量直接决定了实体质量，工程实体质量的好坏是决策、建设工程勘察、设计、施工等单位各方面、各环节工作质量的综合反映。

表 6.1　工程建设各阶段的质量内涵表

工程项目质量形成的各个阶段	工程项目质量在各阶段的内涵	合同环境下满足需要的主要规定
决策阶段	可行性研究	国家的发展规划或业主的需求
设计阶段	1. 功能、使用价值的满足程度； 2. 工程设计的安全、可靠性； 3. 自然及社会环境的适应性； 4. 工程概预算的经济性； 5. 设计进度的时间性	工程建设勘察、设计合同及有关法律、法规、强制性标准
施工阶段	1. 功能、使用价值的满足程度； 2. 工程设计的安全、可靠性； 3. 自然及社会环境的适应性； 4. 工程概预算的经济性； 5. 设计进度的时间性	工程建设施工合同及相关法律、法规、强制性标准
保修阶段	保持和恢复原使用功能的能力	工程建设施工合同及相关法律、法规、强制性标准

6.1.2　建设工程质量的特点

建设工程项目建设周期长、投资大、涉及参与主体众多，这些特点决定了建设工程质量与一般的产品质量相比较，具有一些典型的特征。

1. 影响因素多，质量变动大

归纳起来，可分为五大方面，即通常所说的 4M1E：人（Man）、机械（Machine）、材料（Material）、方法（Method）和环境（Environment）。在工程建设全过程中严格控制好这五大因素，是保证建设工程质量的关键。

2. 隐蔽性强，终检局限性大

工程项目在施工过程中，由于工序交接多，若不及时检查并发现其存在的质量问题，事后表面上质量尽管很好，但这时可能存在混凝土已经失去了强度、钢筋已经被锈蚀得完全失去了作用，诸如此类的工程质量问题在终检时是很难通过肉眼判断出来的，有时即使用上检测工具，也不一定能发现问题。

3. 对社会环境影响大

与工程规划、设计、施工质量的好坏有密切联系的不仅仅是使用者，而是整个社会。工程质量不仅直接影响人民群众的生产生活，而且还影响着社会可持续发展的环境，特别是有关绿化、环保和噪声等方面的问题。

6.1.3 工程质量管理法律规范的调整对象和适用范围

1. 工程质量管理法律规范的调整对象

《建筑法》和《建设工程质量管理条例》等用来调整两种社会关系。

1）调整国家主管机关与建设单位、勘察单位、设计单位、施工单位、监理单位之间的工程质量监督管理关系。这是纵向的工程质量管理。

2）调整建设工程活动中有关主体之间的民事关系，包括建设单位与勘察、设计单位之间的勘察设计合同关系，建设单位与施工单位之间的施工合同关系，建设单位与监理单位之间的建设监理委托合同等。这是横向的工程质量管理。

2. 建设工程范围

（1）建筑活动

《建筑法》规定建筑活动是指各类房屋建筑及其附属设施的建造和与其配套的线路、管道、设备的安装活动。建筑活动的范围包括：

1）各类房屋的建筑；

2）房屋附属设施的建造，如围墙、烟囱；

3）与房屋配套的线路（如电器线路、通信线路）的安装、管道（给排水管道、暖气通风管道）的安装和设备（电梯、空调等）的安装。

《建筑法》规定的建筑活动范围虽然较窄，但在第八十一条规定："本法关于施工许可、建筑施工企业资质审查与建筑工程发包、承包、禁止转包，以及建筑工程监理、建筑工程安全和质量管理的规定，适用于其他专业建筑工程的建筑活动，具体办法由国务院规定。"

（2）建设工程

在《建设工程质量管理条例》中，建设工程是指土木工程、建筑工程、线路管道、设备安装工程及装修工程。

1）土木工程指矿山、铁路、公路、隧道、桥梁、堤坝、电站、码头、飞机场、运动场、营造林、海洋平台等工程；

2）建筑工程是指房屋建筑工程，即有顶盖、梁柱墙壁、基础农业及能够形成内部空间，满足人们生产、生活、公共活动的工程实体，包括厂房、剧院、旅馆、商店、学校、医院和住宅等工程；

3）线路、管道和设备安装工程包括电力、通信线路、石油、燃气、给水、排水、供热等管道系统和各类机械设备、装置的安装活动；

4）装修工程是对建筑物内外进行美化和增加使用功能的工程建设活动。

3. 工程质量责任主体的范围

（1）建设行政主管部门及铁路、交通、水利等有关部门

一些地区、部门和单位由于忽视工程质量，违反建设程序，执法监督不力，腐败现象严重，造成恶性工程质量事故频发，给国家和人民的生命财产造成很大的损失。为此，国务院办公厅在《关于加强基础设施工程质量管理的通知》中强调，建立和落实工程质量领导责任制，并进一步明确了各级、各类领导以及行政管理人员的质量

责任。

(2) 建设单位

建设单位是建设工程的投资人，也称"业主"。建设单位是工程建设过程的总负责方，拥有确定建设项目的规模、功能、外观、选用材料设备、按照国家法律法规选择承包单位的权力。建设单位可以是法人或自然人，包括房地产开发商。

(3) 勘察、设计单位

勘察单位是指对地形、地质及水文等要素进行测绘、勘探、测试及综合评定，并提供可行性评价与建设工程所需勘察成果资料的单位。设计单位是指按照现行技术标准对建设工程项目进行综合设计及技术经济分析，并提供建设工程施工依据的设计文件和图纸的单位。

(4) 施工单位

施工单位是指经过建设行政主管部门的资质审查，从事建设工程施工承包的单位。按照承包方式不同，可分为总承包单位和专业承包单位。

(5) 工程监理单位

工程监理单位是指经过建设行政主管部门的资质审查，受建设单位委托，依据法律法规以及有关技术标准、设计文件和承包合同，在建设单位的委托范围内，对建设工程进行监督管理的单位。工程监理单位可以是具有法人资格的监理公司、监理事务所，也可以是兼营监理业务的工程技术、科学研究及建设工程咨询的单位。

(6) 设备材料供应商

设备材料供应商是指提供构成建筑工程实体的设备和材料的企业。设备材料供应商不仅指设备材料生产商，还包括设备材料经销商。

4. 地域适用范围和时间效力

(1) 地域适用范围

地域适用范围是指法律在什么地域内适用。根据《建筑法》和《建设工程质量管理条例》的有关规定，我国工程质量管理法律规范适用于在中华人民共和国境内从事的工程建设活动。另一方面，工程质量管理法律规范不适用境外从事的工程建设活动，如中国的建筑施工企业在国外承包的建设工程项目，不适用《建筑法》和《建设工程质量管理条例》，只能适用当地的有效法律。

(2) 时间效力

时间效力是指法律在什么时间发生效力。在我国工程质量管理法律规范体系范围内，法律生效时间主要有两种：

1) 自发布之日起生效。如《建设工程质量管理条例》规定"本条例自发布之日起施行"，也就是从2000年1月30日国务院总理第279号令签发起生效。

2) 发布后经过一段时间开始生效。如《建筑法》于1997年11月1日发布，但在第85条规定"本法自1998年3月1日起施行"。

我国的法律规范不具有溯及力，即新发布的规范性文件对其产生之日以前的事没有法律效力。在2000年1月30日前发生的有关建设工程的质量事件，不适用《建设工程质量管理条例》的规定。法律的时间效力问题关系到在具体工作中能否准确找到适用法律。

6.2 工程建设标准

6.2.1 工程建设标准的概述

1. 工程建设标准的概念

工程建设标准是指为在工程建设领域内获得最佳秩序,对建设工程的勘察、设计、施工、安装、验收、运营维护及管理等活动和结果需要协调统一的事项所制定的共同的、重复使用的技术依据和准则。

工程建设标准通过标准的规范,特别是一些强制性标准的制定,为建设工程实施安全防范措施、消除安全隐患提供统一的技术要求,以确保在现有的技术、管理条件下尽可能地保障建设工程质量安全,从而最大限度地保障建设工程的建造者和使用者的生命财产安全以及人身健康安全。

2. 工程建设标准的划分

(1) 根据标准的约束性划分

根据标准的约束性程度,标准可分为强制性标准和推荐性标准。

强制性标准是保障人体健康、人身财产安全的标准和法律、行政性法规规定强制性执行的国家和行业标准;省、自治区、直辖市标准化行政主管部门制定的工业产品的安全、卫生要求的地方标准在本行政区域内是强制性标准。

其他非强制性的国家和行业标准是推荐性标准。推荐性标准国家鼓励企业自愿采用。

(2) 根据内容划分

根据标准涉及的内容,标准可分为设计标准、施工及验收标准、建设定额。

1) 设计标准是指从事工程设计所依据的技术文件。

2) 施工标准是指施工操作程序及其技术要求的标准;验收标准是指检验、接收竣工工程项目的规程、办法与标准。

3) 建设定额是指国家规定的消耗在单位建筑产品上活劳动和物化劳动的数量标准,以及用货币表现的某些必要费用的额度。

(3) 按属性分类

根据标准的不同属性,标准可分为技术标准、管理标准、工作标准。

1) 技术标准是指对标准化领域中需要协调统一的技术事项所制定的标准。

2) 管理标准是指对标准化领域中需要协调统一的管理事项所制定的标准。

3) 工作标准是指对标准化领域中需要协调统一的工作事项所制定的标准。

(4) 我国标准的分级

我国标准按层次的不同,分为国家标准、行业标准、地方标准和企业标准。

1）国家标准是对需要在全国范围内统一的技术要求制定的标准。

2）行业标准是对没有国家标准而又需要在全国某个行业范围内统一的技术要求所制定的标准。

3）地方标准是对没有国家标准和行业标准而又需要在该地区范围内统一的技术要求所制定的标准。

4）企业标准是对企业范围内需要协调、统一的技术要求、管理事项和工作事项所制定的标准。

6.2.2 我国工程建设的几种主要标准

1. 工程建设国家标准

（1）工程建设国家标准的范围和类型

中华人民共和国住房和城乡建设部《工程建设国家标准管理办法》规定，对需要在全国范围内统一的下列技术要求，应当制定国家标准：①工程建设勘察、规划、设计、施工（包括安装）及验收等通用的质量要求；②工程建设通用的有关安全、卫生和环境保护的技术要求；③工程建设通用的术语、符号、代号、量与单位、建筑模数和制图方法；④工程建设通用的试验、检验和评定等方法；⑤工程建设通用的信息技术要求；⑥国家需要控制的其他工程建设通用的技术要求。

（2）工程建设国家标准分为强制性标准和推荐性标准

下列标准属于强制性标准：①工程建设勘察、规划、设计、施工（包括安装）及验收等通用的综合标准和重要的通用的质量标准；②工程建设通用的有关安全、卫生和环境保护的标准；③工程建设重要的通用的术语、符号、代号、量与单位、建筑模数和制图方法标准；④工程建设重要的通用的试验、检验和评定方法等标准；⑤工程建设重要的通用的信息技术标准；⑥国家需要控制的其他工程建设通用的标准。

强制性标准以外的标准是推荐性标准。

（3）工程建设国家标准的制定原则和程序

1）制定国家标准应当遵循下列原则：①必须贯彻执行国家的有关法律、法规和方针、政策，密切结合自然条件，合理利用资源，充分考虑使用和维修的要求，做到安全适用、技术先进、经济合理；②对需要进行科学试验或测试验证的项目，应当纳入各级主管部门的科研计划，认真组织实施，写出成果报告；③纳入国家标准的新技术、新工艺、新设备、新材料，应当经有关主管部门或受委托单位鉴定，有完整的技术文件，且经实践检验行之有效；④积极采用国际标准和国外先进标准，并经认真分析论证或测试验证，符合我国国情；⑤国家标准条文规定应当严谨明确，文句简练，不得模棱两可，其内容深度、术语、符号、计量单位等应当前后一致；⑥必须做好与现行相关标准之间的协调工作。

2）制定国家标准的程序。工程建设国家标准的制定程序分为准备、征求意见、送审和报批四个阶段。

2. 工程建设行业标准

（1）工程建设行业标准的范围和类型

中华人民共和国住房和城乡建设部《工程建设行业标准管理办法》规定，对没有国家标准而需要在全国某个行业范围内统一的下列技术要求，可以制定行业标准：①工程建设勘察、规划、设计、施工（包括安装）及验收等行业专用的质量要求；②工程建设行业专用的有关安全、卫生和环境保护的技术要求；③工程建设行业专用的术语、符号、代号、量与单位和制图方法；④工程建设行业专用的试验、检验和评定等方法；⑤工程建设行业专用的信息技术要求；⑥其他工程建设行业专用的技术要求。

工程建设行业标准也分为强制性标准和推荐性标准。下列标准属于强制性标准：①工程建设勘察、规划、设计、施工（包括安装）及验收等行业专用的综合性标准和重要的行业专用的质量标准；②工程建设行业专用的有关安全、卫生和环境保护的标准；③工程建设重要的行业专用的术语、符号、代号、量与单位和制图方法标准；④工程建设重要的行业专用的试验、检验和评定方法等标准；⑤工程建设重要的行业专用的信息技术标准；⑥行业需要控制的其他工程建设标准。强制性标准以外的标准是推荐性标准。

行业标准不得与国家标准相抵触。行业标准的某些规定与国家标准不一致时，必须有充分的科学依据和理由，并经国家标准的审批部门批准。行业标准在相应的国家标准实施后，应当及时修订或废止。

（2）工程建设行业标准的制定、修订程序与复审

工程建设行业标准的制定、修订程序，也可以按准备、征求意见、送审和报批四个阶段进行。

工程建设行业标准实施后，根据科学技术的发展和工程建设的实际需要，该标准的批准部门应当适时进行复审，确认其继续有效或予以修订、废止。一般5年复审1次，复审结果报国务院工程建设行政主管部门备案。

3. 工程建设地方标准

（1）工程建设地方标准制定的范围和权限

工程建设地方标准在省、自治区、直辖市范围内由省、自治区、直辖市建设行政主管部门统一计划、统一审批、统一发布、统一管理。

（2）工程建设地方标准的实施和复审

工程建设地方标准不得与国家标准和行业标准相抵触。对与国家标准或行业标准相抵触的工程建设地方标准的规定，应当自行废止。工程建设地方标准应报国务院建设行政主管部门备案。未经备案的工程建设地方标准，不得在建设活动中使用。

工程建设地方标准中，对直接涉及人民生命财产安全、人体健康、环境保护和公共利益的条文，经国务院建设行政主管部门确定后，可作为强制性条文。在不违反国家标准和行业标准的前提下，工程建设地方标准可以独立实施。

工程建设地方标准实施后，应根据科学技术的发展、本行政区域工程建设的需要以及工程建设国家标准、行业标准的制定、修订情况，适时进行复审，复审周期一般不超过5年。对复审后需要修订或局部修订的工程建设地方标准，应当及时进行修订或局部修订。

4. 工程建设企业标准

根据《标准化法》规定，企业生产的产品没有国家标准和行业标准的，应当制定

企业标准，作为组织生产的依据。已有国家标准或者行业标准的，国家鼓励企业制定严于国家标准或者行业标准的企业标准，在企业内部适用。

中华人民共和国住房和城乡建设部《关于加强工程建设企业标准化工作的若干意见》指出，工程建设企业标准一般包括企业的技术标准、管理标准和工作标准。

6.2.3 工程建设强制性标准实施及执行的规定

1. 工程建设各方主体实施强制性标准的法律规定

我国相关法律法规对工程建设各方主体包括建设单位、勘察设计单位、施工单位和监理单位等的市场行为都有相关的强制性标准的规定。

《建筑法》和《建设工程质量管理条例》规定，建设单位不得以任何理由，要求建筑设计单位或者建筑施工企业在工程设计或者施工作业中，违反法律、行政法规和建筑工程质量、安全标准，降低工程质量。

勘察、设计单位必须按照工程建设强制性标准进行勘察、设计，并对其勘察、设计的质量负责。

施工单位必须按照工程设计图纸和施工技术标准施工，不得擅自修改工程设计，不得偷工减料。

建筑工程监理应当依照法律、行政法规及有关的技术标准、设计文件和建筑工程承包合同，对承包单位在施工质量、建设工期和建设资金使用等方面，代表建设单位实施监督。

2. 工程建设标准强制性条文的实施

《实施工程建设强制性标准监督规定》规定，在中华人民共和国境内从事新建、扩建，改建等工程建设活动，必须执行工程建设强制性标准。工程建设强制性标准是指直接涉及工程质量、安全、卫生及环境保护等方面的工程建设标准强制性条文。国家工程建设标准强制性条文由国务院建设行政主管部门会同国务院有关行政主管部门确定。

3. 对工程建设强制性标准的监督检查

（1）监督管理机构

《实施工程建设强制性标准监督规定》规定，国务院建设行政主管部门负责全国实施工程建设强制性标准的监督管理工作。国务院有关行政主管部门按照国务院的职能分工负责实施工程建设强制性标准的监督管理工作。县级以上地方人民政府建设行政主管部门负责本行政区域内实施工程建设强制性标准的监督管理工作。

建设项目规划审查机关应当对工程建设规划阶段执行强制性标准的情况实施监督；施工图设计文件审查单位应当对工程建设勘察、设计阶段执行强制性标准的情况实施监督；建筑安全监督管理机构应当对工程建设施工阶段执行施工安全强制性标准的情况实施监督；工程质量监督机构应当对工程建设施工、监理、验收等阶段执行强制性标准的情况实施监督。

（2）监督检查的方式和内容

工程建设标准批准部门应当对工程项目执行强制性标准情况进行监督检查。监督检查可以采取重点检查、抽查和专项检查的方式。

强制性标准监督检查的内容包括：①工程技术人员是否熟悉、掌握强制性标准；②工程项目的规划、勘察、设计、施工验收等是否符合强制性标准的规定；③工程项目采用的材料、设备是否符合强制性标准的规定；④工程项目的安全、质量是否符合强制性标准的规定；⑤工程项目采用的导则、指南、手册、计算机软件的内容是否符合强制性标准的规定。

监督检查的方式有重点检查、抽查、专项检查三种。重点检查一般是指对于某项重点工程，或工程中某些重点内容进行的检查；抽查一般指采用随机方法，在全体工程或某类工程中抽取一定数量进行检查；专项检查是指对建设项目在某个方面或某个专项执行强制性标准情况进行的检查。

4. 执行工程建设强制性条文的规定

1)《工程建设标准强制性条文》的内容是摘录现行工程建设标准中直接涉及人民生命财产安全、人身健康、环境保护和其他公众利益的规定，同时也包括保护资源、节约投资、提高经济效益和社会效益等政策要求，必须严格贯彻执行。

2)《工程建设标准强制性条文》是《建设工程质量管理条例》的配套文件，它是工程建设强制性标准实施监督的依据。

3)《工程建设标准强制性条文》对设计、施工人员来说，是设计或施工时必须绝对遵守的技术法规。

4)《工程建设标准强制性条文》对监理人员来说，是实施工程监理时首先要进行监理的内容。

5)《工程建设标准强制性条文》对政府监督人员来说，是重要的、可操作的处罚依据。

6.3 建设工程质量管理责任和义务

6.3.1 施工单位的质量责任和义务

1. 对施工质量负责和总分包单位的质量责任

（1）施工单位对施工质量负责

《建筑法》规定，建筑施工企业对工程的施工质量负责。《建设工程质量管理条例》进一步规定，施工单位对建设工程的施工质量负责。施工单位应当建立质量责任制，确定工程项目的项目经理、技术负责人和施工管理负责人。

对施工质量负责是施工单位法定的质量责任。施工单位是建设工程质量的重要责任主体，但不是唯一的责任主体。建设工程质量要受到多方面因素的制约，在勘察、设计质量没有问题的前提下，整个建设工程的质量状况，最终将取决于施工质量。

(2) 总分包单位的质量责任

《建筑法》规定,建筑工程实行总承包的,工程质量由工程总承包单位负责,总承包单位将建筑工程分包给其他单位的,应当对分包工程的质量与分包单位承担连带责任。分包单位应当接受总承包单位的质量管理。

2. 按照工程设计图纸和施工技术标准施工的规定

《建筑法》规定,建筑施工企业必须按照工程设计图纸和施工技术标准施工,不得偷工减料。工程设计的修改由原设计单位负责,建筑施工企业不得擅自修改工程设计。

《建设工程质量管理条例》进一步规定,施工单位必须按照工程设计图纸和施工技术标准施工,不得擅自修改工程设计,不得偷工减料。施工单位在施工过程中发现设计文件和图纸有差错的,应当及时提出意见和建议。

3. 对建筑材料、设备等进行检验检测的规定

(1) 建筑材料、建筑构配件、设备和商品混凝土的检验制度

施工单位对进入施工现场的建筑材料、建筑构配件、设备和商品混凝土实行检验制度,是施工单位质量保证体系的重要组成部分,也是保证施工质量的重要前提。施工单位应当严把两道关:一是谨慎选择生产供应厂商;二是实行进场二次检验。

(2) 施工检测的见证取样和送检制度

《建设工程质量管理条例》规定,施工人员对涉及结构安全的试块、试件以及有关材料,应当在建设单位或者工程监理单位监督下现场取样,并送具有相应资质等级的质量检测单位进行检测。

1) 见证取样和送检。中华人民共和国住房和城乡建设部《房屋建筑工程和市政基础设施工程实行见证取样和送检的规定》中规定,涉及结构安全的试块、试件和材料见证取样和送检的比例不得低于有关技术标准中规定应取样数量的30%。下列试块、试件和材料必须实施见证取样和送检:①用于承重结构的混凝土试块;②用于承重墙体的砌筑砂浆试块;③用于承重结构的钢筋及连接接头试件;④用于承重墙的砖和混凝土小型砌块;⑤用于拌制混凝土和砌筑砂浆的水泥;⑥用于承重结构的混凝土中使用的掺加剂;⑦地下、屋面、厕浴间使用的防水材料;⑧国家规定必须实行见证取样和送检的其他试块、试件和材料。

2) 工程质量检测单位的资质和检测规定。中华人民共和国住房和城乡建设部《建设工程质量检测管理办法》规定,工程质量检测机构是具有独立法人资格的中介机构。按照其承担的检测业务内容分为专项检测机构资质和见证取样检测机构资质。检测机构未取得相应的资质证书,不得承担本办法规定的质量检测业务。

4. 施工质量检验和返修的规定

(1) 施工质量检验制度

1) 严格工序质量检验和管理。施工工序也可以称为过程。各个工序或过程之间横向和纵向的联系形成了工序网络或过程网络。任何一项工程的施工,都是通过一个由许多工序或过程组成的工序(过程)网络来实现的。网络上的关键工序或过程都有可能对工程最终的施工质量产生决定性的影响。完善的检验制度和严格的工序管理是保证工序或过程质量的前提。只有工序(过程)网络上的所有工序或过程的质量都受到

严格控制，整个工程的质量才能得到保证。

2）强化隐蔽工程质量检查。按照《建设工程施工合同文本》的规定，工程具备隐蔽条件或达到专用条款约定的中间验收部位，施工单位进行自检，并在隐蔽或中间验收前48小时以书面形式通知监理工程师验收。验收不合格的，施工单位在监理工程师限定的时间内修改并重新验收。如果工程质量符合标准规范和设计图纸等要求，验收24小时后，监理工程师不在验收记录上签字的，视为已经批准，施工单位可继续进行隐蔽或施工。

（2）建设工程的返修

《建筑法》规定，对已发现的质量缺陷，建筑施工企业应当修复。《建设工程质量管理条例》进一步规定，施工单位对施工中出现质量问题的建设工程或者竣工验收不合格的建设工程，应当负责返修。

返修作为施工单位的法定义务，包括施工过程中出现质量问题的建设工程和竣工验收不合格的建设工程两种情形。

所谓返工，是指工程质量不符合规定的质量标准，而又无法修理的情况下重新进行施工；修理则是指工程质量不符合标准，而又有可能修复的情况下，对工程进行修补，使其达到质量标准的要求。不论是施工过程中出现质量问题的建设工程，还是竣工验收时发现质量问题的工程，施工单位都要负责返修。

对于非施工单位原因造成的质量问题。施工单位也应当负责返修，但是因此而造成的损失及返修费用由责任方负责。

5. 建立健全职工教育培训制度的规定

《建设工程质量管理条例》规定，施工单位应当建立、健全教育培训制度，加强对职工的教育培训；未经教育培训或者考核不合格的人员，不得上岗作业。

施工单位建立健全教育培训制度，加强对职工的教育培训，是企业重要的基础工作之一。由于施工单位从事一线施工活动的人员大多来自农村，教育培训的任务十分艰巨。施工单位的教育培训通常包括各类质量教育和岗位技能培训等。

先培训、后上岗，特别是与质量工作有关的人员，如总工程师、项目经理、质量体系内审员、质量检查员、施工人员、材料试验及检测人员，关键技术工种如焊工、钢筋工、混凝土工等，未经培训或者培训考核不合格的人员，不得上岗工作或作业。

6.3.2 建设单位及其他相关单位的质量责任和义务

除了建设工程的施工单位外，其他的直接参与主体，包括建设单位、勘察设计单位、监理单位及政府监督单位等，在建设工程完成过程中都要承担自身应有的责任，共同来保证建设质量的如期达成。

1. 建设单位相关的质量责任和义务

建设单位虽然不具体参与建筑的建造过程，但作为建筑主体的投资人、业主方，建设单位要为建设质量的完成做应有的工作。

（1）依法发包工程

《建设工程质量管理条例》规定，建设单位应当将工程发包给具有相应资质等级的单位。建设单位不得将建设工程肢解发包。建设单位应当依法对工程建设项目的勘察、设计、施工、监理以及与工程建设有关的重要设备、材料等的采购进行招标。

建设单位发包工程时，应该根据工程特点，以有利于工程的质量、进度、成本控制为原则，合理划分标段，但不得肢解发包工程。如果将应当由一个承包单位完成的工程肢解成若干部分，分别发包给不同的承包单位，将使整个工程建设在管理和技术上缺乏应有的统筹协调，从而造成施工现场秩序混乱、责任不清，严重影响建设工程质量，一旦出现问题也很难找到责任方。

建设单位还要依照《招标投标法》等有关规定，对必须实行招标的工程项目进行招标，择优选定工程勘察、设计、施工、监理单位以及采购重要设备、材料等。

(2) 依法向有关单位提供原始资料

《建设工程质量管理条例》规定，建设单位必须向有关的勘察、设计、施工、工程监理等单位提供与建设工程有关的原始资料。原始资料必须真实、准确、齐全。

(3) 限制不合理的干预行为

《建筑法》规定，建设单位不得以任何理由，要求建筑设计单位或者建筑施工企业在工程设计或者施工作业中，违反法律、行政法规和建筑工程质量、安全标准，降低工程质量。《建设工程质量管理条例》进一步规定，建设工程发包单位，不得迫使承包方以低于成本的价格竞标，不得任意压缩合理工期。建设单位不得明示或者暗示设计单位或者施工单位违反工程建设强制性标准，降低建设工程质量。

(4) 依法实行工程监理

《建设工程质量管理条例》规定，实行监理的建设工程，建设单位应当委托具有相应资质等级的工程监理单位进行监理，也可以委托具有工程监理相应资质等级并与被监理工程的施工承包单位没有隶属关系或者其他利害关系的该工程的设计单位进行监理。

《建设工程质量管理条例》还规定，下列建设工程必须实行监理：①国家重点建设工程；②大中型公用事业工程；③成片开发建设的住宅小区工程；④利用外国政府或者国际组织贷款、援助资金的工程；⑤国家规定必须实行监理的其他工程。

(5) 依法办理工程质量监督手续

《建设工程质量管理条例条例》规定，建设单位在开工前，应当按照国家有关规定办理工程质量监督手续，工程质量监督手续可以与施工许可证或者开工报告合并办理。

建设单位办理工程质量监督手续，应提供以下文件和资料：①工程规划许可证；②设计单位资质等级证书；③监理单位资质等级证书，监理合同及《工程项目监理登记表》；④施工单位资质等级证书及营业执照副本；⑤工程勘察设计文件；⑥中标通知书及施工承包合同等。

(6) 依法保证建筑材料等符合要求

《建设工程质量管理条例》规定，按照合同约定，由建设单位采购建筑材料、建筑构配件和设备的，建设单位应当保证建筑材料、建筑构配件和设备符合设计文件和合同要求。建设单位不得明示或者暗示施工单位使用不合格的建筑材料、建筑构配件和设备。

(7) 依法进行装修工程

随意拆改建筑主体结构和承重结构等，会危及建设工程安全和人民生命财产安全。因此，《建设工程质量管理条例》规定，涉及建筑主体和承重结构变动的装修工程，建设单位应当在施工前委托原设计单位或者具有相应资质等级的设计单位提出设计方案；没有设计方案的，不得施工。房屋建筑使用者在装修过程中，不得擅自变动房屋建筑主体和承重结构。

2. 勘察、设计单位相关的质量责任和义务

(1) 依法承揽工程的勘察、设计业务

《建设工程质量管理条例》规定，从事建设工程勘察、设计的单位应当依法取得相应等级的资质证书，并在其资质等级许可的范围内承揽工程。禁止勘察、设计单位超越其资质等级许可的范围或者以其他勘察、设计单位的名义承揽工程。禁止勘察、设计单位允许其他单位或者个人以本单位的名义承揽工程。勘察、设计单位不得转包或者违法分包所承揽的工程。

(2) 勘察、设计必须执行强制性标准

《建设工程质量管理条例》规定，勘察、设计单位必须按照工程建设强制性标准进行勘察、设计，并对其勘察、设计的质量负责。

(3) 勘察单位提供的勘察成果必须真实、准确

《建设工程质量管理条例》规定，勘察单位提供的地质、测量、水文等勘察成果必须真实、准确。

(4) 设计依据和设计深度

《建设工程质量管理条例》规定，设计单位应当根据勘察成果文件进行建设工程设计。设计文件应当符合国家规定的设计深度要求，注明工程合理使用年限。

(5) 依法选用建筑材料、构配件和设备

《建筑法》和《建设工程质量管理条例》都规定，设计单位在设计文件中选用的建筑材料、建筑构配件和设备，应当注明规格、型号、性能等技术指标，其质量要求必须符合国家规定的标准。除有特殊要求的建筑材料、专用设备、工艺生产线等外，设计单位不得指定生产厂和供应商。

(6) 依法对设计文件进行技术交底

《建设工程质量管理条例》规定，设计单位应当就审查合格的施工图设计文件向施工单位作出详细说明。

(7) 依法参与建设工程质量事故分析

《建设工程质量管理条例》规定，设计单位应当参与建设工程质量事故分析，并对因设计造成的质量事故，提出相应的技术处理方案。

3. 工程监理单位相关的质量责任和义务

(1) 依法承担工程监理业务

《建筑法》规定，工程监理单位应当在其资质等级许可的监理范围内，承担工程监理业务。工程监理单位不得转让工程监理业务。

《建设工程质量管理条例》进一步规定，工程监理单位应当依法取得相应等级的资

质证书，并在其资质等级许可的范围内承担工程监理业务。禁止工程监理单位超越本单位资质等级许可的范围或者以其他工程监理单位的名义承担工程监理业务。禁止工程监理单位允许其他单位或者个人以本单位的名义承担工程监理业务。工程监理单位不得转让工程监理业务。

（2）对有隶属关系或其他利害关系的回避

《建筑法》和《建设工程质量管理条例》都规定，工程监理单位与被监理工程的施工承包单位以及建筑材料、建筑构配件和设备供应单位有隶属关系或者其他利害关系的，不得承担该项建设工程的监理业务。

（3）监理工作的依据和监理责任

《建设工程质量管理条例》规定，工程监理单位应当依照法律、法规以及有关技术标准、设计文件和建设工程承包合同，代表建设单位对施工质量实施监理，并对施工质量承担监理责任。

工程监理的依据是：①法律、法规，如《建筑法》《建设工程质量管理条例》；②有关技术标准，如《工程建设标准强制性条文》以及建设工程承包合同中确认采用的推荐性标准等；③设计文件，施工图设计等设计文件既是施工的依据，也是监理单位对施工活动进行监督管理的依据；④建设工程承包合同，监理单位据此监督施工单位是否全面履行合同约定的义务。

监理单位对施工质量承担监理责任，包括违约责任和违法责任两个方面。

（4）工程监理的职责和权限

《建设工程质量管理条例》规定，工程监理单位应当选派具备相应资格的总监理工程师和监理工程师进驻施工现场。未经监理工程师签字，建筑材料、建筑构配件和设备不得在工程上使用或者安装，施工单位不得进行下一道工序的施工。未经总监理工程师签字，建设单位不拨付工程款，不进行竣工验收。

监理工程师拥有对建筑材料、建筑构配件和设备以及每道施工工序的检查权，对检查不合格的，有权决定是否允许在工程上使用或进行下一道工序的施工。工程监理实行总监理工程师负责制。总监理工程师依法和在授权范围内可以发布有关指令，全面负责受委托的监理工程。

（5）工程监理的形式

《建设工程质量管理条例》规定，监理工程师应当按照工程监理规范的要求，采取旁站、巡视和平行检验等形式，对建设工程实施监理。

6.4 建设工程竣工验收与工程质量保修制度

6.4.1 建设工程竣工验收制度

1. 竣工验收的主体和法定条件

（1）建设工程竣工验收的主体

《建设工程质量管理条例》规定，建设单位收到建设工程竣工报告后，应当组织设计、施工、工程监理等有关单位进行竣工验收。

（2）竣工验收应当具备的法定条件

《建筑法》规定，交付竣工验收的建筑工程，必须符合规定的建筑工程质量标准，有完整的工程技术经济资料和经签署的工程保修书，并具备国家规定的其他竣工条件。建筑工程竣工经验收合格后，方可交付使用；未经验收或者验收不合格的，不得交付使用。

《建设工程质量管理条例》进一步规定，建设工程竣工验收应当具备下列条件：①完成建设工程设计和合同约定的各项内容；②有完整的技术档案和施工管理资料；③有工程使用的主要建筑材料、建筑构配件和设备的进场试验报告；④有勘察、设计、施工、工程监理等单位分别签署的质量合格文件；⑤有施工单位签署的工程保修书。建设工程经验收合格，方可交付使用。

2. 施工单位应提交的档案资料

《建设工程质量管理条例》规定，建设单位应当严格按照国家有关档案管理的规定，及时收集、整理建设项目各环节的文件资料，建立健全建设项目档案，并在建设工程竣工验收后，及时向建设行政主管部门或者其他有关部门移交建设项目档案。

施工单位应当按照归档要求制定统一目录，有专业分包工程的，分包单位要按照总承包单位的总体安排做好各项资料整理工作，最后再由总承包单位进行审核、汇总。施工单位一般应当提交的档案资料有：①工程技术档案资料；②工程质量保证资料；③工程检验评定资料；④竣工图等。

3. 规划、消防、节能、环保等验收的规定

《建设工程质量管理条例》规定，建设单位应当自建设工程竣工验收合格之日起 15 日内，将建设工程竣工验收报告和规划、公安消防、环保等部门出具的认可文件或者准许使用文件报建设行政主管部门或者其他有关部门备案。

（1）建设工程竣工规划验收

《城乡规划法》规定，县级以上地方人民政府城乡规划主管部门按照国务院规定对建设工程是否符合规划条件予以核实。未经核实或者经核实不符合规划条件的，建设单位不得组织竣工验收。建设单位应当在竣工验收后 6 个月内向城乡规划主管部门报送有关竣工验收资料。

《城乡规划法》还规定，建设单位未在建设工程竣工验收后6个月内向城乡规划主管部门报送有关竣工验收资料的，由所在地城市、县人民政府城乡规划主管部门责令限期补报；逾期不补报的，处1万元以上5万元以下的罚款。

(2) 建设工程竣工消防验收

《消防法》规定，按照国家工程建设消防技术标准需要进行消防设计的建设工程竣工，依照下列规定进行消防验收、备案：①国务院公安部门规定的大型的人员密集场所和其他特殊建设工程，建设单位应当向公安机关消防机构申请消防验收；②其他建设工程，建设单位在验收后应当报公安机关消防机构备案，公安机关消防机构应当进行抽查。依法应当进行消防验收的建设工程，未经消防验收或者消防验收不合格的，禁止投入使用；其他建设工程经依法抽查不合格的，应当停止使用。

公安部《建设工程消防监督管理规定》进一步规定，建设单位申请消防验收应当提供下列材料：①建设工程消防验收申报表；②工程竣工验收报告和有关消防设施的工程竣工图纸；③消防产品质量合格证明文件；④具有防火性能要求的建筑构件、建筑材料、室内装修装饰材料符合国家标准或者行业标准的证明文件、出厂合格证；⑤消防设施、电气防火技术检测合格证明文件；⑥施工、工程监理、检测单位的合法身份证明和资质等级证明文件；⑦其他依法需要提供的材料。

(3) 建设工程竣工环保验收

环境保护设施竣工验收，应当与主体工程竣工验收同时进行。需要进行试生产的建设项目，建设单位应当自建设项目投入试生产之日起3个月内，向审批该建设项目环境影响报告书、环境影响报告表或者环境影响登记表的环境保护行政主管部门，申请该建设项目需要配套建设的环境保护设施竣工验收。分期建设、分期投入生产或者使用的建设项目，其相应的环境保护设施应当分期验收。

环境保护行政主管部门应当自收到环境保护设施竣工验收申请之日起30日内，完成验收。建设项目需要配套建设的环境保护设施经验收合格，该建设项目方可正式投入生产或者使用。

(4) 建筑工程节能验收

1) 建筑节能分部工程进行质量验收的条件。建筑节能分部工程的质量验收，应在检验批、分项工程全部合格的基础上，进行建筑围护结构的外墙节能构造实体检验，严寒、寒冷和夏热冬冷地区的外窗气密性现场检测，以及系统节能性能检测和系统联合试运转与调试，确认建筑节能工程质量达到验收的条件后方可进行。

2) 建筑节能分部工程验收的组织。建筑节能工程验收的程序和组织应遵守《建筑工程施工质量验收统一标准》(GB 50300－2001)的要求，并符合下列规定：①节能工程的检验批验收和隐蔽工程验收应由监理工程师主持，施工单位相关专业的质量检查员与施工员参加；②节能分项工程验收应由监理工程师主持，施工单位项目技术负责人和相关专业的质量检查员、施工员参加，必要时可邀请设计单位相关专业的人员参加；③节能分部工程验收应由总监理工程师（建设单位项目负责人）主持，施工单位项目经理、项目技术负责人和相关专业的质量检查员、施工员参加，施工单位的质量或技术负责人应参加，设计单位节能设计人员应参加。

3）建筑节能工程验收的程序。建筑节能工程验收的程序包括：①施工单位自检评定；②监理单位进行节能工程质量评估；③建筑节能分部工程验收；④施工单位按验收意见进行整改；⑤节能工程验收结论；⑥验收资料归档。

4. 竣工结算、质量争议的规定

（1）工程竣工结算

1）工程竣工结算方式与编审。财政部、建设部《建设工程价款结算暂行办法》规定，工程完工后，双方应按照约定的合同价款及合同价款调整内容以及索赔事项，进行工程竣工结算。工程竣工结算分为单位工程竣工结算、单项工程竣工结算和建设项目竣工总结算。

承包人应在合同约定期限内完成项目竣工结算编制工作，未在规定期限内完成的并且提不出正当理由延期的，责任自负。

2）工程竣工结算审查期限。单项工程竣工后，承包人应在提交竣工验收报告的同时，向发包人递交竣工结算报告及完整的结算资料，发包人应按以下规定时限进行核对（审查）并提出审查意见：500万元以下，从接到竣工结算报告和完整的竣工结算资料之日起20天；500万元～2 000万元，从接到竣工结算报告和完整的竣工结算资料之日起30天；2 000万元～5 000万元，从接到竣工结算报告和完整的竣工结算资料之日起45天；5 000万元以上，从接到竣工结算报告和完整的竣工结算资料之日起60天。

建设项目竣工总结算在最后一个单项工程竣工结算审查确认后15天内汇总，送发包人后30天内审查完成。

3）工程竣工价款结算。工程竣工结算以合同工期为准，实际施工工期比合同工期提前或延后的，发、承包双方应按合同约定的奖惩办法执行。

4）索赔及合同以外零星项目工程价款结算。发包人要求承包人完成合同以外零星项目，承包人应在接受发包人要求的7天内就用工数量和单价、机械台班数量和单价、使用材料和金额等向发包人提出施工签证，发包人签证后施工，如发包人未签证，承包人施工后发生争议的，责任由承包人自负。

5）未按规定时限办理事项的处理。发包人收到竣工结算报告及完整的结算资料后，在《建设工程价款结算暂行办法》规定或合同约定期限内，对结算报告及资料没有提出意见，则视同认可。

承包人如未在规定时间内提供完整的工程竣工结算资料，经发包人催促后14天内仍未提供或没有明确答复，发包人有权根据已有资料进行审查，责任由承包人自负。

根据确认的竣工结算报告，承包人向发包人申请支付工程竣工结算款。发包人应在收到申请后15天内支付结算款，到期没有支付的应承担违约责任。承包人可以催告发包人支付结算价款，如达成延期支付协议，发包人应按同期银行贷款利率支付拖欠工程价款的利息。如未达成延期支付协议，承包人可以与发包人协商将该工程折价，或申请人民法院将该工程依法拍卖，承包人就该工程折价或者拍卖的价款优先受偿。

（2）竣工工程质量争议的处理

《建筑法》规定，建筑工程竣工时，屋顶、墙面不得留有渗漏、开裂等质量缺陷；

对已发现的质量缺陷,建筑施工企业应当修复。《建设工程质量管理条例》规定,施工单位对施工中出现质量问题的建设工程或者竣工验收不合格的建设工程,应当负责返修。

1)承包方责任的处理。《合同法》规定,因施工人的原因致使建设工程质量不符合约定的,发包人有权要求施工人在合理期限内无偿修理或者返工、改建。

2)发包方责任的处理。《最高人民法院关于审理建设施工合同纠纷案件适用法律问题的解释》第12条规定,发包人具有下列情形之一,造成建设工程质量缺陷,应当承担过错责任:提供的设计有缺陷;提供或者指定购买的建筑材料、建筑构配件、设备不符合强制性标准;直接指定分包人分包专业工程。

3)未经竣工验收擅自使用的处理原则。《建筑法》《合同法》和《建设工程质量管理条例》均规定,建设工程竣工经验收合格后,方可交付使用;未经验收或验收不合格的,不得交付使用。

5. 竣工验收报告备案的规定

(1)竣工验收备案的时间及须提交的文件

《建设工程质量管理条例》确立了建设工程竣工验收备案制度。该项制度是加强政府监督管理,防止不合格工程流向社会的一个重要手段。结合《建设工程质量管理条例》和《房屋建筑工程和市政基础设施工程竣工验收备案管理办法》(2009年)的有关规定,在中华人民共和国境内新建、扩建、改建各类房屋建筑和市政基础设施工程的竣工验收备案,适用本办法;国务院住房和城乡建设主管部门负责全国房屋建筑和市政基础设施工程的竣工验收备案管理工作;建设单位应当在工程竣工验收合格后的15天内依照本办法向工程所在地的县级以上地方人民政府建设主管部门备案。

建设单位办理工程竣工验收备案应提交以下材料:

1)工程竣工验收备案表;

2)工程竣工验收报告。竣工验收报告应当包括工程报建日期,施工许可证号,施工图设计文件审查意见,勘察、设计、施工、工程监理等单位分别签署的质量合格文件及验收人员签署的竣工验收原始文件,市政基础设施的有关质量检测和功能性试验资料以及备案机关认为需要提供的有关资料;

3)法律、行政法规规定应当由规划、环保等部门出具的认可文件或者准许使用文件;

4)法律规定应当由公安消防部门出具的对大型的人员密集场所和其他特殊建设工程验收合格的证明文件;

5)施工单位签署的工程质量保修书;

6)法规、规章规定必须提供的其他文件。

住宅工程还应当提交《住宅质量保证书》和《住宅使用说明书》。

建设行政主管部门或其他有关部门收到建设单位的竣工验收备案文件后,依据质量监督机构的监督报告,发现建设单位在竣工验收过程中有违反国家有关建设工程质量管理规定行为的,责令停止使用,重新组织竣工验收后,再办理竣工验收备案。建设单位有下列违法行为的，要按照有关规定予以行政处罚：

1）在工程竣工验收合格之日起 15 天内未办理工程竣工验收备案；

2）在重新组织竣工验收前擅自使用工程；

3）采用虚假证明文件办理竣工验收备案。

（2）竣工验收备案文件的签收和处理

备案机关收到建设单位报送的竣工验收备案文件，验证文件齐全后，应当在工程竣工验收备案表上签署文件收讫。工程竣工验收备案表一式两份，一份由建设单位保存，一份留备案机关存档。

工程质量监督机构应当在工程竣工验收之日起 5 日内，向备案机关提交工程质量监督报告。

6.4.2 建设工程质量保修制度

建设工程质量保修制度是指建设工程在办理竣工验收手续后，在规定的保修期限内，因勘察、设计、施工、材料等原因造成的质量缺陷，应当由施工承包单位负责维修、返工或更换，由责任单位负责赔偿损失。建设工程实行质量保修制度是落实建设工程质量责任的重要措施。《建筑法》《建设工程质量管理条例》和《房屋建筑工程质量保修办法》均对该项制度作出相关的规定。

1. 质量保修最低保修期的规定

建设工程施工单位在向建设单位提交竣工验收报告时，应当向建设单位出具质量保修书。质量保修书中应当明确建设工程的保修范围、保修期限和保修责任等。保修范围和正常使用条件下的最低保修期限为：

1）基础设施工程、房屋建筑的地基基础工程和主体结构工程，为设计文件规定的该工程的合理使用年限；

2）屋面防水工程、有防水要求的卫生间、房间和外墙面的防渗漏，为 5 年；

3）供热与供冷系统，为 2 个采暖期、供冷期；

4）电气管线、给排水管道、设备安装和装修工程，为 2 年。

其他项目的保修期限由发包方与承包方约定。建设工程的保修期，自竣工验收合格之日起计算。因使用不当或者第三方造成的质量缺陷，以及不可抗力造成的质量缺陷，不属于法律规定的保修范围。

2. 施工单位的保修义务

建设工程在保修范围和保修期限内发生质量问题的，施工单位应当履行保修义务，并对造成的损失承担赔偿责任。

对在保修期限内和保修范围内发生的质量问题，一般应先由建设单位组织勘察、设计、施工等单位分析质量问题的原因，确定维修方案，由施工单位负责维修，但当问题较严重复杂时，不管是什么原因造成的，只要是在保修范围内，均先由施工单位履行保修义务，不得推诿扯皮。对于保修费用，则由质量缺陷的责任方承担。

保修期限内，建设主体各方的责任及损失赔偿规定如表 6.2 所示。

表 6.2 保修义务的责任落实与损失赔偿责任

造成质量缺陷的原因	负责单位	经济责任的承担	承担的具体形式
施工单位	施工单位	施工单位承担	出力＋出钱
设计原因	施工单位	通过建设单位向设计单位索赔	施工单位出力不出钱
因建筑材料、构配件和设备质量不合格的质量缺陷	施工单位	谁负责采购，谁承担经济责任	施工单位出力不出钱
建设单位（监理单位）错误	施工单位	建设单位承担，如属监理单位责任，则由建设单位向监理单位索赔	施工单位出力不出钱
因使用单位使用不当造成的损失问题	施工单位	使用单位自行负责	施工单位出力不出钱
因不可抗力或自然灾害造成的损坏	施工单位	建设参与各方根据国家具体政策分担经济责任	施工单位出力不出钱

6.5 建设工程质量的监督管理

6.5.1 建设工程质量监督管理制度

1. 质量管理体系

我国建设工程质量的监督管理体系包括两个层次，第一个是宏观层面上的，在这个层面上建设行政主管部门及授权机构对建设工程质量进行行政性的强制性监管，这种监管是外部的、纵向的控制；第二个是微观层面上的，包括承包单位（勘察、设计、施工）自身的质量管理和业主委托监理，其中，承包单位自身的监管是内部的、自身的控制，而业主委托的监理是外部的、横向的控制，如图 6.1 所示。

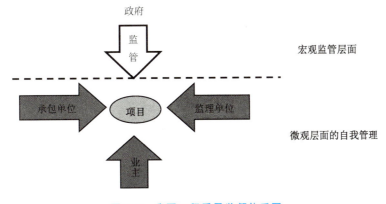

图 6.1 我国工程质量监督体系图

政府监管与监理单位对建设工程项目的监管都是居于外部的,但两者存在明显的区别,如表 6.3 所示。

表 6.3 政府质量监督与工程建设监理的区别

	政府质量监督	工程建设监理
性质不同	建设工程质量监督机构是经省级以上建设行政主管部门或有关专业部门考核认定具有法人资格的事业单位,它是接受县级以上地方人民政府建设行政主管部门或有关专业部门的委托,依法对它所管辖区域范围内的建设工程项目实施强制性质量检查的专职执法机构,对委托部门负责	建设监理是依据委托监理合同代表业主实施监督与管理,是高智能的有偿技术服务,监理单位是具有独立法人资格,自负盈亏的企业单位。它只能在资质等级许可范围内实施工程监理,无地域性的限制,对业主负责
权限不同	监督机构与承、发包方是监督与被监督关系。监督机构有权对监理单位的监理行为进行监督检查。工程质量发生争议,监督机构有仲裁权	建设单位与监理单位是委托与被委托的合同关系,监理单位与施工单位是监理与被监理关系。监理单位接受政府监督检查。监理单位无仲裁权,委托人与承包人发生争议,监理机构以独立的身份判断,公正地进行调解。建设行政主管部门调解或仲裁机构仲裁时,它提供作证的事实材料
职责不同	监督机构主要是在项目建设的施工阶段,对建设行为各方主体(建设、勘察、设计、施工、监理)在建设活动中的质量行为实施监督检查,重点对有关工程质量的法律、法规和强制性标准执行情况进行监督检查	建设监理工作是控制工程建设的投资、建设工期和工程质量,进行工程建设合同管理、信息管理和协调有关单位的工作关系,即"三控制、两管理、一协调",是对工程质量微观性的监控与检查
依据不同	质量监督机构的工作是依据国家的法律、法规、强制性标准及设计文件	监理单位不仅要依据国家的法律、法规、技术标准及设计文件,还要依据施工合同和监理合同来开展工作
手段不同	监督机构主要采用行政手段,对违法、违章的行为视其情节轻重,提出警告、通报、罚款、责令停工整顿,建议上级有关部门降低施工企业资质等级	建设监理是综合运用技术、经济和法律手段,对工程质量不合格者令其返工、停工、不进行工程计量、不支付工程款、违约索赔来制约施工单位
方法不同	监督机构的监督方法是事先将资质审查和重点抽查相结合,以抽查为主,重点抽查地基基础、主体结构以及决定使用功能、安全性能的重要部位	监理单位的监理方法是采取旁站、巡视、平行检验、例会、专题会等形式,对建设工程实施监理
收费不同	监督机构的收费按国家或地方规定费率收费	监理收费按国家指导性标准收费

2. 工程质量监督管理制度

我国的建设工程质量管理法律制度是以政府监督为导向、其他参与主体行为约束为主要内容。

建设工程质量必须实行政府监督管理。政府对工程质量的监督管理主要以保证工程使用安全和环境质量为主要目的，以法律、法规和强制性标准为依据，以地基基础、主体结构、环境质量和与此有关的工程建设各方主体的质量行为为主要内容，以质量监督、施工许可制度和竣工验收备案制度为主要手段。

建设单位完成工程建设准备工作并具备工程开工条件后，应及时办理工程质量监督手续和施工许可证，政府对建设工程的质量监督包括对实体工程质量的监督和参与主体工作质量的监督。

施工单位完成工程施工后，应及时申请并组织工程验收。通过验收的工程项目，施工单位应将完整的工程资料移交给建设单位，一般情况下，建设单位应将工程资料原件统一整理并交由政府相关部门备案。

3. 建设工程质量政府监督管理制度的特点

（1）权威性

建设工程质量监督体现的是国家意志，任何单位和个人从事工程建设活动都应当服从这种监督管理。

（2）强制性

这种监督是由国家的强制力来保证的，任何单位和个人不服从这种监督管理都将受到法律制裁。

（3）综合性

这种监督管理并不局限于某一个阶段或某一个方面，而是贯穿于建设活动的全过程，并适用于建设单位、勘察单位、设计单位、施工单位和工程建设监理单位等。

6.5.2 建设工程质量监督管理部门及职责

1. 工程质量监督管理部门

《建设工程质量管理条例》规定，国务院建设行政主管部门对全国的建设工程质量实施统一监督管理。国务院铁路、交通、水利等有关部门按照国务院规定的职责分工，负责对全国的有关专业建设工程质量进行监督管理。县级以上地方人民政府建设行政主管部门对本行政区域内的建设工程质量实施监督管理。县级以上地方人民政府交通、水利等有关部门在各自的职责范围内，负责对本行政区域内的专业建设工程质量的监督管理。

建设工程质量监督管理，可以由建设行政主管部门或者其他有关部门委托的建设工程质量监督机构具体实施。

从事房屋建筑工程和市政基础设施工程质量监督的机构，必须按照国家有关规定经国务院建设行政主管部门或者省、自治区、直辖市人民政府建设行政主管部门考核；

从事专业建设工程质量监督的机构，必须按照国家有关规定经国务院有关部门或者省、自治区、直辖市人民政府有关部门考核。经考核合格后，方可实施质量监督。

2. 工程质量监督管理职责

（1）国务院建设行政主管部门的基本职责

国务院建设行政主管部门和国务院铁路、交通、水利等有关部门应当加强对全国有关建设工程质量的法律、法规和强制性标准执行情况的监督检查。

（2）县级以上地方人民政府建设行政主管部门的基本职责

县级以上地方人民政府建设行政主管部门和其他有关部门应当加强对本行政区域内有关建设工程质量的法律、法规和强制性标准执行情况的监督检查。

县级以上人民政府建设行政主管部门和其他有关部门履行监督检查职责时，有权采取下列措施：①要求被检查的单位提供有关工程质量的文件和资料；②进入被检查单位的施工现场进行检查；③发现有影响工程质量的问题时，责令改正。

（3）工程质量监督机构的基本职责

1）办理建设单位工程建设项目报监手续，收取监督费；

2）依照国家有关法律、法规和工程建设强制性标准，对建设工程的地基基础、主体结构及相关的建筑材料、构配件、商品混凝土的质量进行检查；

3）对与被检查实体质量有关的工程建设参与各方主体的质量行为及工程质量文件进行检查，发现工程质量问题时，有权采取局部暂停施工等强制性措施，直到问题得到改正；

4）对建设单位组织的竣工验收程序实施监督，察看其验收程序是否合法，资料是否齐全，实体质量是否存有严重缺陷；

5）工程竣工后，应向委托的政府有关部门报送工程质量监督报告；

6）对需要实施行政处罚的，报告委托的政府部门进行行政处罚。

6.5.3 工程质量事故报告制度

《建设工程质量管理条例》规定，建设工程发生质量事故，有关单位应当在 24 小时内向当地建设行政主管部门和其他有关部门报告。对重大质量事故，事故发生地的建设行政主管部门和其他有关部门应当按照事故类别和等级向当地人民政府、上级建设行政主管部门和其他有关部门报告。特别重大质量事故的调查程序按照国务院有关规定办理。

根据国务院《生产安全事故报告和调查处理条例》的规定，特别重大事故，是指造成 30 人以上死亡，或者 100 人以上重伤，或者 1 亿元以上直接经济损失的事故。安全生产监督管理部门和负有安全生产监督管理职责的有关部门逐级上报事故情况，每级上报的时间不得超过 2 小时。特别重大事故、重大事故逐级上报至国务院安全生产监督管理部门和负有安全生产监督管理职责的有关部门。必要时，安全生产监督管理部门和负有安全生产监督管理职责的有关部门可以越级上报事故情况。

第6章 建设工程质量管理法律制度

习 题 6

一、单选题

1. 对涉及结构安全的试块、试件及有关材料，应当在监理人员监督下现场取样，并送（　　）的质量检测单位进行检测。
   A. 具有相应资质等级　　　　　　B. 建设单位许可
   C. 建设行业协会认可　　　　　　D. 监理协会认可

2. 甲施工单位于 2019 年 5 月 20 日签订施工合同，承建工程为五层砖混结构，七级抗震设防，施工图通过审批。工程于 2019 年 10 月 8 日开工建设，施工中技术人员发现图纸中有一处抗震设计差错，此时甲施工企业应当（　　）。
   A. 按原图纸继续施工
   B. 及时提出意见和建议
   C. 与监理工程师协商一致后，继续施工
   D. 自行修改正确后施工，向建设单位提出增加费用

3. 甲建筑公司计划于 2020 年 3 月 7 日浇筑混凝土，由于现场施工场地原因，甲建筑公司决定购买商品混凝土进行施工，对此下面的说法正确的是（　　）。
   A. 商品混凝土必须要有出厂合格证，施工单位不需要对此进行检验
   B. 施工单位需要对此商品混凝土进行检验，但是可以自行取样
   C. 施工单位需要对此商品混凝土进行检验，同时要在监理单位和建设单位的监督下现场取样
   D. 施工单位需要对此商品混凝土进行检验，接受委托的检验单位必须要具有相应的资质等级

4. 按照《建设工程施工合同文本》的规定，工程具备隐蔽条件或达到专用条款约定的中间验收部位，施工单位进行自检，并在隐蔽或中间验收（　　）以书面形式通知监理工程师验收。
   A. 前 48 小时　　　　　　　　　B. 后 48 小时
   C. 前 24 小时　　　　　　　　　D. 后 24 小时

5. 某办公大楼在保修期间出现外墙裂缝，经查是由于设计缺陷造成的。原施工单位进行了维修，之后应向（　　）主张维修费用。
   A. 建设单位　　　　　　　　　　B. 设计单位
   C. 物业管理单位　　　　　　　　D. 大楼使用者

6. 下列不属于工程建设的强制性标准的是（　　）。
   A. 工程建设勘察、规划、设计、施工（包括安装）及验收等通用的综合标准和重要的通用的质量标准

B. 工程建设通用的有关安全、卫生和环境保护的标准

C. 工程建设的特殊技术术语

D. 工程建设重要的通用的信息技术标准

7. 下列关于建设单位质量责任和义务的表述中，错误的是（   ）。

A. 建设单位不得将建设工程肢解发包

B. 建设工程发包方不得迫使承包方以低于成本的价格竞标

C. 建设单位不得任意压缩合同工期

D. 涉及承重结构变动的装修工程施工期前，只能委托原设计单位提交设计方案

8. 对在保修期限内和保修范围内发生的质量问题，（   ）。

A. 由质量缺陷的责任方履行保修义务，由建设单位承担保修费用

B. 由质量缺陷的责任方履行保修义务并承担保修费用

C. 由施工单位履行保修义务并承担保修费用

D. 由施工单位履行保修义务，由质量缺陷责任方承担保修费用

9. 建设工程质量必须实行（   ）监督管理。

A. 建设单位   B. 建立单位

C. 工商行政管理部门   D. 政府

10. 政府对工程质量的监督管理主要以（   ）为主要手段。

A. 行政审批   B. 施工许可制度和竣工验收备案制度

C. 竣工验收   D. 质量考核与抽查

二、多选题

1. 下面关于施工单位对建设工程质量最低保修期限的说法，正确的是（   ）。

A. 有防水要求的卫生间为 2 年

B. 给排水管道为 5 年

C. 电气设备安装工程为 2 年

D. 供热与供冷系统为 2 个采暖期、供冷期

E. 装修工程为 2 年

2. 下列选项中，对施工单位的质量责任和义务表述正确的是（   ）。

A. 总承包单位不得将主体工程对外分包

B. 分包单位应当按照分包合同的约定对建设单位负责

C. 总承包单位与每一分包单位就各自分包部分的质量承担连带责任

D. 施工单位在施工中发现设计图纸有差错时，应当按照国家标准施工

E. 在建设工程竣工验收合格之前，施工单位应当对质量问题履行保修义务

3. 建设单位拟装修其办公楼，其中涉及承重结构变动，则下列表述正确的有（   ）。

A. 建设单位将装修方案报有关主管部门批准后，方可施工

B. 建设单位在委托原设计单位提出设计方案后，方可施工

C. 建设单位在委托相应资质等级设计单位提出设计方案后，方可施工

D. 建设单位提出装修方案后，即可要求承包单位施工

E. 建设单位可直接将装修任务发包给劳务公司

4. 总承包单位依法将建设工程分包给其他单位施工，若分包工程出现质量问题时，应当由（　　）。

A. 总承包单位单独向建设单位承担责任

B. 分包单位单独向建设单位承担责任

C. 总承包单位与分包单位向建设单位承担连带责任

D. 总承包单位与分包单位分别向建设单位承担责任

E. 分包单位向总承包单位承担责任

5. 建设工程竣工验收应当具备（　　）等条件。

A. 完整的技术档案资料和施工管理资料

B. 工程所用的主要建筑材料、建筑构配件和设备等进场试验报告

C. 勘察、设计、施工、监理等单位分别签署的质量合格文件

D. 已付清所有款项

E. 有施工单位签署的工程保修书

三、简答题

1. 我国质量管理体系的内涵是什么？
2. 工程建设国家标准中哪些标准属于强制性标准？
3. 我国质量监督管理有哪两个层次？区别是什么？
4. 建设单位的质量责任有哪些？
5. 竣工验收应具备的法定条件有哪些？
6. 简述我国的建设工程质量保修制度的内涵。

第7章 建设工程安全生产法律制度

教学目标

本章主要讲述建设工程安全管理及安全生产法律制度体系的内涵、建设工程安全生产主体责任和义务、建设工程安全生产管理监督体系及安全事故的处理。通过本章学习,应达到以下目标:

(1) 了解建设工程安全生产管理、法律体系;
(2) 掌握安全生产主体责任和义务;
(3) 了解安全生产和监督管理体系;
(4) 掌握安全生产事故的处理。

引例

4·25 衡水工地升降机折断事故

2019年4月25日,河北衡水市翡翠华庭工地在建住宅项目施工升降机从10楼左右的高度折断、坠落,事故造成11人死亡、2人受伤,直接经济损失达1 800万元。发生事故的13人中,有1名女性、12名男性,多为80后架子工。事故发生原因是,事故施工升降机在安装过程中,导致第16、17节标准节连接位置西侧的2个螺栓未安装,第17节以上的标准节不具有抵抗侧向倾翻的能力,形成重大事故隐患。事故施工升降机安装完毕后,未按规定进行自检、调试、试运转,未组织验收就违规投入使用,最终导致事故发生。

这次事故的主要教训有四点:一是施工现场以包代管,安全管理混乱;二是专项施工方案内容不完整且与事故施工升降机机型不符,不能指导安装作业,安装前未按规定进行安全技术交底,安装过程中也未安排专职安全员进行现场监督;三是施工单位未组织验收就违规投入使用,在收到停止违规使用的监理通知后,仍不进行整改,继续使用;四是政府及相关监管部门对施工现场的明显违法、违规行为整治不力,安全监管流于形式。

中华人民共和国住房和城乡建设部分别于2020年7月16日和8月18日作出行政处罚决定,将施工总承包单位衡水广厦建筑工程有限公司的建筑工程施工总承包一级资质降为二级资质,项目监理单位衡水恒远工程项目管理有限公司的房屋建筑工程监理资质由甲级降为乙级；吊销项目经理建筑工程专业一级建造师注册证书，且终身不予注册。

在事故通报中，中华人民共和国住房和城乡建设部要求地方各级住房和城乡建设主管部门要深入开展建筑施工安全专项治理行动，突出强化建筑起重机械、高支模、深基坑等重点领域安全管控。

7.1 建设工程安全生产管理法律制度概述

安全问题是建设工程生产过程中最敏感的问题，也是目前我国建筑行业面临的较严峻的问题。一旦安全管理失误，造成人员伤亡，那建设工程的其他管理目标都将成为一纸空谈，同时，对社会造成的负面影响也会远大于其他目标的失误。因此，在我国，建设工程安全生产管理法律制度是建立在约束建设工程参与主体，保证建设工程安全的基础上的完整体系。我国目前已经形成了安全生产责任制度等一系列制度，来达到约束建设工程生产安全的目标。

7.1.1 建设工程安全生产管理体系

1. 建设工程安全管理的内涵

建设工程安全生产管理包括建筑生产过程中的施工现场人身安全、财产设备安全，施工现场及附近的道路、管线和房屋的安全，施工现场和周围的环境保护及工程建成后的使用安全等方面的内容。

2. 建设工程安全生产管理体系

建设工程安全生产管理包括纵向、横向和施工现场三个方面的管理。

纵向的管理主要是指建设行政主管部门及其授权的建筑安全监督管理机构对建筑安全生产的行业监督管理。

横向的管理主要是指建筑生产有关各方如建设单位、设计单位、监理单位和建筑施工企业等的安全责任和义务。

施工现场管理主要是指控制人的不安全行为和物的不安全状态，是建筑安全生产管理的关键和集中体现。

三个方面的管理形成建设工程安全管理综合体系，缺一不可。

7.1.2 建设工程安全生产管理法律制度体系

1. 安全生产责任制度

安全生产责任制度是建筑生产中最基本的安全管理制度，是所有安全规章制度的核心。安全生产责任制度是指将各种不同的安全责任落实到负责安全管理责任的人员和具体岗位人员身上的一种制度。这一制度是安全第一、预防为主方针的具体体现，是建筑安全生产的基本制度。安全生产责任制的主要内容包括：一是从事建筑活动主体的负责人的责任制，比如，施工单位的法定代表人要对本企业的安全负主要的安全责任；二是从事建筑活动主体的职能机构或职能处室负责人及其工作人员的安全生产责任制，比如，建筑施工企业应当依法设置安全生产管理机构，在企业主要负责人的领导下开展本企业的安全生产管理工作；三是岗位人员的安全生产责任制，岗位人员必须对所在岗位的安全生产负责。从事特种作业的安全人员必须进行培训，经过考试合格后方能上岗作业。

2. 群防群治制度

群防群治制度是职工群众进行预防和治理安全的一种制度。这一制度也是"安全第一、预防为主"的具体体现，同时也是群众路线在安全工作中的具体体现，是企业进行民主管理的重要内容。这一制度要求建筑企业职工在施工中应当遵守有关生产的法律、法规和建筑行业安全规章、规程，不得违章作业；对于危及生命安全和身体健康的行为有权提出批评、检举和控告。

3. 安全生产教育培训制度

安全生产教育培训制度是对广大建筑干部职工进行安全教育培训、提高安全意识、增加安全知识和技能的制度。安全生产，人人有责，只有通过对广大职工进行安全教育、培训，才能使广大职工真正认识到安全生产的重要性、必要性，才能使广大职工掌握更多更有效的关于安全生产的科学技术知识，牢固树立"安全第一"的思想，自觉遵守各项安全生产的规章制度。分析许多建筑安全事故，一个重要的发生原因就是有关人员安全意识不强，安全技能不够，这些都是没有搞好安全教育培训工作的后果。

4. 安全生产检查制度

安全生产检查制度是上级管理部门或企业自身对安全生产状况进行定期或不定期检查的制度。通过检查可以发现问题，查出隐患，从而采取有效的措施，堵塞漏洞，把事故消灭在发生之前，做到防患于未然，是"预防为主"的具体体现。通过检查，还可总结出好的经验加以推广，为进一步搞好安全工作打下基础。安全检查制度是安全生产的保障。

5. 伤亡事故处理报告制度

施工中发生事故时，建筑企业应当采取紧急措施减少人员伤亡和事故损失、并按照国家有关规定及时向有关部门报告的制度。事故处理必须遵循一定的程序，做到"三不放过"（事故原因不清不放过、事故责任者和群众没有受到教育不放过、没有防范措施不放过）。

6. 安全责任追究制度

法律责任的确定中，规定建设单位、设计单位、施工单位、监理单位，由于没有履行职责造成人员伤亡和事故损失的，视情节给予相应处理；情节严重的，责令停业整顿，降低资质等级或吊销资质证书；构成犯罪的，依法追究刑事责任。

7.2 安全生产许可证制度

《中华人民共和国行政许可法》第十二条规定，直接涉及国家安全、公共安全、经济宏观调控、生态环境保护以及直接关系人身健康、生命财产安全等特定的活动，需要按照法定条件予以批准的事项，可以设定行政许可。

《安全生产许可证条例》第二条规定，国家对矿山企业、建筑施工企业和危险化学品、烟花爆竹、民用爆炸物品生产企业实行安全生产许可制度。企业未取得安全生产许可证的，不得从事生产活动。

7.2.1 申请领取安全生产许可证的条件

为了严格规范建筑施工企业安全生产条件，进一步加强安全生产监督管理，防止和减少生产安全事故，根据《安全生产许可证条例》和《建设工程安全生产管理条例》等有关行政法规，中华人民共和国建设部 2004 年颁发了《建筑施工企业安全生产许可证管理规定》（中华人民共和国住房和城乡建设部 2015 年进行修订）。

《建筑施工企业安全生产许可证管理规定》第二条规定，国家对建筑施工企业实行安全生产许可制度。建筑施工企业未取得安全生产许可证的，不得从事建筑施工活动。

建筑施工企业取得安全生产许可证，应当具备下列安全生产条件：

1) 建立、健全安全生产责任制，制定完备的安全生产规章制度和操作规程；
2) 保证本单位安全生产条件所需资金的投入；
3) 设置安全生产管理机构，按照国家有关规定配备专职安全生产管理人员；
4) 主要负责人、项目负责人、专职安全生产管理人员经建设主管部门或者其他有关部门考核合格；
5) 特种作业人员经有关业务主管部门考核合格，取得特种作业操作资格证书；
6) 管理人员和作业人员每年至少进行一次安全生产教育培训并考核合格；
7) 依法参加工伤保险，依法为施工现场从事危险作业的人员办理意外伤害保险，为从业人员交纳保险费；
8) 施工现场的办公、生活区及作业场所和安全防护用具、机械设备、施工机具及配件符合有关安全生产法律、法规、标准和规程的要求；
9) 有职业危害防治措施，并为作业人员配备符合国家标准或者行业标准的安全防护用具和安全防护服装；
10) 有对危险性较大的分部分项工程及施工现场易发生重大事故的部位、环节的预防、监控措施和应急预案；
11) 有生产安全事故应急救援预案、应急救援组织或者应急救援人员，配备必要的应急救援器材、设备；
12) 法律、法规规定的其他条件。

7.2.2 安全生产许可证的有效期及政府监管

1. 安全生产许可证的申请

（1）申请单位

建筑施工企业从事建筑施工活动前，应当依照规定向省级以上建设主管部门申请领取安全生产许可证。

中央管理的建筑施工企业（集团公司、总公司）应当向国务院建设主管部门申请领取安全生产许可证。其他建筑施工企业，包括中央管理的建筑施工企业（集团公司、总公司）下属的建筑施工企业，应当向企业注册所在地省、自治区、直辖市人民政府建设主管部门申请领取安全生产许可证。

（2）申请材料

建筑施工企业申请安全生产许可证时，应当向建设主管部门提供下列材料：

1）建筑施工企业安全生产许可证申请表；
2）企业法人营业执照；
3）安全生产条件相关文件、材料。

建筑施工企业申请安全生产许可证，应当对申请材料实质内容的真实性负责，不得隐瞒有关情况或者提供虚假材料。

2. 安全生产许可证的有效期及变更

（1）安全生产许可证的有效期

安全生产许可证的有效期为3年。安全生产许可证有效期满需要延期的，企业应当于期满前3个月向原安全生产许可证颁发管理机关办理延期手续。

企业在安全生产许可证有效期内，严格遵守有关安全生产的法律法规，未发生死亡事故的，安全生产许可证有效期届满时，经原安全生产许可证颁发管理机关同意，不再审查，安全生产许可证有效期延期3年。

（2）安全生产许可证的变更

建筑施工企业变更名称、地址、法定代表人等，应当在变更后10日内，到原安全生产许可证颁发管理机关办理安全生产许可证变更手续。

建筑施工企业破产、倒闭、撤销的，应当将安全生产许可证交回原安全生产许可证颁发管理机关予以注销。

3. 政府监管

建设主管部门在审核发放施工许可证时，应当对已经确定的建筑施工企业是否有安全生产许可证进行审查，对没有取得安全生产许可证的，不得颁发施工许可证。

企业不得转让、冒用安全生产许可证或者使用伪造的安全生产许可证。企业取得安全生产许可证后，不得降低安全生产条件，并应当加强日常安全生产管理，接受安全生产许可证颁发管理机关的监督检查。

安全生产许可证颁发管理机关应当加强对取得安全生产许可证的企业的监督检查，发现其不再具备规定的安全生产条件的，应当暂扣或者吊销其安全生产许可证。

7.3 建设工程安全责任和义务

7.3.1 建设单位安全生产管理的主要责任和义务

1. 建设单位应当向施工单位提供有关资料

《建设工程安全生产管理条例》第六条规定，建设单位应当向施工单位提供施工现场及毗邻区域内供水、排水、供电、供气、供热、通信、广播电视等地下管线资料，气象和水文观测资料，相邻建筑物和构筑物、地下工程的有关资料，并保证资料的真实、准确、完整。

建设单位因建设工程需要，向有关部门或者单位查询前款规定的资料时，有关部门或者单位应当及时提供。

2. 不得向有关单位提出影响安全生产的违法要求

《建设工程安全生产管理条例》第七条规定，建设单位不得对勘察、设计、施工、工程监理等单位提出不符合建设工程安全生产法律、法规和强制性标准规定的要求，不得压缩合同约定的工期。

3. 建设单位应当保证安全生产投入

《建设工程安全生产管理条例》第八条规定，建设单位在编制工程概算时，应当确定建设工程安全作业环境及安全施工措施所需费用。

4. 不得明示或暗示施工单位使用不符合安全施工要求的物资

《建设工程安全生产管理条例》第九条规定，建设单位不得明示或者暗示施工单位购买、租赁、使用不符合安全施工要求的安全防护用具、机械设备、施工机具及配件、消防设施和器材。

5. 办理施工许可证或开工报告时应当报送安全施工措施

《建设工程安全生产管理条例》第十条规定，建设单位在申请领取施工许可证时，应当提供建设工程有关安全施工措施的资料。

依法批准开工报告的建设工程，建设单位应当自开工报告批准之日起15日内，将保证安全施工的措施报送建设工程所在地的县级以上人民政府建设行政主管部门或者其他有关部门备案。

6. 应当将拆除工程发包给具有相应资质的施工单位

《建设工程安全生产管理条例》第十一条规定，建设单位应当将拆除工程发包给具有相应资质等级的施工单位。

建设单位应当在拆除工程施工15日前，将下列资料报送建设工程所在地的县级以上地方人民政府主管部门或者其他有关部门备案。

1) 施工单位资质等级证明；
2) 拟拆除建筑物、构筑物及可能危及毗邻建筑的说明；

3）拆除施工组织方案；

4）堆放、清除废弃物的措施。

实施爆破作业的，还应当遵守国家有关民用爆炸物品管理的规定。根据《民用爆炸物品安全管理条例》第三十二条规定，申请从事爆破作业的单位，应当按照国务院公安部门的规定，向有关人民政府公安机关提出申请，并提供有关材料，申请领取《爆炸物品使用许可证》。根据《民用爆炸物品安全管理条例》第三十五条规定，在城市、风景名胜区和重要工程设施附近实施爆破作业的，应当向爆破作业所在地设区的市级人民政府公安机关提出申请，提交《爆破作业单位许可证》和具有相应资质的安全评估企业出具的爆破设计、施工方案评估报告。

7.3.2 勘察设计单位安全生产管理的主要责任和义务

1. 勘察单位的安全责任

根据《建设工程安全生产管理条例》第十二条的规定，勘察单位的安全责任包括：

1）勘察单位应当按照法律、法规和工程建设强制性标准进行勘察，提供的勘察文件应当真实、准确，满足建设工程安全生产的需要。

2）勘察单位在勘察作业时，应当严格按照操作规程，采取措施保证各类管线、设施和周边建筑物、构筑物的安全。

2. 设计单位的安全责任

1）设计单位应当按照法律、法规和工程建设强制性标准进行设计，防止因设计不合理导致安全生产事故的发生。

2）设计单位应当考虑施工安全操作和防护的需要，对涉及施工安全的重点部位和环节在设计文件中注明，并对防范生产安全事故提出指导意见。

3）采用新结构、新材料、新工艺的建设工程和特殊结构的建设工程，设计单位应当在设计中提出保障施工作业人员安全和预防生产安全事故的措施建议。

4）设计单位和注册建筑师等注册执业人员应当对其设计负责。

7.3.3 建设工程监理企业安全生产管理的主要责任和义务

1. 安全技术措施及专项施工方案审查义务

《建设工程安全生产管理条例》第十四条第一款规定，工程监理单位应当审查施工组织设计中的安全技术措施或者专项施工方案是否符合工程建设强制性标准。

2. 安全生产事故隐患报告义务

《建设工程安全生产管理条例》第十四条第二款规定，工程监理单位在实施监理过程中，发现存在安全事故隐患的，应当要求施工单位整改；情况严重的，应当要求施工单位暂时停止施工，并及时报告建设单位。施工单位拒不整改或者不停止施工的，工程监理单位应当及时向有关主管部门报告。

3. 应当承担监理责任

《建设工程安全生产管理条例》第十四条第三款规定，工程监理单位和监理工程师应当按照法律、法规和工程建设强制性标准实施监理,并对建设工程安全生产承担监理责任。

7.3.4 施工企业安全生产管理的主要责任和义务

1. 施工单位应当具备的安全生产资质条件

《建设工程安全生产管理条例》第二十条规定,施工单位从事建设工程的新建、扩建、改建和拆除等活动,应当具备国家规定的注册资本、专业技术人员、技术装备和安全生产等条件,依法取得相应等级的资质证书,并在其资质等级许可的范围内承揽工程。

2. 施工总承包单位与分包单位安全责任的划分

《建设工程安全生产管理条例》第二十四条规定,建设工程实行施工总承包的,由总承包单位对施工现场的安全生产负总责。

总承包单位应当自行完成建设工程主体结构的施工。

总承包单位依法将建设工程分包给其他单位的,分包合同中应当明确各自的安全生产方面的权利、义务。总承包单位和分包单位对分包工程的安全生产承担连带责任。

分包单位应当接受总承包单位的安全生产管理,分包单位不服从管理导致生产安全事故的,由分包单位承担主要责任。

3. 施工单位安全生产责任制度

《建设工程安全生产管理条例》第二十一条规定,施工单位主要负责人依法对本单位的安全生产工作全面负责。施工单位应当建立健全安全生产责任制度和安全生产教育培训制度,制定安全生产规章制度和操作规程,保证本单位安全生产条件所需资金的投入,对所承担建设工程进行定期和专项安全检查,并做好安全检查记录。

施工单位的项目负责人应当由取得相应执业资格的人员担任,对建设工程项目的安全施工负责,落实安全生产责任制度、安全生产规章制度和操作规程,确保安全生产费用的有效使用,并根据工程的特点组织制定安全施工措施,消除安全事故隐患,及时、如实报告生产安全事故。

4. 施工单位安全生产基本保障措施

(1) 安全生产费用应当专款专用

《建设工程安全生产管理条例》第二十二条规定,施工单位对列入建设工程概算的安全作业环境及安全施工措施所需费用,应当用于施工安全防护用具及设施的采购和更新、安全施工措施的落实、安全生产条件的改善,不得挪作他用。

(2) 安全生产管理机构及人员的设置

《建设工程安全生产管理条例》第二十三条规定,施工单位应当设立安全生产管理机构,配备专职安全生产管理人员。

专职安全生产管理人员负责对安全生产进行现场监督检查。发现安全事故隐患,应当及时向项目负责人和安全生产管理机构报告；对违章指挥、违章操作的，应当立即制止。

(3) 编制安全技术措施及专项施工方案的规定

《建设工程安全生产管理条例》第二十六条规定，施工单位应当在施工组织设计中编制安全技术措施和施工现场临时用电方案，对下列达到一定规模的危险性较大的分部分项工程编制专项施工方案，并附具安全验算结果，经施工单位技术负责人、总监理工程师签字后实施，由专职安全生产管理人员进行现场监督：

1) 基坑支护与降水工程；
2) 土方开挖工程；
3) 模板工程；
4) 起重吊装工程；
5) 脚手架工程；
6) 拆除、爆破工程；
7) 国务院建设行政主管部门或者其他有关部门规定的其他危险性较大的工程。

对上述工程中涉及深基坑、地下暗挖工程、高大模板工程的专项施工方案，施工单位还应当组织专家进行论证、审查。

(4) 对安全施工技术要求的交底

《建设工程安全生产管理条例》第二十七条规定，建设工程施工前，施工单位负责项目管理的技术人员应当对有关安全施工的技术要求向施工作业班组、作业人员做出详细说明，并由双方签字确认。

(5) 危险部位安全警示标志的设置

《建设工程安全生产管理条例》第二十八条规定，施工单位应当在施工现场入口处、施工起重机械、临时用电设施、脚手架、出入通道口、楼梯口、电梯井口、孔洞口、桥梁口、隧道口、基坑边沿、爆破物及有害危险气体和液体存放处等危险部位，设置明显的安全警示标志。安全警示标志必须符合国家标准。

施工单位还应当根据施工阶段和周围环境及季节、气候的变化，在施工现场采取相应的安全施工措施。施工现场暂时停止施工的，施工单位应当做好现场防护，所需费用由责任方承担，或按照合同约定执行。

(6) 对施工现场生活区、作业环境的要求

《建设工程安全生产管理条例》第二十九条规定，施工单位应当将施工现场的办公、生活区与作业区分开设置，并保持安全距离；办公、生活区的选址应当符合安全性要求。职工的膳食、饮水、休息场所等应当符合卫生标准。施工单位不得在尚未竣工的建筑物内设置员工集体宿舍。

(7) 环境污染防护措施

《建设工程安全生产管理条例》第三十条规定，施工单位因建设工程施工可能造成损害的毗邻建筑物、构筑物和地下管线等，应当采取专项保护措施。

施工单位应当遵守有关环境保护法律、法规的规定，在施工现场采取措施，防止或减少粉尘、废气、废水、固体废物、噪声、振动和施工照明对人和环境的危害和污

染。在城市市区内的建设工程，施工单位应当对施工现场实行封闭围挡。

（8）消防安全保障措施

消防安全是建设工程安全生产管理的重要组成部分，是施工单位现场安全生产管理的工作重点之一。《建设工程安全生产管理条例》第三十一条规定，施工单位应当在施工现场建立消防安全责任制度，确定消防安全责任人，制定用火、用电、使用易燃易爆材料等各项消防安全管理制度和操作规程，设置消防通道、消防水源，配备消防设施和灭火器材，并在施工现场入口处设置明显标志。

（9）劳动安全管理规定

《建设工程安全生产管理条例》第三十二条规定，施工单位应当向作业人员提供安全防护用具和安全防护服装，并书面告知危险岗位的操作规程和违章操作的危害。

作业人员有权对施工现场的作业条件、作业程序和作业方式中存在的安全问题提出批评、检举和控告，有权拒绝违章指挥和强令冒险作业。

在施工中发生危及人身安全的紧急情况时，作业人员有权立即停止作业或者在采取必要的应急措施后撤离危险区域。

《建设工程安全生产管理条例》第三十三条规定，作业人员应当遵守安全施工的强制性标准、规章制度和操作规程，正确使用安全防护用具、机械设备等。

《建设工程安全生产管理条例》第三十八条规定，施工单位应当为施工现场从事危险作业的人员办理意外伤害保险。

意外伤害保险费由施工单位支付。实行施工总承包的，由总承包单位支付意外伤害保险费。意外伤害保险期限自建设工程开工之日起至竣工验收合格止。

（10）安全防护用具及机械设备、施工机具的安全管理

《建设工程安全生产管理条例》第三十四条规定，施工单位采购、租赁的安全防护用具、机械设备、施工机具及配件，应当具有生产（制造）许可证、产品合格证，并在进入施工现场前进行查验。

施工现场的安全防护用具、机械设备、施工机具及配件必须由专人管理，定期进行检查、维修和保养，建立相应的资料档案，并按照国家有关规定及时报废。

《建设工程安全生产管理条例》第三十五条规定，施工单位在使用施工起重机械和整体提升脚手架、模板等自升式架设设施前，应当组织有关单位进行验收，也可以委托具有相应资质的检验检测机构进行验收；使用承租的机械设备和施工机具及配件的，由施工总承包单位、分包单位、出租单位和安装单位共同进行验收。验收合格的方可使用。

5. 建立企业安全教育培训制度

（1）特种作业人员培训和持证上岗

《建设工程安全生产管理条例》第二十五条规定，垂直运输机械作业人员、安装拆卸工、爆破作业人员、起重信号工、登高架设作业人员等特种作业人员，必须按照国家有关规定经过专门的安全作业培训，并取得特种作业操作资格证书后，方可上岗作业。

（2）安全管理人员和作业人员的安全教育培训和考核

《建设工程安全生产管理条例》第三十六条规定，施工单位的主要负责人、项目负责人、专职安全生产管理人员应当经建设行政主管部门或者其他有关部门考核合格后方可任职。

施工单位应当对管理人员和作业人员每年至少进行一次安全生产教育培训，其教育培训情况记入个人工作档案。安全生产教育培训考核不合格的人员，不得上岗。

（3）作业人员进入新岗位、新工地或采用新技术时的上岗教育培训

《建设工程安全生产管理条例》第三十七条规定，作业人员进入新的岗位或者新的施工现场前，应当接受安全生产教育培训。未经教育培训或者教育培训考核不合格的人员，不得上岗作业。

施工单位在采用新技术、新工艺、新设备、新材料时，应当对作业人员进行相应的安全生产教育培训。

7.3.5 建设工程相关单位安全生产管理的主要责任和义务

1. 机械设备和配件供应单位的安全责任

《建设工程安全生产管理条例》第十五条规定，为建设工程提供机械设备和配件的单位，应当按照安全施工的要求配备齐全有效的保险、限位等安全设施和装置。

2. 机械设备、施工机具和配件出租单位的安全责任

《建设工程安全生产管理条例》第十六条规定，出租的机械设备和施工机具及配件，应当具有生产（制造）许可证，产品合格证。

出租单位应当对出租的机械设备和施工工具及配件的安全性能进行检测，在签订租赁协议时，应当出具检测合格证明。禁止出租检测不合格的机械设备和施工工具及配件。

3. 起重机械和自升式架设设施的安全管理

1）在施工现场安装、拆卸施工起重机械和整体提升脚手架、模板等自升式架设设施，必须由具有相应资质的单位承担。

2）安装、拆卸施工起重机械和整体提升脚手架、模板等自升式架设设施，应当编制拆装方案、制定安全施工措施，并由专业技术人员现场监督。

3）施工起重机械和整体提升脚手架、模板等自升式架设设施安装完毕后，安装单位应当自检，出具自检合格证明，并向施工单位进行安全使用说明，办理验收手续并签字。

4）施工起重机械和整体提升脚手架、模板等自升式架设设施的使用达到国家规定的检验检测期限的，必须经具有专业资质的检验检测机构检测。经检测不合格的，不得继续使用。

5）检验检测机构对检测合格的施工起重机械和整体提升脚手架、模板等自升式架设设施，应当出具安全合格证明文件，并对检测结果负责。

7.4 建设工程安全生产的监督管理

7.4.1 安全生产的监督方式

安全生产有四种监督方式，分别是工会民主监督、社会舆论监督、公众举报监督和社区报告监督。

1. 工会民主监督

工会有权对建设项目的安全设施与主体工程同时设计、同时施工、同时投入生产和使用的情况进行监督，提出意见。

2. 社会舆论监督

新闻、出版、广播、电影、电视等单位有对违反安全生产法律、法规的行为进行舆论监督的权利。

3. 公众举报监督

任何单位或者个人对事故隐患或者安全生产违法行为，均有权向负有安全生产监督管理职责的部门报告或者举报。

4. 社区报告监督

居民委员会、村民委员会发现其所在区域内的生产经营单位存在事故隐患或者安全生产违法行为时，有权向当地人民政府或者有关部门报告。

7.4.2 安全监督检查人员权利和义务

国务院建设行政主管部门对全国的建设工程安全生产实施监督管理。国务院铁路、交通、水利等有关部门按照国务院规定的职责分工，负责有关专业建设工程安全生产的监督管理。

县级以上地方人民政府建设行政主管部门对本行政区域内的建设工程安全生产实施监督管理。县级以上地方人民政府交通、水利等有关部门在各自的职责范围内，负责本行政区域内的专业建设工程安全生产的监督管理。

建设行政主管部门在审核发放施工许可证时，应当对建设工程是否有安全施工措施进行审查，对没有安全施工措施的，不得颁发施工许可证。

1. 安全监督检查人员权力

《中华人民共和国安全生产法》第六十二条规定，安全生产监督管理部门和其他负有安全生产监督管理职责的部门依法开展安全生产行政执法工作，对生产经营单位执行有关安全生产的法律、法规和国家标准或者行业标准的情况进行监督检查，行使以下职权：

(1) 现场调查取证权

安全生产监督检查人员可以进入生产经营单位进行现场调查，单位不得拒绝，有权向被检查单位调阅有关资料，向有关人员（负责人、管理人员、技术人员）了解情况。

(2) 现场处理权

对检查中发现的安全生产违法行为，当场予以纠正或者要求限期改正；对依法应当给予行政处罚的行为，依照本法和其他有关法律、行政法规的规定作出行政处罚决定。

对检查中发现的事故隐患，应当责令立即排除；重大事故隐患排除前或者排除过程中无法保证安全的，应当责令从危险区域内撤出作业人员，责令暂时停产、停业或者停止使用相关设施、设备；重大事故隐患排除后，经审查同意，方可恢复生产经营和使用。

(3) 查封、扣押行政强制措施权

对有根据认为不符合保障安全生产的国家标准或者行业标准的设施、设备、器材以及违法生产、储存、使用、经营、运输的危险物品予以查封或者扣押，对违法生产、储存、使用、经营危险物品的作业场所予以查封，并依法做出处理决定。

2. 安全监督检查人员义务

1) 禁止以审查、验收的名义收取费用；
2) 禁止要求被审查、验收的单位购买指定产品；
3) 必须遵循忠于职守、坚持原则、秉公执法；
4) 监督检查时须出示有效的监督执法证件；
5) 对涉及被检查单位的技术秘密和业务秘密，应当为其保密。

7.5 建设工程安全事故的处理

7.5.1 建设工程安全事故等级划分

1. 安全事故等级划分

国务院《生产安全事故报告和调查处理条例》规定，根据生产安全事故造成的人员伤亡或者直接经济损失，事故一般分为以下等级：①特别重大事故，是指造成30人以上死亡，或者100人以上重伤（包括急性工业中毒，下同），或者1亿元以上直接经济损失的事故；②重大事故，是指造成10人以上30人以下死亡，或者50人以上100人以下重伤，或者5 000万元以上1亿元以下直接经济损失的事故；③较大事故，是指造成3人以上10人以下死亡，或者10人以上50人以下重伤，或者1 000万元以上5 000万元以下直接经济损失的事故；④一般事故，是指造成3人以下死亡，或者10人以下重伤，或者1 000万元以下直接经济损失的事故。所称的"以上"包括本数，所称的"以下"不包括本数。

2. 事故等级划分的要素

（1）人员伤亡的数量

人员伤亡的数量即人身要素。人员的安全是生产过程中最重要的要素，安全生产制度的核心目标就是为保障人的健康和安全。

（2）直接经济损失的数额

直接经济损失的数额即经济要素。安全事故不仅对人身安全产生直接影响，还会对企业及社会经济产生负面影响。

（3）社会影响

社会影响即社会要素。有些安全事故在伤亡人数和经济损失额度上未达到法定标准，但是其社会影响非常恶劣，也要作为特殊事故进行调查处理。

3. 事故等级划分的补充性规定

《生产安全事故报告和调查处理条例》规定，国务院安全生产监督管理部门可以会同国务院有关部门，制定事故等级划分的补充性规定。

针对一些特殊行业或者领域的实际情况，授权国务院安全生产监督管理部门可以会同国务院有关部门，除了执行对事故等级划分的一般性规定之外，还可以根据行业或者领域的特殊性，制定事故等级划分的补充性规定。

4. 社会影响恶劣的事故

《生产安全事故报告和调查处理条例》中对于社会影响恶劣的事故没有明确其事故等级，在实践中可以根据其社会影响和危害程度的大小，比照相应等级的事故进行调查处理。

7.5.2 施工生产安全事故应急救援预案

1. 制定施工生产安全事故应急救援预案的基本要求

（1）施工生产安全事故应急救援预案的主要作用

施工生产安全事故应急救援预案主要有以下作用：①事故预防。通过危险辨识、事故后果分析，采用技术和管理手段降低事故发生的可能性，把可能发生的事故控制在局部，防止事故蔓延。②应急处理。一旦发生事故，有应急处理程序和方法，能快速反应处理故障或将事故消除在萌芽状态。③抢险救援。采用预定现场抢险和抢救的方式，控制或减少事故造成的损失。

（2）施工生产安全事故应急救援预案的类型

施工生产安全事故应急救援预案分为施工单位的生产安全事故应急救援预案和施工现场生产安全事故应急救援预案两大类。

（3）应急救援组织和应急救援器材设备

施工单位应当建立应急救援组织或者配备应急救援人员，配备必要的应急救援器材、设备，进行经常性维护、保养，保证正常运转，并定期组织演练。

（4）总承包、分包单位的职责分工

实行施工总承包的，由总承包单位统一组织编制建设工程生产安全事故应急救援预案，工程总承包单位和分包单位按照应急救援预案，各自建立应急救援组织或者配备应急救援人员，配备救援器材、设备，并定期组织演练。

《安全生产法》还规定，生产经营单位的主要负责人具有组织制定并实施本单位的生产安全事故应急救援预案的职责。

2. 生产安全事故应急救援预案的编制、评审

（1）应急预案的编制

应急预案的编制应当符合下列基本要求：①符合有关法律、法规、规章和标准的规定；②结合本地区、本部门、本单位的安全生产实际情况；③结合本地区、本部门、本单位的危险性分析情况；④应急组织和人员的职责分工明确，并有具体的落实措施；⑤有明确、具体的事故预防措施和应急程序，并与其应急能力相适应；⑥有明确的应急保障措施，并能满足本地区、本部门、本单位的应急工作要求；⑦预案基本要素齐全、完整，预案附件提供的信息准确；⑧预案内容与相关应急预案相互衔接。应急预案应当包括应急组织机构和人员的联系方式、应急物资储备清单等附件信息。

（2）应急预案的评审

《生产安全事故应急预案管理办法》规定，建筑施工单位应当组织专家对本单位编制的应急预案进行评审。评审应当形成书面纪要并附有专家名单。

生产经营单位的应急预案经评审或者论证后，由本单位主要负责人签署，向本单位从业人员公布，并及时发放到本单位有关部门、岗位和相关应急救援队伍。

（3）应急预案的备案

易燃易爆物品、危险化学品等危险物品的生产、经营、储存、运输单位，矿山、金属冶炼、城市轨道交通运营、建筑施工单位，以及宾馆、商场、娱乐场所、旅游景区等人员密集场所经营单位，应当在应急预案公布之日起 20 个工作日内，按照分级属地原则，向县级以上人民政府应急管理部门和其他负有安全生产监督管理职责的部门进行备案，并依法向社会公布。

前款所列单位属于中央企业的，其总部（上市公司）的应急预案，报国务院主管的负有安全生产监督管理职责的部门备案，并抄送应急管理部；其所属单位的应急预案报所在地的省、自治区、直辖市或者设区的市级人民政府主管的负有安全生产监督管理职责的部门备案，并抄送同级人民政府应急管理部门。

（4）应急预案的培训

生产经营单位应当组织开展本单位的应急预案培训活动，使有关人员了解应急预案内容，熟悉应急职责、应急程序和岗位应急处置方案。应急预案的要点和程序应当张贴在应急地点和应急指挥场所，并设有明显的标志。

（5）应急预案的演练

生产经营单位应当制定本单位的应急预案演练计划，根据本单位的事故风险特点，每年至少组织 1 次综合应急预案演练或者专项应急预案演练，每半年至少组织 1 次现

场处置方案演练。

（6）应急预案的修订

有下列情形之一的，应急预案应当及时修订并归档：

1）依据的法律、法规、规章、标准及上位预案中的有关规定发生重大变化的；
2）应急指挥机构及其职责发生调整的；
3）安全生产面临的风险发生重大变化的；
4）重要应急资源发生重大变化的；
5）在应急演练和事故应急救援中发现需要修订预案的重大问题的；
6）编制单位认为应当修订的其他情况。

7.5.3 施工生产安全事故报告及处理

1. 施工生产安全事故报告的基本要求

（1）事故报告的时间要求

《生产安全事故报告和调查处理条例》规定，事故发生后，事故现场有关人员应当立即向本单位负责人报告；单位负责人接到报告后，应当于1小时内向事故发生地县级以上人民政府安全生产监督管理部门和负有安全生产监督管理职责的有关部门报告。情况紧急时，事故现场有关人员可以直接向事故发生地县级以上人民政府安全生产监督管理部门和负有安全生产监督管理职责的有关部门报告。

（2）事故报告的内容要求

报告事故应当包括下列内容：①事故发生单位概况；②事故发生的时间、地点以及事故现场情况；③事故的简要经过；④事故已经造成或者可能造成的伤亡人数（包括下落不明的人数）和初步估计的直接经济损失；⑤已经采取的措施；⑥其他应当报告的情况。

（3）事故补报的要求

事故报告后出现新情况的，应当及时补报。自事故发生之日起30日内，事故造成的伤亡人数发生变化的，应当及时补报。道路交通事故、火灾事故自发生之日起7日内，事故造成的伤亡人数发生变化的，应当及时补报。

2. 发生事故后应采取的相应措施

《建设工程安全生产管理条例》规定，发生生产安全事故后，施工单位应当采取措施防止事故扩大，保护事故现场。需要移动现场物品时，应当做出标记和书面记录，妥善保管有关证物。

3. 事故的调查

（1）事故调查的管辖

《生产安全事故报告和调查处理条例》规定，特别重大事故由国务院或者国务院授权有关部门组织事故调查组进行调查。

重大事故、较大事故、一般事故分别由事故发生地省级人民政府、设区的市级人民政府、县级人民政府负责调查。省级人民政府、设区的市级人民政府、县级人民政府可以直接组织事故调查组进行调查，也可以授权或者委托有关部门组织事故调查组进行调查。未造成人员伤亡的一般事故，县级人民政府也可以委托事故发生单位组织事故调查组进行调查。上级人民政府认为必要时，可以调查由下级人民政府负责调查的事故。

自事故发生之日起 30 日内（道路交通事故、火灾事故自发生之日起 7 日内），因事故伤亡人数变化导致事故等级发生变化，依照规定应当由上级人民政府负责调查的，上级人民政府可以另行组织事故调查组进行调查。

（2）事故调查组的组成与职责

事故调查组成员应当具有事故调查所需要的知识和专长，并与所调查的事故没有直接利害关系。事故调查组组长由负责事故调查的人民政府指定。事故调查组组长主持事故调查组的工作。

事故调查组履行下列职责：①查明事故发生的经过、原因、人员伤亡情况及直接经济损失；②认定事故的性质和事故责任；③提出对事故责任者的处理建议；④总结事故教训，提出防范和整改措施；⑤提交事故调查报告。

（3）事故调查报告的期限与内容

事故调查组应当自事故发生之日起 60 日内提交事故调查报告；特殊情况下，经负责事故调查的人民政府批准，提交事故调查报告的期限可以适当延长，但延长的期限最长不超过 60 日。

事故调查报告应当包括下列内容：①事故发生单位概况；②事故发生经过和事故救援情况；③事故造成的人员伤亡和直接经济损失；④事故发生的原因和事故性质；⑤事故责任的认定以及对事故责任者的处理建议；⑥事故防范和整改措施。

4. 事故的处理

（1）事故处理时限

《生产安全事故报告和调查处理条例》规定，重大事故、较大事故、一般事故，负责事故调查的人民政府应当自收到事故调查报告之日起 15 日内做出批复；特别重大事故，30 日内做出批复，特殊情况下，批复时间可以适当延长，但延长的时间最长不超过 30 日。

（2）处理结果的公布

事故处理的情况由负责事故调查的人民政府或者其授权的有关部门、机构向社会公布，依法应当保密的除外。

> **阅读材料**　重典治乱、未雨绸缪

2020 年 11 月 25 日，国务院召开国务院常务会议，会议通过了《中华人民共和国安全生产法（修正草案）》。2021 年度立法工作计划已经经十三届人大常委会第七十八次委员长会议原则通过，对 2021 年重点立法工作做出了预安排。其中，修改《安全生产法》《突发公共卫生事件应对法》《传染病防治法》等已被列入 2021 年预安排的重点

立法工作日程。

推动修订《刑法》修正案，将事故前的严重违法行为入刑。过去，我们的法律法规过分强调事后追责的"亡羊补牢"，一定程度上忽视了事前预防的"未雨绸缪"。将生产经营过程中极易导致重大生产安全事故的违法行为列入刑法调整范围，目的就是要通过修改刑法，将安全生产犯罪行为定罪标准从以前的结果犯，改变为结果犯、行为犯和危险犯并存，通过法律加大安全生产整治的力度。

哪些行为可能属于事故前安全生产重大违法行为呢？

（1）未依法保证安全生产所必需的资金投入，致使生产经营单位不具备安全生产条件的，应该会视为事故前严重违法行为。

（2）违章指挥从业人员或者强令从业人员违章、冒险作业的；超过核定的生产能力、强度或者定员进行生产的；对被查封或者扣押的设施、设备、器材、危险物品和作业场所，擅自启封或者使用的；故意提供虚假情况或者隐瞒存在的事故隐患以及其他安全问题的；拒不执行安全监管监察部门依法下达的安全监管监察指令的，应该会或可能会视为事故前严重违法行为。

（3）生产经营单位未制定生产安全事故应急救援预案、未定期组织应急救援预案演练、未对从业人员进行应急教育和培训，生产经营单位未对应急救援器材、设备和物资进行经常性维护、保养；生产经营单位未将生产安全事故应急救援预案报送备案、未建立应急值班制度或者配备应急值班人员的，非常有可能视为事故前重大违法行为，将入刑。

（4）生产经营单位不具备法律、行政法规和国家标准、行业标准规定的安全生产条件，经责令停产停业整顿仍不具备安全生产条件的，要么关闭，如果继续生产，则一定视为事故前严重违法行为，将入刑。

（5）生产经营单位转让安全生产许可证；知道或者应当知道未取得安全生产许可证或者其他批准文件擅自从事生产经营活动，仍为其提供生产经营场所、运输、保管、仓储等条件的；生产经营单位及其有关人员弄虚作假，骗取或者勾结、串通行政审批工作人员取得安全生产许可证书及其他批准文件的，一定会被视为事故前严重违法行为，将入刑。

（6）危及公共安全或者其他生产经营单位安全的，经责令限期改正，逾期未改正的；一年内因同一违法行为受到两次以上行政处罚的；拒不整改事故隐患或者事故隐患整改不力，其违法行为呈持续状态的；拒绝、阻碍或者以暴力威胁行政执法人员的，极大可能会视为事故前重大违法行为，将入刑。

（7）未取得相应资格、资质证书的机构及其有关人员从事安全评价、认证、检测、检验工作的，有可能视为事故前重大违法行为，将入刑；但做出虚假安全评价的，一定是视为事故前重大违法行为，将入刑。

健全的法律法规体系是一个社会稳定有序运转的前提条件，一套完整、严密、完善、健全的安全生产法律法规体系将为安全监管执法提供依据。提供一个良好的环境，推动安全生产步入法治化、规范化、长效化轨道，是依法治国的基础，是从文件治国转向依法治国的必然要求。

习 题 7

一、单选题

1. 生产经营单位制定的应急预案应当至少每（　　）年修订 1 次，预案修订情况应有记录并归档。
   A. 1　　　　　　B. 2　　　　　　C. 3　　　　　　D. 5

2. 根据《安全生产法》规定，二级总承包资质施工企业（　　）。
   A. 应当建立应急救援组织
   B. 可不建立应急救援组织，但应指定专职应急救援人员
   C. 可不建立应急救援组织，但应指定兼职应急救援人员
   D. 可不建立应急救援组织，但应当配备必要的应急救援器材

3. 在建设工程施工活动中，施工单位最基本的安全管理制度以及施工单位安全生产的核心和中心环节是（　　）。
   A. 安全生产责任制　　　　　　B. 安全责任追究制
   C. 群防群治制度　　　　　　　D. 安全生产教育培训制度

4. 在建设工程施工前，应由（　　）将工程概况、施工方法、安全技术措施等向作业班组、作业人员进行交底。
   A. 项目负责人　　　　　　　　B. 安全生产管理机构
   C. 安全生产管理员　　　　　　D. 负责项目管理的技术人员

5. 某总包单位与分包单位在分包合同中约定：分包单位自行负责分包工程的安全生产。工程施工中，分包工程发生安全事故，则该事故（　　）。
   A. 按照约定分包单位自行承担
   B. 分包单位承担主要责任，总包承担次要责任
   C. 总包单位承担责任
   D. 总包单位与分包单位承担连带责任

6. 安全生产监督部门对某大型施工单位进行应急救援工作情况检查时，提出了以下要求，其中符合《安全生产法》有关规定的是（　　）。
   A. 应建立应急救援资金专款专用制度
   B. 应建立应急救援组织，但应指定兼职应急救援人员
   C. 应对应急救援器材进行经常性维护保养
   D. 各级负责人应兼任应急救援人员

7. 有关地方人民政府和负有安全生产监督管理职责部门的负责人接到重大生产安全事故报告后，应当立即（　　）。
   A. 组织事故调查组进行调查

B. 对有关失职、渎职行为的进行追究法律责任

C. 赶到事故现场，组织事故抢救

D. 总结事故教训，提出整改措施

8. 在建设工程安全生产管理基本制度中，伤亡事故处理报告制度是指施工中发生事故时，（　　）应当采取紧急措施减少人员伤亡和事故损失，并按照国家有关规定及时向有关部门报告的制度。

A. 建设单位　　　　　　　　　B. 建筑企业负责人

C. 监理单位　　　　　　　　　D. 建筑施工企业

9. 根据国务院《生产安全事故报告和调查处理条例》规定，属于重大事故的是（　　）。

A. 造成1 000万元以下直接经济损失的事故

B. 造成10人以上30人以下死亡的事故

C. 造成10人以上50人以下重伤的事故

D. 造成100人以上重伤或者2亿元以上直接经济损失的事故

10. （　　）是建筑生产中最基本的安全管理制度，是所有安全规章制度的核心。

A. 质量事故处理制度

B. 质量事故统计报告制度

C. 安全生产责任制度

D. 安全生产监督制度

二、多选题

1. 安全生产事故调查组履行职责包括（　　）。

A. 提交事故调查报告

B. 认定事故的性质和事故责任

C. 提出对事故责任者的处理决定

D. 总结事故教训，提出防范和整改措施

E. 查明事故发生的经过、原因、人员伤亡情况及直接经济损失

2. 施工单位的项目负责人的安全生产责任主要包括（　　）。

A. 制定安全生产规章制度和操作规程

B. 确保安全生产费用的有效使用

C. 组织制定安全施工措施

D. 消除安全事故隐患

E. 及时、如实报告生产安全事故

3. 下列属于安全生产从业人员权利的有（　　）。

A. 知情权

B. 对违章指挥和强令冒险作业的拒绝权

C. 请求赔偿权

D. 危险报告权

E. 紧急避险权

4. 施工作业人员进行安全生产的义务有（　　）。

A. 使用劳动生产安全用具

B. 接受安全生产培训

C. 发现事故隐患立即报告

D. 发生危及人身安全的事故先进行抢救

E. 为自己购买从业保险

5. 根据《建设工程安全生产管理条例》，施工企业的项目负责人在安全生产方面的主要职责有（　　）。

A. 对建设工程项目的安全生产负总责

B. 落实安全生产责任制

C. 制定安全生产规章制度和操作规程

D. 确保安全生产费用的专项使用

E. 根据工作特点组织制定安全施工措施

三、简答题

1. 我国的安全生产法律体系的内涵是什么？
2. 施工单位的安全生产责任和义务有哪些？
3. 我国安全生产监督主体有哪些，分别有哪些责任和义务？
4. 我国生产事故等级如何划分？
5. 安全生产事故处理流程是什么？

第8章　城市房地产管理法律制度

教学目标

本章主要介绍城市房地产法律体系的基本构架及其相关的法律制度。通过本章学习，应达到以下目标：

(1) 了解房地产法的概念、基本原则及房地产法体系；

(2) 掌握土地使用权相关法律制度、房地产交易相关法规规定；

(3) 熟悉房地产开发、房屋征收与补偿、产权产籍管理、物业管理等方面的相关法律制度。

引例

昆明"华西·滨湖国际生态城"案

几个空壳公司、一个从未开挖过一铲子的楼盘、一个没有"五证"的房地产项目、一堆虚假的广告宣传（五星级酒店里的售楼处、媒体上大肆地广告宣传、与政府单位的"团购协议"、每平方米比周边楼盘便宜 2000 元的优惠价格）……仅凭华丽辞藻、炫目光环堆砌出的"华西·滨湖国际生态城"项目，竟然骗走了 1 700 多人的 2.771 亿元。

杨庆荣、李荣辉利用虚假出资成立的云南君信投资有限公司，在没有任何资金、不具备房地产开发能力的情况下，谎称该公司将投资 65 亿元对官渡区六甲办事处永胜村进行城中村改造，与永胜村委会签订了《永胜村城镇化项目框架性合作协议》，并伪造了备忘录等，对外谎称与华西村合作，共同对永胜村进行城中村改造，开发"华西·滨湖国际生态城"项目。随后云南君信投资有限公司又以委托代建的名义跟各大单位、企业签协议，收取购房意向金，购房意向金价格为每平方米 4 900~5 500 元。云南君信投资有限公司及下属的全资子公司昆明宁山房地产开发有限公司，还以"华西·滨湖国际生态城"项目名义，与多家单位签订委托代建职工住宅协议。

该项目在由昆明市文明办、昆明市规划局、昆明市住房和城乡建设局、昆明报业传媒集团主办的"昆滇宜居地产低碳先锋行动"颁奖盛典上，获评"城市低碳地产最佳实践区"。

> 然而仅仅过了两天，政府三部委联合发布公告，云南君信投资有限公司、昆明宁山房地产开发有限公司在没有任何投资开发能力，未得到政府相关部门批准立项，未依法取得《国有土地使用证》《建设用地规划许可证》《建设工程规划许可证》《建筑工程施工许可证》和《商品房预售许可证》等相关行政许可，不具备商品房预售及收取购房款的法定条件。其虚构了"华西·滨湖国际生态城"项目，通过大肆虚假广告宣传，并以支付高额"佣金""居间服务费"的手段，利用多家房地产中介公司及社会中介人员，以低房价为诱饵，采取签订《职工集体委托代建协议书》《项目建设投资协议》和《选房确认书》等方式，骗取了大量购房群众房款总价30%的"代建诚意金"。该公司的上述行为，涉嫌违反了《中华人民共和国土地管理法》《中华人民共和国城乡规划法》《中华人民共和国建筑法》《中华人民共和国城市房地产管理法》和《城市商品房预售管理办法》等法律、法规的规定。单位和个人就所谓的"华西·滨湖国际生态城"项目向该公司支付诚意金等行为，无任何法律保障。

8.1 城市房地产管理法律制度概述

8.1.1 城市房地产管理法的概念

1. 房地产

所谓房地产，是指房产和地产的总称，在法律上一般又称作不动产，因为土地和房屋不可移动或一经移动就要丧失其巨大价值。这里所指的地产主要是指土地及其上下一定的空间，包括地下的各种基础设施、地面道路等；房产是指建筑在土地上的各种房屋，包括住宅（民用的）、厂房、仓库（企业）和商业、服务、文化、教育、卫生、体育以及办公用房等。

房地产作为物质实体，即指土地、建筑及建筑附属物，作为权益包括房地产的所有权、占有权、使用权、收益权和处分权，以及以上权益派生出来的承租权、抵押权、典当权等等。

可以从以下几个方面来理解房地产的含义：

1）房地产是一种财产，它可能是自然财富，如土地，也可能是人力创造的财富，如建筑物或构筑物等。

2）这种财产的位置是不能移动的。土地作为房地产的基础总是固定于地球的某一位置，一旦移动，就会引起该财产的性质、形态、价值的改变。

3）房地产或不动产在法律上是指房地产所有权或不动产物权。房地产既包含可见的有形实体——房屋与土地，又包含寓于房地产实体中的各种权利，如占有、使用、收益、出售、赠予、抵押、交换等处分的权利。

需要说明的是，本章所涉及的房地产仅仅是指可以作为房地产业开发经营的房产和地产，包括已经取得国有土地使用权的土地上开发经营的房地产、经过公有住房改革依法取得产权的房地产，但不包括农村集体经济所有的土地以及农村村民的住房、宅基地。

2. 城市房地产管理法

为了有效维护房地产市场秩序，保障房地产权利人的合法权益，促进房地产业的健康发展，必须加强房地产管理和房地产立法。

（1）城市房地产管理法的概念

城市房地产管理法，是调整城市房地产管理过程中发生的经济关系的法律规范的总称。这种经济关系的范围非常广泛，具体而言，可以概括为房地产开发用地管理关系、房地产开发管理关系、房地产交易管理关系、房地产权属登记管理关系四类经济关系。

城市房地产管理法有狭义和广义之分。狭义的城市房地产管理法，仅指1994年7月5日由第八届全国人民代表大会常务委员会第八次会议通过的，于1995年1月1日起施行的《中华人民共和国城市房地产管理法》（以下简称《城市房地产管理法》，该法于2007年、2009年及2019年进行了三次修正）。广义的城市房地产管理法，是指调整在房地产开发、经营和各种服务活动中形成的一定社会关系的法律、法规、条例等的总称，包括《城市房地产管理法》及其之外的所有调整城市房地产关系的法律规范。

（2）城市房地产管理法的调整对象

城市房地产管理法调整的是城市房地产管理过程中发生的经济关系，即人们取得、开发、利用、经营和管理房地产而形成的社会关系。这种关系分为两类：一类是民事（商品）性质的房地产关系，指的是平等主体之间基于房地产而发生的所有、使用、转让、抵押、租赁等经济关系；另一类是行政性质的房地产关系，指的是不平等主体之间基于房地产的征用、拆迁、土地用途管制、建设立项审批、房地产税收以及行政调处有关纠纷等经济关系。

8.1.2 城市房地产管理法的立法概况与立法目的

1. 立法概况

1988年4月12日通过的宪法修正案确立了"土地的使用权可以依照法律的规定转让"的制度。这是新中国成立后我国首次以根本大法的形式规定土地使用权可以依法转让，我国房地产开发经营克服了重大的法律障碍。

1988年12月29日，第七届全国人民代表大会常务委员会第五次会议根据上述宪法修正案，对第六届全国人民代表大会第十六次会议于1986年6月25日通过的《中华人民共和国土地管理法》（以下简称《土地管理法》）进行了相应补充修改。1989年12月26日，第七届全国人民代表大会第十一次会议通过了《中华人民共和国城市规划法》。国务院还相继颁布了《中华人民共和国城镇国有土地使用权出让和转让暂行条例》《外商投资开发经营成片土地暂行管理办法》等一系列与房地产相关的条例、规定。各省、市、自治区根据这些立法精神，也相继先后颁布了一系列地方性房地产法规、规章，加强对房地产业的法律调整。

为了进一步完善我国社会主义市场经济法律体系，加强对城市房地产的管理，维护房地产市场秩序，保障房地产权利人的合法权益，促进房地产业的健康发展，1994年7月5日，第八届全国人大常委会第八次会议通过了《中华人民共和国城市房地产管理法》，并于1995年1月1日起施行。这是我国城市房地产管理的基本法，为我国城市房地产管理的规范化，奠定了法制基础。该法于2007年8月30日第十届全国人民代表大会常务委员会第二十九次会议《关于修改〈中华人民共和国城市房地产管理法〉的决定》进行了第一次修正，根据2009年8月27日第十一届全国人民代表大会常务委员会第十次会议《关于修改部分法律的决定》进行了第二次修正。根据2019年8月26日第十三届全国人民代表大会常务委员会第十二次会议《关于修改〈中华人民共和国土地管理法〉〈中华人民共和国城市房地产管理法〉的决定》进行了第三次修正。

《城市房地产管理法》的出台，改变了房地产行业无法可依的局面，土地、开发、物业、评估、交易等各个子行业都有了可以遵循的法律规范，形成了一个较为完善的房地产法律体系，填补了我国房地产法律的空白，标志着我国房地产业发展进入了法制管理的新时期，为房地产市场运转提供了基本法律原则和制度。

2. 立法目的

（1）加强对房地产的管理

房地产业不仅是经济发展的基础性、先导性产业，而且是国家财富的重要组成部分。制定《城市房地产管理法》的首要目的就是要加强对房地产的管理。

（2）维护房地产市场秩序

房地产市场秩序，是指人们在从事房地产市场活动中应当遵循的准则。近几年来，随着房地产业的迅猛发展，同时也出现了一些亟待解决的问题。而要解决这些问题，国家可以通过行政手段、经济手段、法律手段来加强管理和维护房地产市场秩序。只有加强房地产立法，才能更为有效地维护房地产市场秩序。

（3）保障房地产权利人的合法利益

房地产权利人是指房地产法律关系中，依法享受权利并承担相应义务的自然人、法人及其他社会组织和国家。房地产权利人对他人侵犯房地产权益的行为，可要求得到国家法律的保护，追究侵权行为人的法律责任，对侵权行为人施行法律制裁。

（4）促进房地产业的健康发展

促进房地产的健康发展是房地产立法的根本目的，也是国家加强对房地产的管理，维护房地产市场秩序，保障房地产权利人的合法权益，在国家宏观调控管理之下，使我国房地产业持续、快速、稳定、有序地向前发展。

8.1.3 城市房地产管理法的基本原则

城市房地产管理法的基本原则，是指在贯彻实施城市房地产法时应遵循的普遍准则。根据《城市房地产管理法》总则的相关规定，可以归纳出本法的四项原则，这四项原则的精神贯穿于本法的各章节之中,是从事房地产开发用地出让、划拨以及房地产开发、交易和管理均应遵循的基本原则。

1. 促进房地产商品化原则

市场经济是价值经济,重在对物的利用,实现物的最大价值,增加社会财富。因此,促进房地产商品化是房地产法的首要原则。《城市房地产管理法》明确规定了国家实行国有土地有偿、有期限的使用制度。在法律规定的范围内,可以采取无偿、无限期的土地使用权划拨方式供应土地使用权。改革开放以来,国家推进了投资主体多元化、实行了住房商品化制度并逐步引入市场机制。

2. 合理利用土地和保护耕地原则

珍惜、合理利用土地和保护耕地是我国的一项基本国策。土地是财富之母,我国土地资源十分有限,随着城市化进程的加快和房地产业的发展,建设用地需求会越来越大,房地产开发用地处于一个持续的供不应求状态。因此,城市房地产立法和管理要考虑有利于土地资源保护、防止耕地流失的问题。

3. 国家扶持发展居民住宅原则

《城市房地产管理法》第四条规定:"国家根据社会、经济发展水平,扶持发展居民住宅建设,逐步改善居民的居住条件。"发展居民住宅建设是房地产业的主要任务,在我国目前的房地产开发建设中,它应当被放在优先发展的地位。这样有利于保障人民群众对住房消费的需求,改变居民缺房或居住条件差等问题。在房地产开发中,应当将解决城镇居民住房,特别是低收入家庭的住房问题作为一项重要的任务。

4. 保护房地产权利人合法权益原则

在我国,房地产权利人是指依法对房地产享有某种权利的公民和法人。《城市房地产管理法》规定,房地产权利人的合法权益受法律保护,任何单位和个人不得侵犯。

随着我国市场经济的发展,房地产市场日益活跃。房地产业是一个高投入、高利润、高风险性的产业。另外,房地产市场容易出现一些不规范的情形,直接影响房地产开发、房地产交易等活动的正常、有序、健康地进行。因此,国家必须保护房地产权利人的合法权益,建立规范的房地产市场。

8.1.4 城市房地产管理法的体系

城市房地产管理法律体系,是用以调整和规范城市房地产开发、经营、管理和服务的一整套法律规范的有机统一体。目前,我国已经基本形成了以《城市房地产管理法》为基本法,辅之以一系列城市房地产单行法规和相关法规,结合宪法、民法、行政法等共同调整城市房地产关系的房地产法规体系。具体的城市房地产管理法规体系如图 8.1 所示。

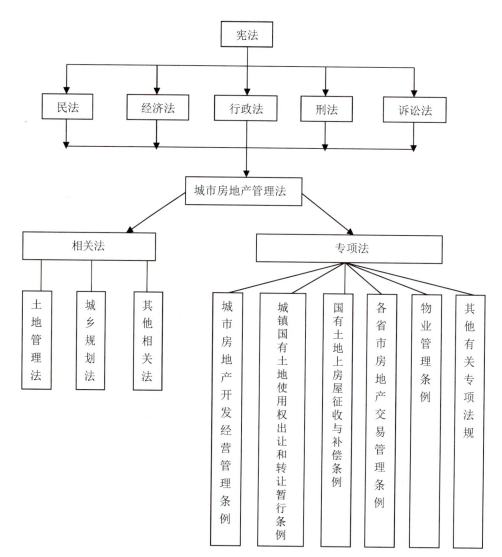

图 8.1 城市房地产管理法规体系

8.2 建设用地制度

8.2.1 土地管理法概述

1. 土地的概念与分类

广义的土地是指地球表面能够为人们所控制和利用的陆地，上至一定高度的空间，下至地壳一定深度的立体空间中的自然物。狭义的土地是指一国领域范围内的陆地、内陆水域、滩涂、岛屿等一切土地。

土地是人类赖以生存和发展的活动空间和场所。土地的概念可以表述为：能够为人们所控制和利用的，有一定四至（土地的四边界线或四周与邻地分界线）的陆地表层与地表上下一定空间之和。

《中华人民共和国土地管理法》（以下简称《土地管理法》）根据土地的用途将土地分为农用地、建设用地和未利用土地三类。农用地是指直接用于农业生产的土地，包括耕地、林地、草地、农田水利用地、养殖水面等。建设用地是指建造建筑物、构筑物的土地，包括城乡住宅和公共设施用地、工矿用地、交通水利设施用地、旅游用地、军事设施用地等。未利用地是指农用地和建设用地以外的土地。

2. 土地的特征

土地有着不同于其他自然资源的自然属性和社会特征，主要表现在以下三个方面：

（1）土地位置的固定性

土地是大自然的产物，它总是固定地存在于地球的某一位置上，不会因人们意志的改变而随意地改变。这一特点要求人们因地制宜地合理利用土地。

（2）土地面积的有限性

土地在有人类社会之前就已经存在，具有不可创造性和不可再生性。由于受地球陆地表层空间容量的限制，土地面积是不能增加的，是有限的。因此，表现在土地对人类需求的供应上，土地具有稀缺性的特点，合理利用和保护土地资源具有十分重大的意义。

（3）土地利用的永久性

土地不同于其他生产资料，有一经使用就会被逐渐磨损、消耗，乃至完全消失的特点，而是具有耐久性的特点。这体现出土地资源对于人类社会的长久意义。但土地利用的永久性并不意味着人类可以向土地无节制地索取。为了实现对土地永续利用，在土地管理工作中必须贯彻可持续发展的战略，做好土地利用规划，适当地限制土地权利人的利用行为。

3. 土地管理法

（1）土地管理法的概念

土地管理法是国家制定或认可的，由国家强制力保证实施的，调整因确认土地所有权、取得和转让土地使用权、开发利用土地，以及规划、管理、保护土地而产生的各种社会关系的法律规范。

1986年6月25日，第六届全国人民代表大会常务委员会第十六次会议通过《中华人民共和国土地管理法》。1998年8月29日，第九届全国人民代表大会常务委员会第四次会议修订。2019年8月26日，第十三届全国人民代表大会常务委员会第十二次会议《关于修改〈中华人民共和国土地管理法〉〈中华人民共和国城市房地产管理法〉的决定》第三次修正，自2020年1月1日起施行。

（2）土地管理法的立法目的

《土地管理法》第一条规定："为了加强土地管理，维护土地的社会主义公有制，保护、开发土地资源，合理利用土地，切实保护耕地，促进社会经济的可持续发展，根据宪法，制定本法。"这条规定明确了土地管理法的立法目的。

1）维护土地的社会主义公有制。我国实行土地的社会主义公有制，即全民所有制和劳动群众集体所有制。土地公有制是我国土地制度的基础和核心，是社会主义制度的基本特征。在实行市场经济的条件下，土地公有制和土地市场化并存，以土地所有权和使用权分离的方式实现土地的商品化。

2）加强土地管理。土地既是生产资料，又是生活资料，从而围绕土地产生了占有、使用、收益、管理等广泛的权利与义务关系。随着改革开放的不断深入以及市场经济的发展，土地管理工作过程中的一系列问题开始凸显，因而，土地管理立法是保证规范地管理土地的前提与基础，能够推进建立并强化土地管理的法律秩序。

3）保护、开发土地资源，合理利用土地。我国宪法第十条明确规定："一切使用土地的组织和个人必须合理利用土地。"土地作为一种宝贵的自然资源，是人类生存和生活的基本物质资料。随着我国人口的增长和经济的发展，土地数量的有限性和土地需求的无限性之间的矛盾日益突出。因此，有效地保护土地资源、合理利用土地是制定土地管理法的重要任务。

4）切实保护耕地。耕地是人类赖以生存的基本条件，是农业最基本的生产资料。我国是一个人口众多的农业大国，但是人均耕地数量少，总体质量差，生产水平低，耕地退化严重。为了稳固农业基础，必须认真贯彻"切实保护耕地"的基本国策。

5）促进社会经济的可持续发展。土地作为一种自然资源，具有不可移动性、地域性、整体性、有限性等固有特点，而人类对它的依赖和永续利用程度的增加也是不可逆转的。通过立法强化土地管理，保证对土地的永续利用，以促进社会经济的可持续发展，也是制定土地管理法的一项重要任务。

（3）土地管理法的调整对象

土地管理法的调整对象就是土地关系。根据土地关系性质的不同，土地关系可以分为土地民事法律关系与土地行政法律关系两类。

土地民事法律关系主要是指平等主体之间的就土地的开发、利用、交易所发生的财产性的社会关系。如土地所有权制度、土地使用权出让、出租、抵押等制度。

土地行政法律关系是指国家土地行政管理部门依法履行土地管理监督管理职责时与个人、组织之间发生的社会关系，如土地利用规划制度、土地权属登记制度、土地用途管制制度、土地划拨制度、土地征用制度、土地行政执法制度等。

8.2.2 土地权属制度

1. 土地的所有权

土地所有权是指国家或者农民集体依法对其所有的土地行使占有、使用、收益和处分的权利。我国实行的是土地的社会主义公有制，土地所有权分为国家土地所有权和农民集体土地所有权。

（1）国家土地所有权

国家土地所有权是指国家代表全体人民对国有土地依法占有、使用、收益和处分的权利。

根据《土地管理法》等有关法律的规定，国家对下述范围内的土地享有所有权：①城市市区（城市建成区）的土地；②农村和城市郊区中已经依法没收、征收、征购为国有的土地；③依法不属于集体所有的林地、草地、荒地、滩涂以及其他土地；④国家依法征用的土地；⑤农村集体经济组织全部成员转为城镇居民的，原属于其成员集体所有的土地；⑥因国家组织移民、自然灾害等原因，农民从建制地集体迁移后不再使用的原属于迁移农民集体所有的土地；⑦土地所有权有争议，不能依法证明争议的土地属于农民集体所有的，属于国家。

《土地管理法》第二条规定："国家所有土地的所有权由国务院代表国家行使。"但由于国务院无法直接行使土地所有权，在现实生活中是由地方各级人民政府，主要是由市、县人民政府及其土地管理部门实际行使该项权利，并依法报上级人民政府审批及向上级人民政府上缴部分土地收益。

（2）集体土地所有权

集体土地所有权是指农民集体全体成员依法对其所有的土地进行占有、使用、收益、处分的权利。在我国，农民集体所有的土地分别属于村民农民集体、乡（镇）农民集体和村民小组。

根据《土地管理法》等有关法规的规定，农村和城市郊区的土地，除由法律规定属于国家所有的以外，属于农民集体所有；宅基地和自留地、自留山，属于农民集体所有。

农民集体所有的土地依法属于村农民集体所有的，由村集体经济组织或者村民委员会经营、管理；已经分别属于村内两个以上农村集体经济组织的农民集体所有的，由村内各经济组织或者村民小组经营、管理；已经属于乡（镇）农民集体所有的，由乡（镇）集体经济组织经营、管理。

2. 土地的使用权

土地使用权是指土地使用人（法人、自然人、非法人组织）根据法律规定或合同的约定，依法对国家或集体所有的土地所享有的占有、使用、收益的权利。《土地管理法》规定，国有土地和农民集体所有的土地，可以依法确定给单位或者个人使用。

（1）国有土地使用权

国有土地使用权是指土地使用人依法对国有土地进行占有、使用、收益的权利。凡符合依法使用国有土地条件的单位和个人均可成为国有土地使用者。《土地管理法》第二条规定："国家依法实行国有土地有偿使用制度。但是，国家在法律规定的范围内划拨国有土地使用权的除外。"由此可见，国有土地使用权的取得主要包括有偿和划拨两种方式。

（2）集体土地使用权

集体土地使用权是指农村集体经济组织及其成员以及符合法律规定的其他组织和个人依法对集体所有的土地享有占有、使用、收益的权利。

集体土地使用权依照土地的用途可划分为农地使用权（农业生产）和农村建设用地使用权（非农业生产）。

1）农地使用权。农地使用权一般通过承包经营的方式取得。通过这种方式取得的集体土地使用权，称为土地承包经营权。

土地承包经营权是指承包人在法律规定和承包合同约定的范围内，对于集体所有的或国家所有但由集体长期使用的土地所享有的占有、使用、收益的权利。

2002年公布的《农村土地承包法》进一步具体规定了土地承包经营权的内容，赋予了农民长期而有保障的物权性质的土地使用权，奠定了新时期农村经济发展的法制基础。

2）农村建设用地使用权。农村建设用地使用权主要是指乡镇企业、农村基础设施和公共事业建设、农民宅基地等占用农民集体土地的使用权，是农民集体和个人依法进行非农业建设而使用农民集体土地的权利。农村建设用地使用权依照法律规定的审批程序取得。

8.2.3 建设用地

1. 建设用地的概念

建设用地是指建造建筑物、构筑物的土地，包括城乡住宅和公共设施用地、工矿用地、交通水利设施用地、旅游用地、军事设施用地等。

从广义上讲，建设用地是指一切非农建设和农业建设用地。根据《土地管理法》的规定，建设用地可以分为国有建设用地和农民集体所有建设用地。

2. 国有建设用地使用权的取得

国有建设用地是指国家进行各项经济、文化、国防建设以及举办社会公共事业所需要使用的土地，包括城镇居民住宅用地和公共设施用地、工矿区用地、交通用地、水利建设用地、旅游区用地、军事设施用地、其他有特殊要求用地等。

（1）建设用地使用权出让

1）土地使用权出让的概念。土地使用权出让，是指国家将国有土地使用权（以下简称土地使用权）在一定年限内出让给土地使用者，由土地使用者向国家支付土地使用权出让金的行为。土地使用权出让为土地的一级市场。根据房地产业的现行国家政策，国家垄断城镇土地一级市场，实行土地使用权有偿、有期限出让制度。

土地使用权出让，具有以下法律特征：

①土地使用权出让法律关系的主体身份具有特定性。土地使用权出让的主体，一方为出让方，一方为受让方。由于国家是国有土地的所有权人，因此出让一方只能是国家。根据《城市房地产管理法》第十五条的规定，土地使用权出让合同由市、县人民政府土地管理部门与土地使用者签订。这意味着市、县人民政府有权作为国有土地所有者的代表出让土地使用权。土地使用权出让中的受让方是指土地使用者，受让方一般不受限制，除非法律另有规定。

②土地使用权出让人和受让人的权利和义务直接由法律规定。根据《城市房地产管理法》第十六条、十七条的规定，土地使用者必须按照出让合同约定，支付土地使用权出让金；未按照出让合同约定支付土地使用权出让金的，土地管理部门有权解除合同，并可以请求违约赔偿。土地使用者按照出让合同约定支付土地使用权出让金的，市、县人民政府土地管理部门必须按照出让合同约定，提供出让的土地；未按照出让

合同约定提供出让的土地的,土地使用者有权解除合同,由土地管理部门返还土地使用权出让金,土地使用者还可以请求违约赔偿。

③土地使用权出让的客体是一定年限的国有土地使用权。土地使用权出让的客体是国有土地使用权,而不是国有土地所有权。根据《宪法》第十条的规定,我国实行土地公有制,只有两种土地所有权形式——国有土地所有权、农村集体土地所有权。任何组织和个人不得侵占、买卖或者以其他形式非法转让土地。但土地使用权可以依照法律的规定转让。需要说明的是,出让土地使用权的范围不包括该幅出让土地的地下资源、埋藏物和市政公用设施。此外,规定出让土地使用权的期限,是土地使用权出让的重要内容。

④土地使用权出让是要式法律行为。土地使用权出让,应当签订书面出让合同,同时要向县级以上地方人民政府土地管理部门申请登记。如果不签订书面出让合同并办理土地使用权登记,该土地使用权出让行为无效。

2)土地使用权的出让方式。土地使用权的出让方式是指国有土地的代表(地方人民政府)将国有土地使用权出让给土地使用者时所采取的方式或程序,它表明以什么形式取得土地使用权。关于土地使用权的出让方式,《城市房地产管理法》第十三条规定:"土地使用权出让,可以采取拍卖、招标或者双方协议的方式。"国土资源部2002年发布了《招标拍卖挂牌出让国有土地使用权规定》,该规定不仅对国有土地的招标、拍卖方式操作流程做出了规范,而且提出了一种新的公开出让方式——挂牌出让。因此,我国土地使用权的出让方式有协议、招标、拍卖和挂牌四种。

①协议出让。协议出让,是指出让方与受让方(土地使用者)通过谈判、协商,最终达成出让土地使用权一致意见的一种方式。具体而言,首先土地使用权的有意受让人直接向国有土地的代表提出有偿使用土地的愿望,由国有土地的代表与有意受让人进行谈判和切磋,协商出让土地使用的有关事宜的一种出让方式。

它主要适用于工业项目、市政公益事业项目、非盈利项目及政府为调整经济结构、实施产业政策而需要给予扶持、优惠的项目,采取此方式出让土地使用权的出让金不得低于国家规定所确定的最低价。以协议方式出让土地使用权,由于没有引入竞争机制,不具有公开性,人为因素较多,因此对这种方式要加以必要的限制,以免造成不公平竞争、以权谋私及国有资产流失。

《城市房地产管理法》第十三条规定:"商业、旅游、娱乐和豪华住宅用地,有条件的,必须采取拍卖、招标方式;没有条件,不能采取拍卖、招标方式的,可以采取双方协议的方式。"且"采取双方协议方式出让土地使用权的出让金不得低于按国家规定所确定的最低价。"

《招标拍卖挂牌出让国有土地使用权规定》进一步规定:"商业、旅游、娱乐和商品住宅等各类经营性用地,必须以招标、拍卖或者挂牌方式出让。"其还规定:"前款规定以外用途的土地的供地计划公布后,同一宗地有两个以上意向用地者的,也应当以招标、拍卖或者挂牌方式出让。"这实际上意味着,凡是有两个以上潜在受让人的,就应该采用公开方式出让土地使用权,而不再受土地用途的限制。2003年6月,国土资源部发布了《协议出让国有土地使用权规定》,对协议出让国有土地使用权行为进行规范。根据该规定，协议出让的范围一般只适用同一地块只有一个意向用地者的非经营性用地。

②招标出让。招标出让是指出让人发布招标公告，邀请特定或者不特定的单位或个人在规定的期限内参加土地使用权书面投标，由招标方根据招投标结果择优确定土地使用者的方式。

具体而言，在规定的期限内由符合受让条件的单位或者个人（受让方）根据出让方提出的条件，以密封书面投标形式竞报某地块的使用权，由招标小组经过开标、评标，最后择优确定中标者。投标内容由招标小组确定，可仅规定出标价，也可既规定出标价，又提出一个规划设计方案，开标、评标、决标须经公证机关公证。招标出让的方式主要适用于一些大型或关键性的发展计划与投资项目。土地使用权的招标投标应当遵循《招标拍卖挂牌出让国有土地使用权规定》和《中华人民共和国招标投标法》的规定进行。

③拍卖出让。拍卖出让，是指在指定的时间、地点利用公开场合，由政府的代表者主持拍卖土地使用权，土地公开叫价竞报，按"价高者得"的原则确定土地使用权受让人的一种方式。拍卖与招标不同之处在于：拍卖是按"价高者得"确定受让人，招标是按"最优者得"确定受让人，招标中最高标价不一定赢得竞投，还要综合考察其他条件，如规划设计方案等。招标方式中，各投标人互不知道他方所提竞投条件，投标人也只有一次投标机会，投标书一旦投出，不能随意更改，而拍卖则是各应买者之间的公开竞投，报价可以随时提高。

拍卖的一般程序为：a. 出让人发出拍卖公告，将土地使用权拍卖事宜向社会公布；b. 竞买，即在拍卖场所，竞投人以报价方式向拍卖人做出应价；c. 签约，应价高者与出让人签订土地使用权出让合同；d. 履约，受让人交付土地使用权出让金，出让人交付土地，办理土地使用权登记手续，受让人领取土地使用证书。

拍卖出让方式引进了竞争机制，排除了人为干扰，政府也可获得最高收益，还能较大幅度地增加财政收入。这种方式主要适用于投资环境好、盈利大、竞争性强的商业、金融业、旅游业和娱乐业用地，特别是大中城市的黄金地段。

④挂牌出让。挂牌出让，是指出让人发布挂牌公告，按照公告规定的期限将拟出让宗地的交易条件在指定的土地交易所挂牌公布，接受竞买人的报价申请并更新挂牌价格，根据挂牌期限截止时的出价结果确定土地使用者的方式。

根据《招标拍卖挂牌出让国有土地使用权规定》第十七条，挂牌依照以下程序进行：a. 在挂牌公告规定的挂牌起始日，出让人将挂牌宗地的位置、面积、用途、使用年期、规划要求、起始价、增价规则及增加幅度等，在挂牌公告规定的土地交易所挂牌公布（挂牌时间不少于10个工作日）；b. 符合条件的竞买人填写报价单报价；c. 出让人确认该报价后，更新显示挂牌价格（在挂牌期，出让人可以根据竞买人竞价情况调整增加幅度）；d. 出让人继续接受新的报价；e. 出让人在挂牌公告规定的挂牌截止时间确定竞得人。

挂牌确认成交的规则：在挂牌期限内只有一个竞买人报价的，且报价不低于底价，挂牌成交；在挂牌期限内有两个或两个以上的竞买人报价的，出价最高者为竞得人；

报价相同的，先提交报价单者为竞得人（必须高于底价）；在挂牌期内无应价者或者竞买人的报价均低于底价的，挂牌不成交。

挂牌也是一种公开竞价确定受让人的方式，也能很好地确保土地交易的公开、公平、公正，促进土地市场的健康发展。这种方式和拍卖招标相比，在竞得人遴选上，更加灵活，并且简便易行，费用低廉，特别适合那些地块较小、起价较低的项目。

3）土地使用权出让的年限。土地使用权出让的年限，是指国家许可土地使用者可以使用国有土地的期限，包括国家法律规定的最高年限和合同具体约定的实际出让年限。

国家法律规定的出让土地使用权的最高使用年限，就是法律规定的一次签约出让土地使用权的最高年限。土地使用权年限届满时，土地使用者可以申请续期，具体由出让方和受让方在签订合同时确定，但不能高于法律规定的最高年限。考虑到我国国民经济和社会发展过程中的一系列变化的因素，《城市房地产管理法》对土地使用权出让最高年限仅作了授权性的规定："土地使用权出让最高年限由国务院规定。"

据此，《中华人民共和国国有土地使用权出让和转让暂行条例》第十二条按照出让土地的用途不同规定了各类用地使用权出让的最高年限：

①居住用地 70 年；
②工业用地 50 年；
③教育、科技、文化、卫生、体育用地 50 年；
④商业、旅游、娱乐用 40 年；
⑤综合或者其他用地 50 年。

合同约定的实际出让年限，是指出让方与受让方在出让合同中具体约定的受让方得以使用土地的期限。合同约定的出让年限，不得超过法律限定的最高年限。在国家法律规定的最高年限内，出让方和受让方可以自由约定土地使用权出让的年限。

4）土地使用权出让合同。国有土地使用权出让合同，是指市、县人民政府土地管理部门代表国家（出让人）与土地使用者（受让人）之间就土地使用权出让事宜所达成的、明确相互之间权利义务关系的书面协议。国有土地使用权出让，必须通过合同形式予以明确。《城市房地产管理法》第十五条规定："土地使用权出让，应当签订书面出让合同。土地使用权出让合同由市、县人民政府管理部门与土地使用者签订。"土地使用权出让合同包括以下几方面的内容：

①出让方的权利义务。出让方享有的权利主要有两项：一是受让方在签订土地使用权出让合同后，未在规定期限内支付全部土地使用权出让金的，出让方有权解除合同，并可请求违约赔偿；二是受让方未按土地使用权出让合同规定的期限和条件开发、利用土地的，土地管理部门有权予以纠正，并根据情节轻重给予警告、罚款，直至无偿收回土地使用权的处罚。

出让方应履行的义务主要有以下两项：第一，按照土地使用权出让合同的规定提供出让的土地使用权；第二，向受让方提供有关资料和使用该土地的规定。

②受让方应履行的义务。受让方应履行的义务主要有以下三项：第一，在签订土地使用权出让合同后的规定期限内支付全部土地使用权出让金；在支付全部土地使用

权出让金后，依规定办理登记手续，领取土地使用证；第二，依土地使用权出让合同的规定和城市规划的要求开发、利用、经营土地；第三，需要改变土地使用权出让合同规定的土地用途的，应该征得出让方同意并经土地管理部门和城市规划部门批准，依照规定重新签订土地使用权出让合同，调整土地使用权出让金并办理登记。

在我国现有的土地使用权出让实践中，出让合同一般包括下列主要内容：出让土地的位置、面积、界线等土地自然状况；出让金的数额、支付方式和支付期限；土地使用期限；建设规划设计条件，也称使用条件；定金及违约责任。

5）土地使用权的终止。土地使用权终止，是指因法律规定的原因致使受让人丧失土地使用权。《城市房地产管理法》规定了导致受让人土地使用权终止的四种原因：

①使用年限届满。《城市房地产管理法》第二十二条规定："土地使用权出让合同约定的使用年限届满，土地使用者未申请续期或者虽申请续期但依照前款规定未获批准的，土地使用权由国家无偿收回。"

②根据社会公共利益的需要而提前收回。《城市房地产管理法》第二十条规定："国家对土地使用者依法取得的土地使用权，在出让合同约定的使用年限届满前不收回；在特殊情况下，根据社会公共利益的需要，可以依照法律程序提前收回，并根据土地使用者使用土地的实际年限和开发土地的实际情况给予相应的补偿。"

③因逾期开发而被无偿收回。根据《城市房地产管理法》第二十六条的规定，以出让方式取得土地使用权进行房地产开发的，必须按照土地使用权出让合同约定的土地用途、动工开发期限开发土地。超过出让合同约定的动工开发日期满二年未动工开发的，可以无偿收回土地使用权。但是，因不可抗力或者政府、政府有关部门的行为或者动工开发必需的前期工作造成动工开发迟延的除外。

④土地灭失。土地灭失，是指由于自然力量造成原土地性质的彻底改变或原土地面貌的彻底改变，如因地震而使原有土地变成湖泊或河流等。土地灭失，导致土地使用权客体丧失，受让人因此而终止其土地使用权。

6）土地使用权期满后的续期。土地使用权出让合同约定的使用年限届满，土地使用者需要继续使用土地的，应当至迟于届满前一年申请续期。对于土地使用者的续期申请，除根据社会公共利益需要收回该幅土地的，应当予以批准。经批准准予续期的，应当重新签订土地使用权出让合同，依照规定支付土地使用权出让金。

（2）建设用地使用权划拨

1）土地使用权划拨的概念。土地使用权划拨，是指县级以上人民政府依法批准，在土地使用者缴纳补偿、安置等费用后将该幅土地交付其使用，或者将土地使用权无偿交付给土地使用者使用的行为。以划拨方式取得土地使用权的，除法律、行政法规另有规定者外，没有使用期限的限制。划拨国有土地使用权是国有土地无偿、有限期使用制度的一种例外和补充。

土地使用权划拨具有以下法律特征：

①土地使用权划拨是一种具体的行政行为，国家行使社会经济管理者的行政权力，将土地使用权进行分配和调整。

②土地使用权划拨是一种无偿的行为，土地使用者取得使用权无须支付地价，但

这并不等于使用者不需支付任何费用，一般情况下，土地使用者必须对原先土地使用者支付补偿费和安置费，同时土地使用者必须按照《城镇土地使用税暂行条例》的规定缴纳土地使用税。

③土地使用权可以是有期限的，也可以是无限的。《城市房地产管理法》第二十三条规定："依照本法规定以划拨方式取得土地使用权的，除法律、行政法规另有规定外，没有使用期限的限制。"

④划拨的土地使用权，不可以转让、出租、抵押。《国有土地使用权出让和转让暂行条例》第四十四条规定："划拨土地使用权，除本条例第四十五条规定的情况外，不得抵押。"而第四十五条规定的情况就是要求补签土地使用权出让合同。

我国实行城市国有土地使用权有偿出让前，采用的是行政划拨土地的方式，今后也不可能完全取消这种方式。例如，政府设施用地，学校、医院、交通等建设用地，这些都属于非营利性的公用事业，目前只能采取划拨的办法，但它的范围将逐步缩小。

2）土地使用权划拨的范围。根据《城市房地产管理法》第二十四条的规定，下列建设用地的土地使用权，确属必需的，可以由县级以上人民政府依法批准划拨：

①国家机关用地和军事用地；

②城市基础设施用地和公益事业用地；

③国家重点扶持的能源、交通、水利等项目用地；

④法律、行政法规规定的其他用地。

在城市土地管理法中明确土地使用权划拨的范围，在房地产管理上有两方面的意义：一是对土地利用的竞争领域和非竞争领域做出明确的法律界定，从而有利于分类管理；二是有利于明确产业政策和公共政策在土地利用领域的作用范围。

3）划拨土地使用权的转让、出租、抵押。划拨土地使用权，只有在符合一定条件情况下才可以转让、出租、抵押。《国有土地使用权出让和转让暂行条例》第四十五条规定，符合下列条件的，经市、县人民政府土地管理部门和房产管理部门批准，其划拨土地使用权和地上建筑物、其他附着物所有权可以转让、出租、抵押：

①土地使用者必须是企业、公司、其他经济组织和个人；

②领有国有土地使用权证；

③具有地上建筑物、其他附着物合法的产权证明；

④依照有关土地使用权出让的规定签订土地使用权出让合同，向当地市、县人民政府补交土地使用权出让金或者以转让、出租、抵押所获得收益抵交土地使用权出让金。

上述规定表明，划拨土地使用权转让、出租、抵押，必须经过由划拨土地使用权到有偿出让土地使用权这一体制的转换。未补办土地使用权有偿出让手续，不得转让、出租、抵押。

4）划拨土地使用权的收回。根据《国有土地使用权出让和转让暂行条例》第四十七条的规定，收回行政划拨土地使用权的前提有以下两种：一是土地使用者因迁移、解散、撤销、破产或者其他原因而停止使用土地的，市、县人民政府应当无偿收回其划拨土地使用权；二是对划拨的土地使用权，市、县人民政府可以根据城市建设发展需要和城市规划要求无偿收回。

《中华人民共和国土地管理法》规定的可以收回划拨的国有土地使用权的情形更为具体，其中包括：a. 为公共利益需要使用土地的；b. 为实现城市规划进行旧城区改建，需要调整使用土地的；c. 土地出让等有偿合同约定的使用期限届满，土地使用者未申请续期或者申请续批未获批准的；d. 因单位撤销、迁移等原因，停止使用原划拨的国有土地的；e. 公路、铁路、机场、矿场等经核准报废的。

3. 集体土地的征收

（1）征收集体土地的概念

农村和城市郊区的土地，除法律规定属于国家所有的以外，属于农民集体所有。宅基地和自留地、自留山属于农民集体所有。

征收集体土地是国家为了公共利益的需要，依法将集体所有土地转变为国有土地并给予补偿的行为，实质是土地所有权由集体所有变为国家所有。征收集体土地是国家行为，具有强制性。应当给予被征地单位经济补偿，妥善安置被征地单位和人员的生产和生活。

（2）征收集体土地的原则

1）珍惜耕地，合理利用土地的原则。

2）保证国家建设用地的原则。

3）妥善安置被征地单位和农民的原则。对征收的土地要适当补偿，对农民造成的损失要适当补助，对因征地造成的剩余农业劳动力要适当安排，并妥善安置拆迁户。

4）有偿使用土地的原则。土地征收后，除公共设施基础设施外，应实行有偿使用供应。

5）依法征地的原则。征收集体土地必须有县级以上政府的批准文件，按照合法的程序和法定的审批权限依法办理手续，禁止以租代征。

（3）征收集体土地的政策规定

1）征收土地的范围。为了公共利益的需要，可以征收集体土地，土地征收后，所有权仍属于国家，用地单位只有使用权。

2）征收土地批准权限。《土地管理法》第四十六条规定："征收下列土地的，由国务院批准：①永久基本农田；②永久基本农田以外的耕地超过三十五公顷的；③其他土地超过七十公顷的。征收前款规定以外的土地的，由省、自治区、直辖市人民政府批准。

征收农用地的，应当先行办理农用地转用审批。其中，经国务院批准农用地转用的，同时办理征地审批手续，不再另行办理征地审批；经省、自治区、直辖市人民政府在征地批准权限内批准农用地转用的，同时办理征地审批手续，不再另行办理征地审批，超过征地批准权限的，应当依照本条第一款的规定另行办理征地审批。"

3）申请征地不得化整为零。征收土地应根据总体设计一次申请批准，不得化整为零；分期建设的项目，应当分期征收土地，不得先征待用；铁路、公路、输油等管线工程可以分段征收土地。

4）对被征地单位和农民进行安置、补偿和补助。由用地单位支付土地补偿费、安置补助费、地上附着物和青苗补偿费。

5）征收土地公告。由被征收土地所在的市、县人民政府，在收到征收土地方案后10日内以书面或其他形式进行公告。

征地公告内容包括：a. 征收批准机关、文号、时间和用途（批文）；b. 被征收土地的所有权人、位置、地类和面积（土地）；c. 征地补偿标准和农业人口安置途径（人员）；d. 办理征地补偿的期限与地点（手续）。

征地补偿安置方案公告内容包括：a. 被征地土地情况；b. 土地补偿费标准、数量、支付对象和方式；c. 安置补助费的标准、数量、支付对象和方式；d. 地上附着物和青苗的补偿标准和支付方式；e. 农业人口具体安置途径；f. 其他措施。

未进行公告的，被征地单位和个人有权拒绝办理手续。

（4）土地征收补偿范围和标准

征地补偿费有三大类：土地补偿费——给集体，用于补偿所有权；安置补助费——给个人，用于安置劳动力；地上物及青苗补偿费——给地上物的所有人。

1）土地补偿费。土地补偿费是征地费的主要部分，为补偿被征地和原土地使用人的经济损失而支付的款项，由用地单位支付土地补偿费。征收耕地的补偿费为该耕地被征收前3年平均年产值的6～10倍（按原用途补偿）。

2）安置补助费。安置补助费是为安置因征地造成的农村剩余劳动力的补助费。

安置补助费＝需要安置的农业人口数×每一个需要安置的农业人口的安置补助费标准

其中，需要安置的农业人口数，按照被征收的耕地数量除以征地前被征地单位平均每人占有耕地的数量计算；每一个需要安置的农业人口的安置补助费标准为该耕地被征收前3年平均年产值的4～6倍。每公顷被征收耕地的安置补助费，最高不得超过被征收前3年平均年产值的15倍。

3）地上附着物和青苗补偿费。地上附着物和青苗补偿费标准，由省、自治区、直辖市规定。征收城市郊区的菜地，用地单位应当按照国家有关规定缴纳新菜地开发建设基金。城市郊区的菜地，是指连续3年以上常年种菜或养殖鱼、虾的商品菜地和精养鱼塘。

（5）征收土地的实施

根据《土地管理法》第四十七条及《土地管理法实施条例》的相关规定，国家征收土地的，依照法定程序批准后，由县级以上地方人民政府予以公告并组织实施。将批准征地机关、批准文号、征收土地的用途、范围、面积以及征地补偿标准、农业人员安置办法和办理征地补偿的期限等，在被征收土地所在地的乡（镇）、村予以公告。

对补偿标准有争议的，由县级以上地方人民政府协调；协调不成的，由批准征收土地的人民政府裁决。征收土地的各项费用应当自征地补偿、安置方案批准之日起3个月内全额支付。

被征收土地的所有权人、使用权人应当在公告规定期限内，持土地权属证书到当地人民政府土地行政主管部门办理征地补偿登记。

(6) 临时用地政策

临时用地指在建设施工过程中或者地质勘查过程中需要临时使用国有或者集体所有的土地，使用完毕后，即恢复土地原状或改善土地利用状况，并归还土地所有人。

在建设施工过程中或者地质勘查过程中需要临时使用国有或者集体所有土地的，应由建设单位向批准工程项目用地的机关提出临时用地申请，取得批准后，由建设单位与土地所有单位签订临时用地协议（征用而非征收），临时使用土地的使用者应当按照临时用地协议约定的用途使用土地，不得改变批准的用途，不得从事生产性、经营性活动，不得修建永久性建筑。临时使用土地期限一般不超过二年。临时使用期满后由建设单位清理场地并支付相应费用，到土地管理部门进行注销登记。临时使用土地如果超期可再次提出申请，不退地又不申请续期的视为违章用地。

8.3 国有土地上房屋征收与补偿

8.3.1 国有土地上房屋征收与补偿概述

1. 我国城市房屋拆迁制度的立法进程

城市拆迁主要动因是城市基本建设和旧城改造，前者主要包括修建马路、地铁、大桥等，后者主要包括危棚简屋、城中村改造等。这两个因素都与国家经济实力的增长以及民众居住水平的提高密切相关。

1991年国务院公布《城市房屋拆迁管理条例》，第一次把拆迁纳入法制化轨道，但在地方政府热衷于招商引资的背景下，主导拆迁工作的开发商在政府的支持下，处于非常强势的地位。

2001年国务院新修订的《城市房屋拆迁管理条例》规定，城市房屋拆迁必须符合城市规划，有利于城市旧区改造和生态环境改善，保护文物古迹。与旧条例相比，新条例更加注重对于被拆迁人合法权利的保护，以及对于被拆迁人的补偿和安置。

从实践来看，由于2001年之后全国房地产开发开始形成热潮，拆迁规模偏大，有些地方野蛮拆迁的现象突出。于是，国务院办公厅于2004年下发了《关于控制城镇房屋拆迁规模严格拆迁管理的通知》；2005年的"国六条"中也强调："合理控制城市房屋拆迁规模和进度，减缓被动性住房需求过快增长。"

2007年10月，《物权法》生效，《城市房屋拆迁管理条例》同时被废止，拆迁法规出现真空时期，各地拆迁难度加大，规模减小。2007年12月14日，在国务院第200次常务会议上，《国有土地上房屋征收与补偿（草案）》是第一项议题。2010年1月29日，《国有土地上房屋征收与补偿（征求意见稿）》正式向公众公开征求意见。2011年1月19日，《国有土地上房屋征收与补偿条例》经国务院第141次常务会议通过，并于1月21日起正式施行。《国有土地上房屋征收与补偿条例》以取消行政强拆为鲜明特征，宣布了野蛮暴力拆迁的终结。

《国有土地上房屋征收与补偿条例》明确了政府是公共利益征收唯一补偿主体；明确界定了公共利益的范围；将征收过程程序化，强调尊重被征收人的意愿；明确了征收补偿标准（《征收补偿条例》规定，对被征收房屋价值的补偿，不得低于房屋征收决定公告之日被征收房屋类似房地产的市场价格）；明确由被征收人协商选择评估机构；明确了征收房屋应先补偿后搬迁。

2. 国有土地上房屋征收的概念

国有土地上房屋征收与补偿指为了公共利益的需要，对国有土地上单位、个人的房屋实行征收以及对被征收房屋的所有权人（以下称被征收人）给予补偿的行为。

对于国有土地上房屋征收与补偿概念的理解，应把握以下三点：

1）强调了为公共利益需要方可征收，即非公共利益需要，不得征收单位及个人的房屋；

2）适用的区域范围明确为国有土地上的房屋；

3）公平补偿原则。

《国有土地上房屋征收与补偿条例》明确列举了公共利益的内涵。公共利益的需要包括以下几点：

1）国防和外交的需要；

2）由政府组织实施的能源、交通、水利等基础设施建设的需要；

3）由政府组织实施的科技、教育、文化、卫生、体育、环境和资源保护、防灾减灾、文物保护、社会福利、市政公用等公共事业的需要；

4）由政府组织实施的保障性安居工程建设的需要；

5）由政府依照城乡规划法有关规定组织实施的对危房集中、基础设施落后等地段进行旧城区改建的需要；

6）法律、行政法规规定的其他公共利益的需要。

除为了以上公共利益之外，不得征收国有土地上单位、个人的房屋。该条规定将政府征收的范围进行了明确规定，这就限制了政府滥用职权、强制征收土地、房屋的可能性。

根据《国有土地上房屋征收与补偿条例》的规定，房屋拆迁的地域范围，仅限于国有土地房屋征收补偿，对集体土地征收补偿由《土地管理法》予以调整，不适用于本条例。

3. 国有土地上房屋征收与补偿的基本原则

《国有土地上房屋征收与补偿条例》第三条规定："房屋征收与补偿应当遵循决策民主、程序正当、结果公开的原则。"程序正当保障征收与补偿的有序进行；民主决策、结果公开使整个征收程序公开、透明，实现公平征收。公民在房屋征收与补偿的各个环节都享有知情权和参与权。

（1）决策民主原则

所谓决策民主，是指政府在进行房屋征收与补偿的决策前，必须听取、征求公众意见，经过民主程序，最终做出决策。《国有土地上房屋征收与补偿条例》第十条、第十一条中关于征求公众意见、召开听证会的规定都是决策民主的体现。

（2）程序正当原则

所谓程序正当，是指政府进行的房屋征收与补偿，程序必须正当合法，有法可依。房屋征收与补偿作为政府的具体行政行为，程序正当是政府依法行政的必然要求。

（3）结果公开原则

所谓结果公开，是指政府的房屋征收与补偿决策做出后，应当将结果向社会公开，包括做出的程序与依据。这是为了保证公众的知情权。实践中，多数政府在征收、补偿时，并没有告知被征收人征收依据、补偿标准制定依据等，无法保证公众的知情权。在以上两个原则的基础上，结果公开原则显得尤为重要。

8.3.2 国有土地上房屋征收与补偿的管理体制

1. 房屋征收与补偿的管理机构

《国有土地上房屋征收与补偿条例》第四条规定："市、县级人民政府负责本行政区域的房屋征收与补偿工作。市、县级人民政府确定的房屋征收部门（以下称房屋征收部门）组织实施本行政区域的房屋征收与补偿工作。"

市、县级人民政府有关部门应当依照《国有土地上房屋征收与补偿条例》的规定和本级人民政府规定的职责分工，互相配合，保障房屋征收与补偿工作的顺利进行。

上级人民政府应当加强对下级人民政府房屋征收与补偿工作的监督。国务院住房城乡建设主管部门和省、自治区、直辖市人民政府住房城乡建设主管部门应当会同同级财政、国土资源、发展改革等有关部门，加强对房屋征收与补偿实施工作的指导。

任何组织和个人对违反《国有土地上房屋征收与补偿条例》规定的行为，都有权向有关人民政府、房屋征收部门和其他有关部门举报。接到举报的有关人民政府、房屋征收部门和其他有关部门对举报应当及时核实、处理。监察机关应当加强对参与房屋征收与补偿工作的政府和有关部门或者单位及其工作人员的监察。

2. 国有土地上房屋征收的程序

征收程序是规范政府征收行为，维护被征收人合法权益的重要保障。国有土地上的房屋征收必须严格按照法定程序进行，《国有土地上房屋征收与补偿条例》规定的房屋征收程序如下：

（1）房屋征收论证

《国有土地上房屋征收与补偿条例》第九条规定："依照本条例第八条规定，确需征收房屋的各项建设活动，应当符合国民经济和社会发展规划、土地利用总体规划、城乡规划和专项规划。保障性安居工程建设、旧城区改建，应当纳入市、县级国民经济和社会发展年度计划。制定国民经济和社会发展规划、土地利用总体规划、城乡规划和专项规划，应当广泛征求社会公众意见，经过科学论证。"

依建设单位申请，启动房屋征收程序。发改委、国土、城乡规划、行业主管部门分别就四个规划（国民经济和社会发展规划、土地利用总体规划、城乡规划和专项规划）进行预审查。保障性安居工程建设、旧城区改建，应纳入市、县国民经济和社会发展年度计划。

(2) 房屋征收事项公告与听证或征询意见

房屋征收部门入户对房屋征收范围内房屋的权属、区位、用途、建筑面积等情况组织调查登记并公布调查结果。房屋征收部门拟定征收补偿方案，报市、县人民政府批准。

市、县级人民政府应当组织有关部门对征收补偿方案进行论证并予以公布，征求公众意见。征求意见期限不得少于30日。

市、县级人民政府将征求意见情况和根据公众意见修改的情况及时公布。其中，因旧城区改建多数人（50%以上为多数，2/3以上为大多数，3/4以上为绝大多数）不同意的，市、县级人民政府应组织由被征收人和公众代表参加的听证会，并修改方案。

市、县级政府在做出房屋征收决定前应按规定进行社会风险评估，房屋征收涉及人数数量较多的，应经政府常委会议讨论决定。

房屋征收范围确定后，不得在房屋征收范围内实施新建、扩建、改建房屋和改变房屋用途等不当增加补偿费用的行为；房屋征收部门书面通知有关部门暂行办理相关手续，暂停期限不超过1年。

(3) 房屋征收决定

征收补偿费用应足额到位，专户存储、专款专用。市、县级人民政府做出房屋征收决定后应当及时公告。房屋被依法征收的，国有土地使用权同时收回。市、县级人民政府及房屋征收部门应当做好房屋征收与补偿的宣传、解释工作。

(4) 异议处理

被征收人对市、县级人民政府做出的房屋征收决定不服的，可以依法申请行政复议，也可以依法提起行政诉讼。

被征收人协商选定房地产价格评估机构，协商不成的，通过多数决定、随机选定等方式确定。房产评估有异议的，可申请复核评估。仍有异议的，可向房地产价格评估专家委员会申请鉴定。

(5) 签订补偿协议、完成搬迁

被征收人选择补偿方式（货币补偿或产权调换），签订补偿协议，支付搬迁费、安置费或提供临时周转房，造成停产停业损失的，支付补偿费用，完成搬迁工作。

补偿协议签字后，一方当事人不履行的另一方可起诉。在签约期限内达不成协议，或所有权人不明确的，市、县级人民政府按照征收补偿方案做出补偿决定，并在房屋征收范围内予以公告。

被征收人在法定期限内既不复议也不诉讼，又不搬迁的，市、县级人民政府可以申请人民法院强制执行。

建立房屋征收补偿档案，将分户补偿情况在房屋征收范围内公布，审计机关加强监督，并公布审计结果。

8.3.3 国有土地上房屋征收补偿

1. 征收补偿主体

《国有土地上房屋征收与补偿条例》明确规定，政府是房屋征收与补偿的主体，政府可以确定房屋征收部门负责组织进行房屋征收与补偿工作。除此之外，其他单位不进行房屋征收与补偿工作。

房屋征收部门可以委托不以营利为目的的房屋征收实施单位承担征收与补偿的具体工作。

2. 征收补偿对象

为了保证被征收房屋的所有权人的合法权益，征收人应当对被征收房屋所有权人（即被征收人）给予公平补偿。

3. 征收补偿的范围

1）被征收房屋价值的补偿；
2）因征收房屋造成的搬迁、临时安置的补偿；
3）因征收房屋造成的停产停业损失的补偿。

4. 征收补偿方式与标准

（1）方式

国有土地上房屋征收补偿有货币补偿及房屋产权调换两种方式。

货币补偿是指在征收补偿中，经征收人与被征收人协商，被征收人放弃产权，由征收人以市场评估价为标准，对被征收人进行货币形式的补偿。

产权调换是指征收人用自己建造或购买的产权房屋与被征收房屋进行调换产权，并按征收房屋的评估价和调换房屋的市场价进行结算调换差价的行为。

（2）标准

1）被征收房屋价值的补偿。对被征收房屋价值的补偿，不得低于房屋征收决定公告之日被征收房屋类似房地产的市场价格。

被征收人选择房屋产权调换的，市、县级人民政府应当提供用于产权调换的房屋，并与被征收人计算、结清被征收房屋价值与用于产权调换房屋价值的差价。

因旧城区改建征收个人住宅，被征收人选择在改建地段进行房屋产权调换的，做出房屋征收决定的市、县级人民政府应当提供改建地段或者就近地段的房屋。

2）因征收房屋造成的搬迁、临时安置的补偿。对因征收房屋造成搬迁的，房屋征收部门应当向被征收人支付搬迁费；选择房屋产权调换的，产权调换房屋交付前，房屋征收部门应当向被征收人支付临时安置费或者提供周转用房。

3）因征收房屋造成的停产停业损失的补偿。对因征收房屋造成停产停业损失的补偿，根据房屋被征收前的效益、停产停业期限等因素确定，具体的补偿办法由省、自治区、直辖市制定。

5. 特殊情况的征收补偿

对未经登记的建筑的征收，如果认定为合法建筑和未超过批准期限的临时建筑的，应当给予补偿；如果认定为违法建筑和超过批准期限的临时建筑的，不予补偿。

8.4 房地产开发管理制度

8.4.1 房地产开发概述

1. 房地产开发的概念

房地产开发是指以土地开发和房屋建设为投资对象所进行的生产经营活动。《中华人民共和国城市房地产管理法》第二条指出:"房地产开发,是指在依据本法取得国有土地使用权的土地上进行基础设施、房屋建设的行为。"

2. 房地产开发的特点

(1) 房地产开发的全过程必须在法律框架内进行

(2) 房地产开发的前提是依法取得国有土地的使用权

作为房地产开发用地的土地,必须是国有土地,集体土地不能成为房地产开发用地。

(3) 房地产开发的对象是基础设施建设与房屋建设

基础设施建设,通常也称之为土地开发,即通过"三通一平"(通水、通电、通道路、平整场地)或"七通一平"(通水、通电、通道路、通排水、通燃气、通热力、通电信、平整场地),将自然状态的土地变为可建造房屋及其他建筑物的土地(俗称"生地变熟地")。房屋建设也称房屋开发,即在具备建设条件的土地上建筑各类房屋。

(4) 房地产开发是一个动态的过程

房地产开发是一项从项目选择、勘察设计、招标施工、工程管理到中介服务、物业租赁与管理等复杂的系统工程。

3. 房地产开发的程序

房地产开发工作量大、内容繁多、涉及面广,因此在开发过程中,应当根据不同的阶段,抓一些主要的环节和问题,即房地产开发应遵循一个合乎逻辑和开发规律的程序。一般房地产开发的程序如图 8.2 所示。

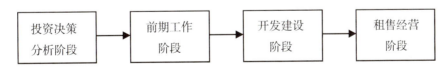

图 8.2 房地产开发程序

投资决策分析阶段:这一阶段的目的是通过一系列的调查研究和分析,为开发企业选择一个最佳的、可行的项目开发方案。此阶段的主要工作内容包括针对特定地区的特定地块进行项目选择和项目可行性研究。

前期工作阶段:前期工作阶段是指在投资决策分析后到正式施工之前的一段时间,这一时间内要完成的主要工作是获取土地使用权、落实资金和项目的规划设计。

开发建设阶段：开发建设阶段是指从设计、施工招投标到房屋施工建设直至竣工验收。

租售经营阶段：租售经营阶段是指开发房屋的销售、租赁、物业管理等。

开发程序中每一个阶段都会对后续阶段产生重要影响，因而开发商在每一阶段的工作都需具备系统性眼光，这是开发项目成功与否的关键所在。

8.4.2 房地产开发企业

1. 设立房地产开发企业的条件

房地产开发企业是指依法设立、具有企业法人资格，从事房地产开发经营的经济组织。

《中华人民共和国城市房地产管理法》第三十条规定，房地产开发企业是以营利为目的，从事房地产开发和经营的企业。设立房地产开发企业，应当具备下列条件：①有自己的名称和组织机构；②有固定的经营场所；③有符合国务院规定的注册资本；④有足够的专业技术人员；⑤法律、行政法规规定的其他条件。

根据房地产开发客观情况和实际需要，设立房地产开发企业还应符合《城市房地产开发经营管理条例》要求的以下条件：①有 100 万元以上的注册资本；②有 4 名以上持有资格证书的房地产专业、建筑工程专业的专职技术人员，2 名以上持有资格证书的专职会计人员。

上述条件是针对全国基本情况提出的要求，标准较低。因此，《城市房地产开发经营管理条例》规定，省、自治区、直辖市人民政府可以根据本地方的实际情况，对设立房地产开发企业的注册资本和专业技术人员的条件，做出高于上述标准的规定。

2. 设立房地产开发企业的程序

设立房地产开发企业，应当向县级以上人民政府工商行政管理部门申请登记。工商行政管理部门对符合法定条件的，应当自收到申请之日起 30 日内予以登记；对不符合条件不予登记的，应当说明理由。工商行政管理部门在对设立房地产开发企业申请登记进行审查时，应当听取同级房地产开发主管部门的意见。

房地产开发企业应当自领取营业执照之日起 30 日内持营业执照复印件、企业章程、验资证明、企业法定代表人的身份证明、专业技术人员的资格证书和劳动合同、房地产开发主管部门认为需要出示的其他文件到登记机关所在地房地产开发主管部门备案。

房地产开发主管部门在收到备案申请后 30 日内向符合条件的企业核发《暂定资质证书》。申请《暂定资质证书》的条件不得低于四级资质企业的条件。《暂定资质证书》有效期为 1 年。房地产开发主管部门可以视企业经营情况延长《暂定资质证书》有效期，但延长期限不得超过 2 年。自领取《暂定资质证书》之日起 1 年内无开发项目的，《暂定资质证书》有效期不得延长。房地产开发企业在《暂定资质证书》有效期满前 1 个月内向房地产开发主管部门申请核定资质等级。房地产开发主管部门根据其开发经营业绩核定相应的资质等级。

3. 房地产开发企业资质

《城市房地产开发经营管理条例》第九条规定："房地产开发主管部门应当根据房地产开发企业的资产、专业技术人员和开发经营业绩等，对备案的房地产开发企业核定资质等级。房地产开发企业应当按照核定的资质等级，承担相应的房地产开发项目。具体办法由国务院建设行政主管部门制定。"

为规范房地产开发企业的市场活动，2000年3月建设部修订了《房地产开发企业资质管理规定》（根据2015年5月4日《住房和城乡建设部关于修改〈房地产开发企业资质管理规定〉等部门规章的决定》第一次修正，根据2018年12月22日中华人民共和国住房和城乡建设部令第45号《住房城乡建设部关于修改＜建筑业企业资质管理规定＞等部门规章的决定》第二次修正），将房地产开发企业划分为一、二、三、四四个资质等级。新设立的房地产开发企业应当申请暂定资质。房地产开发企业资质等级实行分级审批。一级资质由省、自治区、直辖市人民政府建设行政主管部门初审，报国务院建设行政主管部门审批。二级资质及二级资质以下企业的审批办法由省、自治区、直辖市人民政府建设行政主管部门制定。经资质审查合格的企业，由资质审批部门发给相应等级的资质证书。

对房地产开发企业设立资质等级制度的目的，就是规范房地产开发企业的市场活动，维护市场的有序竞争。房地产开发企业必须按照核定的资质等级，承担相应的房地产开发项目。一级资质的房地产开发企业承担房地产项目的建设规模不受限制，可以在全国范围承揽房地产开发项目。二级资质及二级资质以下的房地产开发企业可以承担建筑面积25万平方米以下的开发建设项目，承担业务的具体范围由省、自治区、直辖市人民政府建设行政主管部门确定。各资质等级企业应当在规定的业务范围内从事房地产开发经营业务，不得越级承担任务。《房地产开发企业资质管理规定》对企业未取得资质证书从事房地产开发经营的、企业超越资质等级从事房地产开发经营的、企业隐瞒真实情况、弄虚作假骗取资质证书的，以及涂改、出租、出借、转让、出卖资质证书等行为，均规定了相应的行政处罚措施。

8.4.3 房地产开发项目管理

1. 房地产开发项目的规划设计管理

房地产开发一般可以划分为投资机会选择与决策分析阶段、房地产开发前期工作阶段、房地产开发建设阶段、房地产租售经营阶段四个阶段。其中，房地产开发前期工作阶段的内容，包括取得建设用地、取得建设项目的立项批复、完成房屋拆迁、审定项目规划设计等方面工作。

城市规划部门对房地产开发项目的管理包括审定项目规划设计和实施监督检查两个方面。审定房地产开发项目规划设计的过程，就是通过对修建性详细规划的编制、修改，使其符合城市总体规划和控制性详细规划的过程，也是城市规划部门对房地产开发项目前期工作实施管理的过程。规划管理的主要方式是依据《中华人民共和国城乡规划法》审批、核发"一书两证"，即项目选址意见书、建设用地规划许可证、建设工程规划许可证。

2. 房地产开发的项目管理制度

房地产开发项目管理应当遵循以下规定：

1）必须按照土地使用权出让合同设定的条件和国家划拨土地的用地要求开发利用土地。

2）房地产开发项目的资本金占项目总投资的比例不得低于20%。

3）项目开发建设应当统筹安排配套基础设施，并根据先地下、后地上的原则实施。

4）房地产开发项目应当按照土地使用权出让合同约定的动工期限开发建设，超过1年未动工开发的，政府可以征收相当于土地使用权出让金20%以下的土地闲置费，超过2年未动工开发的，政府可以无偿收回土地使用权。

5）转让房地产开发项目应当符合两个法定条件：一是支付全部土地使用权出让金，并取得土地使用权证书；二是属于房屋建设工程的，必须完成开发投资总额的25%以上，属于成片开发土地的，必须形成工业用地或者其他建设用地条件。同时，转让人和受让人应当自土地使用权变更登记手续办理完毕之日起30日内，持房地产开发项目转让合同到房地产开发主管部门备案。

6）转让房地产开发项目时，尚未完成拆迁补偿安置的，原拆迁补偿安置合同中有关的权利、义务随之转移给受让人。项目转让人应当书面通知被拆迁人。

7）房地产开发项目应当符合法律、法规规定的建筑工程质量、安全标准和技术规范。同时，建设、勘察、设计、施工、监理等单位，依照法律、法规及合同约定承担开发项目的质量责任。

8）房地产开发项目经竣工验收合格后方可交付使用。

3. 房地产开发的施工管理制度

建设工程施工是一项复杂的生产活动，为保证建设工程安全施工，法律法规对建设、勘察、设计、施工、监理等单位都规定了相应的权利、义务和责任。

（1）项目报建与施工许可证制度

为加强对建筑活动的监督管理，维护建筑市场秩序，保证建筑工程的质量和安全，建设部根据《中华人民共和国建筑法》对房地产开发项目提出工程报建与施工许可证制度。

要求从事各类房屋建筑及附属设施建造、装修装饰和与其配套的线路、管道、设备的安装以及城镇市政基础设施工程施工，建设单位在开工前，应当向工程所在地的建设行政主管部门提请报建，并申领施工许可证。未取得施工许可证的建筑工程，一律不得开工。

（2）建设工程质量管理制度

建设单位对建设工程质量应当承担的义务和责任主要有如下方面：

1）建设单位应当依法对工程建设项目的勘察、设计、施工、监理以及与工程建设有关的重要设备、材料等的采购，向具有相应资质等级的单位进行招标，并不得将建设工程肢解发包。

2）建设单位应当向勘察、设计、施工、工程监理等单位提供真实、准确、齐全的建设工程原始资料。

3）建设单位在领取施工许可证或者开工报告前，应当按照国家有关规定办理工程质量监督手续。

4）建设工程发包单位不得迫使承包方以低于成本的价格竞标，不得任意压缩合理工期，不得明示或者暗示设计单位或者施工单位违反工程建设强制性标准，降低建设工程质量，不得采购不符合设计文件和合同要求的建筑材料、建筑构配件和设备，不得明示或者暗示施工单位使用不合格的建筑材料、建筑构配件和设备。

5）涉及建筑主体和承重结构变动的装修工程，建设单位应当在施工前委托原设计单位或者具有相应资质等级的设计单位提出设计方案；没有设计方案的，不得施工。

（3）工程竣工验收备案制度

为了加强房屋建筑工程和市政基础设施工程质量的管理，根据国务院《建设工程质量管理条例》，建设部要求县级以上地方人民政府建设行政主管部门，对各类房屋建筑工程和市政基础设施工程实行竣工验收备案制度。建设单位应当自工程竣工验收合格之日起 15 日内，依照本办法规定，向工程所在地的县级以上地方人民政府建设行政主管部门备案。办理工程竣工验收备案应当提交下列文件：

1）工程竣工验收备案表。

2）工程竣工验收报告。竣工验收报告应当包括工程报建日期，施工许可证号，施工图设计文件审查意见，勘察、设计、施工、工程监理等单位分别签署的质量合格文件及验收人员签署的竣工验收原始文件，市政基础设施的有关质量检测和功能性试验资料以及备案机关认为需要提供的有关资料。

3）法律、行政法规规定应当由规划、公安消防、环保等部门出具的认可文件或者准许使用的文件。

4）施工单位签署的工程质量保修书。

5）法规、规章规定必须提供的其他文件。

商品住宅还应当提交《住宅质量保证书》和《住宅使用说明书》。

8.5 房地产交易制度

8.5.1 房地产交易概述

1. 房地产交易的概念

《城市房地产管理法》第二条将房地产交易定义为："本法所称房地产交易，包括房地产转让、房地产抵押和房屋租赁。"

2. 房地产交易的基本制度

依据《城市房地产管理法》的相关规定，房地产交易管理有三大基本制度，即房地产成交价格申报制度、房地产价格评估制度、房地产价格评估人员资格认证制度。

(1) 房地产价格申报制度

房地产成交价格是确定房地产税费的基础，房地产价格申报直接关系到国家的税费，因而《城市房地产管理法》第三十五条规定："国家实行房地产成交价格申报制度。房地产权利人转让房地产，应当向县级以上地方人民政府规定的部门如实申报成交价，不得瞒报或者作不实的申报。"

两种情形的处理：

如成交价格明显低于正常成交价格即成交价格明显低于正常市场价格的，以评估价格作为缴纳税费的依据。这种情况下并不要求交易双方更改合同价格，但交易双方应按不低于房地产行政主管部门确认的评估价格缴纳有关税费后，方为其办理交易手续。

如交易双方对管理部门认定的评估价格有异议则一般由交易双方与管理部门共同认定的房地产评估机构进行重新评估，对重新评估仍有异议的，可向法院起诉。

(2) 房地产价格评估制度

《城市房地产管理法》第三十四条规定："国家实行房地产价格评估制度。房地产价格评估，应当遵循公正、公平、公开的原则，按照国家规定的技术标准和评估程序，以基准地价、标定地价和各类房屋的重置价格为基础，参照当地的市场价格进行评估。"

房地产价格评估，是指房地产专业估价人员根据估价目的，遵循估价原则，按照估价程序，采用科学的估价方法，并结合估价经验与影响房地产价格因素的分析，对房地产最可能实现的合理价格所作出的推断。它是房地产交易过程中的一项必不可少的基础性工作。

(3) 房地产价格评估人员资格认证制度

国家实行房地产价格评估人员资格认证制度。房地产价格评估人员分为房地产估价师和房地产估价员。房地产估价师必须是经国家统一考试、执业资格认证，取得《房地产估价师执业资格证书》，并经注册登记取得《房地产估价师注册证》的人员。未取得《房地产估价师注册证》的人员，不得以房地产估价师的名义从事房地产估价业务。

8.5.2 房地产转让管理

1. 房地产转让的概念

《城市房地产管理法》第三十七条规定："房地产转让，是指房地产权利人通过买卖、赠予或者其他合法方式将其房地产转移给他人的行为。"显而易见，房地产转让的实质是房地产权属发生转移。同时，该法还规定："房地产转让、抵押时，房屋的所有权和该房屋占用范围内的土地使用权同时转让、抵押。"这项规定是要求房产所有权与土地使用权的权利主体应当保持一致。

房地产转让可以分为有偿转让与无偿转让两种不同性质。无偿转让主要是因继承行为或赠予行为发生的房地产转让。有偿转让主要是因买卖、交换以及其他合法方式发生的房地产转让。其中，其他转让房地产的合法方式主要有：①以房地产作价入股、与他人成立企业法人，房地产权属发生变更的；②一方提供土地使用权，另一方或者多方提供资金，合资、合作开发经营房地产，而使房地产权属发生变更的；③因企业被收购、兼并或合并，房地产权属随之转移的；④以房地产抵债的。

2. 房地产转让的条件

房地产转让的内容包括房屋转让和土地使用权转让。由于房屋与土地物质相连，经济属性也密切相关，因此房屋转让与土地使用权转让必须保持一致。同时，房地产使用的国有土地，因取得土地的方式不同，有出让土地使用权和划拨土地使用权两种情形。

在出让土地使用权的房地产转让中，一方面会涉及土地使用权出让合同中约定权利义务的继承问题，另一方面要防止利用土地使用权转让进行炒卖土地的投机活动。在划拨土地使用权的房地产转让中，房地产转让价格包含土地转让价格，因此直接关联到国家的土地收益。为解决以上问题，《城市房地产管理法》和《城市房地产转让管理规定》，对出让土地使用权的房地产转让原则和划拨土地使用权的房地产转让原则，分别作出了规定。

（1）以出让方式取得土地使用权的房地产转让

以出让方式取得土地使用权的，转让房地产时，应当符合下列条件：

1）按照出让合同约定已经支付全部土地使用权出让金，并取得土地使用权证书；

2）按照出让合同约定进行投资开发，属于房屋建设工程的，完成开发投资总额的25％以上，属于成片开发土地的，形成工业用地或者其他建设用地条件；

3）转让房地产时房屋已经建成的，还应当持有房屋所有权证书。

对于以出让方式取得土地使用权的房地产转让，《城市房地产管理法》还规定："房地产转让时，土地使用权出让合同载明的权利、义务随之转移。"要求房地产转让后，"其土地使用权的使用年限为原土地使用权出让合同约定的使用年限减去原土地使用者已经使用年限后的剩余年限。"同时，对"受让人改变原土地使用权出让合同约定的土地用途的，必须取得原出让方和市、县人民政府城市规划行政主管部门的同意，签订土地使用权出让合同变更协议或者重新签订土地使用权出让合同，相应调整土地使用权出让金。"

（2）以划拨方式取得土地使用权的房地产转让

转让以划拨方式取得土地使用权的房地产，应当取得人民政府的批准，或符合人民政府规定可以转让房地产的制度和政策。其中，人民政府按照国务院规定，要求转让房地产时应当由受让方办理土地使用权出让手续的，受让方应当依照国家有关规定缴纳土地使用权出让金。人民政府按照国务院规定可以不办理土地使用权出让手续的，转让方应当按照国务院规定将转让房地产所获收益中的土地收益上缴国家或者作其他处理。

属于下列情形之一的，经人民政府批准可以不办理土地使用权出让手续，但应当将转让房地产所获收益中的土地收益上缴国家。土地收益的缴纳和处理的办法按照国务院规定办理。

1）经城市规划行政主管部门批准，转让的土地用于《城市房地产管理法》规定可以使用划拨土地的项目；

　　2）私有住宅转让后仍用于居住的项目；

　　3）按照国务院住房制度改革有关规定出售公有住宅的项目；

　　4）同一宗土地上部分房屋转让而土地使用权不可分割转让的项目；

　　5）转让的房地产暂时难以确定土地使用权出让用途、年限和其他条件的项目；

　　6）根据城市规划土地使用权不宜出让的项目；

　　7）县级以上人民政府规定暂时无法或不需要采取土地使用权出让方式的其他情形。

　　按照以上规定转让的房地产，如果再转让并需办理出让手续、补交土地使用权出让金的，应当扣除已经缴纳的土地收益。

3. 房地产转让的程序

　　房地产具有价值高、使用周期长、管理制度严格等特点，为保障国家和房地产转让当事人的合法权益，维护房地产转让市场秩序，《城市房地产转让管理规定》对房地产转让，规定了必要程序：

　　1）房地产转让当事人签订书面转让合同；

　　2）房地产转让当事人在房地产转让合同签订后 30 日内持房地产权属证书、当事人的合法证明、转让合同等有关文件向房地产所在地的房地产管理部门提出申请，并申报成交价格；

　　3）房地产管理部门对提供的有关文件进行审查，并在 3 日内做出是否受理申请的书面答复，7 日内未做书面答复的，视为同意受理；

　　4）房地产管理部门核实申报的成交价格，并根据需要对转让的房地产进行现场查勘和评估；

　　5）房地产转让当事人按照规定缴纳有关税费；

　　6）房地产管理部门办理房屋权属登记，核发房地产权属证书。

4. 房地产转让合同

　　房地产转让合同是明确当事人权利义务的主要文件，关系双方当事人的重大权益，因此当事人必须认真对待。针对我国房地产转让合同存在的问题，《城市房地产转让管理规定》明确了房地产转让合同应当载明的主要条款和内容：①双方当事人的姓名或者名称、住所；②房地产权属证书名称和编号；③房地产坐落位置、面积、四至界限；④土地宗地号、土地使用权取得的方式及年限；⑤房地产的用途或使用性质；⑥成交价格及支付方式；⑦房地产交付使用的时间；⑧违约责任；⑨双方约定的其他事项。

5. 禁止转让的规定

　　依据有关法律和为维护房地产转让市场秩序，《城市房地产转让管理规定》明确了以下不得转让房地产的情况：①达不到法定条件的房地产不得转让；②司法机关和行政机关依法裁定、决定查封或者以其他形式限制房地产权利的，在权力受到限制期间，不得转让该项房地产；③依法收回土地使用权的；④共有房地产，未经其他共有人书面同意的；⑤权属有争议的；⑥未依法登记领取权属证书的；⑦法律、行政法规规定禁止转让的其他情形。

8.5.3 商品房销售管理

商品房销售，是指房地产开发企业将新建商品房向消费者售卖的活动，它区别于其他房屋所有人将自己的房屋出售给他人的行为。商品房销售也是房地产转让行为。根据商品房销售方式不同，商品房销售可以分为商品房预售和商品房现房销售。

1. 商品房预售管理

商品房预售是指房地产开发企业将尚在建设中的商品房预先出售给商品房预购人，由商品房预购人支付购房定金或房价款的行为。我国房地产市场发育尚不成熟，多数房地产开发企业规模较小、开发资金不足，尽管国家提倡商品房现房销售，但目前商品房预售仍是房地产开发企业的主流销售方式。由于商品房预售时房屋尚未建成，因此在交付房屋中存在大量房屋质量、交房期限、房屋面积等方面的争议。为维护商品房市场秩序，必须加强对商品房的预售管理。

（1）商品房预售的条件

《城市房地产管理法》第四十五条对商品房预售规定了四项条件：

1）已交付全部土地使用权出让金，取得土地使用权证书；

2）持有建设工程规划许可证；

3）按提供预售的商品房计算，投入开发建设的资金达到工程建设总投资的25％以上，并已经确定施工进度和竣工交付日期；

4）开发企业向城市、县人民政府房产管理部门办理预售登记，取得《商品房预售许可证》。

（2）商品房预售管理程序

房地产开发企业预售商品房前，应当向县级以上人民政府房产管理部门办理预售登记，取得商品房预售许可证明，未取得《商品房预售许可证》的，不得进行商品房预售。商品房预售管理程序如图8.3所示。

图8.3 商品房预售管理程序

1）房地产开发企业申请预售许可。根据《房地产开发经营管理条例》和《城市商品房预售管理办法》的规定，房地产开发企业应当提交下列证件及资料：①商品房预售许可申请表；②开发企业的《营业执照》和资质证书；③土地使用权证、建设工程规划许可证、施工许可证；④投入开发建设的资金占工程建设总投资的比例符合规定条件的证明；⑤工程施工合同及关于施工进度的说明；⑥商品房预售方案。预售方案应当说明预售商品房的位置、面积、竣工交付日期等内容，并应当附预售商品房分层平面图。

2）房地产管理部门核发预售许可证。经审查，房地产开发企业的申请符合法定条件的,房地产管理部门应当在受理之日起 10 日内,依法做出准予预售的行政许可书面决定,发送开发企业,并自做出决定之日起 10 日内向开发企业颁发、送达《商品房预售许可证》。

3)预售房向承购方出示预售许可证。房地产开发企业进行商品房预售,应当向商品房预购人出示《商品房预售许可证》。售楼广告和说明书中应当载明《商品房预售许可证》的批准文号。

4)签订商品房预售合同并登记备案。房地产开发企业预售商品房,应当与商品房预购人签订商品房预售合同。房地产开发企业应当自签约之日起 30 日内,向房地产管理部门和市、县人民政府土地管理部门办理商品房预售合同登记备案手续。房地产开发企业预售商品房所得的款项,必须用于有关的工程建设。

5)交付建成商品房并办理权属登记手续。商品房预购人应当在预购商品房交付使用之日起 90 日内,依法到房地产管理部门和市、县人民政府土地管理部门办理权属登记手续。房地产开发企业应当予以协助,并提供必要的证明文件。由于房地产开发企业的原因,商品房预购人未能在房屋交付使用之日起 90 日内取得房屋权属证书的,除房地产开发企业和承购人有特殊约定外,房地产开发企业应当承担违约责任。

2. 商品房现售

商品房现房销售,是指房地产开发企业将竣工验收合格的商品房出售给买受人,并由买受人支付房价款的行为。

《商品房销售管理办法》规定:"房地产开发企业应当在商品房现售前将房地产开发项目手册及符合商品房现售条件的有关证明文件报送房地产开发主管部门备案。"同时要求商品房现售应当符合以下条件:

1)现售商品房的房地产开发企业应当具有企业法人营业执照和房地产开发企业资质证书;

2)取得土地使用权证书或者使用土地的批准文件;

3)持有建设工程规划许可证和施工许可证;

4)已通过竣工验收;

5)拆迁安置已经落实;

6)供水、供电、供热、燃气、通信等配套基础设施具备交付使用条件,其他配套基础设施和公共设施具备交付使用条件或者已确定施工进度和交付日期;

7)物业管理方案已经落实。

3. 商品房销售合同

在商品房销售中,易因虚假广告和合同约定问题产生纠纷,故《商品房销售管理办法》对此进行了规范。

(1)商品房销售合同的主要内容

商品房销售时,房地产开发企业和买受人应当订立书面商品房买卖合同。商品房买卖合同应当明确以下主要内容:①当事人名称或者姓名和住所;②商品房的基本状况;③商品房的销售方式;④商品房价款的确定方式及总价款、付款方式、付款时间;⑤交付使用条件及日期;⑥装饰、设备标准承诺;⑦供水、供电、供热、燃气、通信、道路、绿化等配套基础设施和公共设施的交付承诺和有关权益、责任；⑧公共配套建筑的产权归属；⑨面积差异的处理方式；⑩办理产权登记有关事宜；⑪解决争议的方法；⑫违约责任；⑬双方约定的其他事项。

(2) 商品房销售价格与计价方式

商品房销售价格由当事人协商议定，经济适用住房等国家实行指导价格的商品房，按照有关规定定价。商品房销售可以按套（单元）计价，也可以按套内建筑面积或者建筑面积计价。为增加透明度，减少面积争议，许多城市目前要求预售商品房必须采用套内建筑面积计价方式计价。

商品房建筑面积由套内建筑面积和分摊的共有建筑面积组成，套内建筑面积部分为独立产权，分摊的共有建筑面积部分为共有产权，买受人按照法律、法规的规定对其享有权利，承担责任。

(3) 误差的处理方式

按套（单元）计价的现售房屋，当事人对现售房屋实地勘察后可以在合同中直接约定总价款。按套（单元）计价的预售房屋，房地产开发企业应当在合同中附所售房屋的平面图。平面图应当标明详细尺寸，并约定误差范围。房屋交付时，套型与设计图纸一致，相关尺寸也在约定的误差范围内，维持总价款不变；套型与设计图纸不一致或者相关尺寸超出约定的误差范围，合同中未约定处理方式的，买受人可以退房或者与房地产开发企业重新约定总价款。买受人退房的，由房地产开发企业承担违约责任。

按套内建筑面积或者建筑面积计价的，当事人应当在合同中载明合同约定面积与产权登记面积发生误差的处理方式。合同未作约定的，按以下原则处理：

1) 面积误差比绝对值在3%以内（含3%）的，据实结算房价款。

2) 面积误差比绝对值超出3%时，买受人有权退房。买受人退房的，房地产开发企业应当在买受人提出退房之日起30日内将买受人已付房价款退还给买受人，同时支付已付房价款利息。买受人不退房的，产权登记面积大于合同约定面积时，面积误差比在3%以内（含3%）部分的房价款由买受人补足；超出3%部分的房价款由房地产开发企业承担，产权归买受人。产权登记面积小于合同约定面积时，面积误差比绝对值在3%以内（含3%）部分的房价款由房地产开发企业返还买受人；绝对值超出3%部分的房价款由房地产开发企业双倍返还买受人。

$$面积误差比 = \frac{产权登记面积 - 合同约定面积}{合同约定面积} \times 100\%$$

(4) 中途变更规划、设计

《商品房销售管理办法》规定，经规划部门批准的规划变更、设计单位同意的设计变更导致商品房的结构形式、户型、空间尺寸、朝向变化，以及出现合同当事人约定的其他影响商品房质量或者使用功能情形的，房地产开发企业应当在变更确立之日起10日内，书面通知买受人。

买受人有权在通知到达之日起15日内做出是否退房的书面答复。买受人在通知到达之日起15日内未作书面答复的，视同接受规划、设计变更以及由此引起的房价款的变更。其中，规划设计变更造成面积差异和房价款的变更，当事人不解除合同的，双方应当签署补充协议。

房地产开发企业未在规定时限内通知买受人的,买受人有权退房;买受人退房的,由房地产开发企业承担违约责任。

(5) 商品房的交付

1) 房屋交付时间。房地产开发企业应当按照合同约定,将符合交付使用条件的商品房按期交付给买受人。未能按期交付的,房地产开发企业应当承担违约责任。因不可抗力或者当事人在合同中约定的其他原因,需延期交付的,房地产开发企业应当及时告知买受人。

2) 房屋交付质量与保修责任。销售商品住宅时,房地产开发企业应当根据《商品住宅实行质量保证书和住宅使用说明书制度的规定》,向买受人提供《住宅质量保证书》和《住宅使用说明书》。

房地产开发企业应当对所售商品房承担质量保修责任。当事人应当在合同中就保修范围、保修期限、保修责任等内容作出约定。保修期从交付之日起计算。商品住宅的保修期限不得低于建设工程承包单位向建设单位出具的质量保修书约定保修期的存续期。在保修期限内发生的属于保修范围的质量问题,房地产开发企业应当履行保修义务,并对造成的损失承担赔偿责任。因不可抗力或者使用不当造成的损坏,房地产开发企业不承担责任。用户验收后自行添置、改动的设施、设备,由用户自行承担维修责任。

3)《住宅质量保证书》与《住宅使用说明书》。房地产开发企业在向用户交付销售的新建商品住宅时,应在住宅交付用户的同时给用户提供《住宅质量保证书》和《住宅使用说明书》。《住宅质量保证书》和《住宅使用说明书》以购买者购买的套(幢)发放,每套(幢)住宅均应附有各自的《住宅质量保证书》和《住宅使用说明书》。商品住宅售出后,委托物业管理公司等单位维修的,应在《住宅质量保证书》中明示所委托的单位。

《住宅质量保证书》应当包括以下内容:

①工程质量监督部门核验的质量等级;

②地基基础和主体结构在合理使用寿命年限内承担保修;

③正常使用情况下各部位、部件保修内容与保修期:屋面防水3年;墙面、厨房和卫生间地面、地下室、管道渗漏1年;墙面、顶棚抹灰层脱落1年;地面空鼓开裂、大面积起砂1年;门窗翘裂、五金件损坏1年;管道堵塞2个月;供热、供冷系统和设备1个采暖期或供冷期;卫生洁具1年;灯具、电器开关6个月;其他部位、部件的保修期限,由房地产开发企业与用户自行约定。

④用户报修的单位,答复和处理的时限

住宅保修期从开发企业将竣工验收的住宅交付用户使用之日起计算,房地产开发企业可以延长上述规定的保修期,但不得不应低于上述规定的保修期限。

《住宅使用说明书》应当对住宅的结构、性能和各部位(部件)的类型、性能、标准等作出说明,并提出使用注意事项。房地产开发企业在《住宅使用说明书》中对住户合理使用住宅应有提示。因用户使用不当或擅自改动结构、设备位置和不当装修等造成的质量问题，开发企业不承担保修责任；因住户使用不当或擅自改动结构，造成房屋质量受损或其他用户损失，由责任人承担相应责任。

8.5.4 房屋租赁管理

1. 房屋租赁的概念与主要特征

房屋租赁是指房屋所有权人将一定期限的房屋使用权让渡给使用人，并由使用人定期向房屋所有权人交付房屋租金的行为。其中，房屋所有权人是房屋出租人，房屋使用人是房屋承租人。房屋所有权人出租房屋，既包括承租人用于居住的情况，也包括提供给他人从事经营活动及以合作方式与他人从事经营活动的情况。

为加强城市房屋租赁管理，维护房地产市场秩序，保障房屋租赁当事人的合法权益，建设部根据我国《民法通则》和《城市房地产管理法》有关规定，制定并颁布了《城市房屋租赁管理办法》，后被2011年2月1日起施行的《商品房屋租赁管理办法》替代。

房屋租赁主要有以下几项基本特征：①房屋租赁的出租人须对房屋具有处分权；②房屋租赁不转移房屋的所有权；③房屋租赁是双务、有偿、要式的民事行为；④房屋租赁具有期限性。

2. 房屋租赁合同

（1）房屋租赁合同的主要内容

房屋租赁，当事人应当签订书面租赁合同，租赁合同应当具备以下条款：①当事人姓名或者名称及住所；②房屋的位置、面积、装修及设施状况；③租赁用途；④租赁期限；⑤租金及交付方式；⑥房屋修缮责任；⑦转租的约定；⑧变更和解除合同的条件；⑨违约责任；⑩当事人约定的其他条款。

房屋租赁期限届满，租赁合同终止。承租人需要继续租用的，应当在租赁期限届满前3个月提出，并经出租人同意，重新签订租赁合同。需要注意的是，房屋租赁可以是定期的，也可以是不定期的，但不能是永久的。

（2）房屋租赁权利义务的一般约定

出租人应当依照租赁合同约定的期限将房屋交付承租人，不能按期交付的，应当支付违约金，给承租人造成损失的，应当承担赔偿责任。出租住宅用房的自然损坏或合同约定由出租人修缮的，由出租人负责修复。出租人不及时修复，致使房屋发生破坏性事故，造成承租人财产损失或者人身伤害的，应当承担赔偿责任。租用房屋从事生产、经营活动的，修缮责任由双方当事人在租赁合同中约定。出租人在租赁期限内，确需提前收回房屋时，应当事先征得承租人同意，给承租人造成损失的，应当予以赔偿。

出租人在租赁期限内死亡的，其继承人应当继续履行原租赁合同。住宅用房承租人在租赁期限内死亡的，其共同居住两年以上的家庭成员可以继续承租。租赁期限内，房屋出租人转让房屋所有权的，房屋受让人应当继续履行原租赁合同的规定。这一规定也称作"买卖不破租赁"原则。

承租人必须按期缴纳租金，违约的，应当支付违约金。承租人应当爱护并合理使用所承租的房屋及附属设施，不得擅自拆改、扩建或增添。确需变动的，必须征得出租人的同意,并签订书面合同。因承租人过错造成房屋损坏的,由承租人负责修复或者赔偿。

(3) 关于转租房屋的规定

房屋转租,是指房屋承租人将承租的房屋再出租的行为。承租人在租赁期限内,征得出租人同意,可以将承租房屋的部分或全部转租给他人。出租人可以根据转租合同约定,从转租中获得收益。

房屋转租,应当订立转租合同。转租合同必须经原出租人书面同意,并按照规定办理转租房屋登记备案手续。由于转租合同依据房屋出租合同而存在,因此转租合同的终止日期不得超过原租赁合同规定的终止日期,同时,在房屋转租期间,原租赁合同变更、解除或者终止的,转租合同也随之相应地变更、解除或者终止,但出租人与转租人双方另有约定的除外。

转租合同生效后,转租人享有并承担转租合同规定的出租人的权利和义务,并且应当履行原租赁合同规定的承租人的义务,但出租人与转租双方另有约定的除外。

3. 禁止性及相关规定

(1) 禁止房屋租赁的规定

根据有关法律规定和为了维护房屋租赁市场秩序,以下情况不得进行房屋租赁:①未依法取得房屋所有权证的;②司法机关和行政机关依法裁定、决定查封或者以其他形式限制房地产权利的;③共有房屋未取得共有人同意的;④权属有争议的;⑤属于违法建筑的;⑥不符合安全标准的;⑦已抵押,未经抵押权人同意的;⑧不符合公安、环保、卫生等主管部门有关规定的;⑨有关法律、法规规定禁止出租的其他情形。

(2) 可以终止房屋租赁合同的规定

承租人有下列行为之一的,出租人有权终止合同,收回房屋,因此而造成损失的,由承租人赔偿:①将承租的房屋擅自转租的;②将承租的房屋擅自转让、转借他人或擅自调换使用的;③将承租的房屋擅自拆改结构或改变用途的;④拖欠租金累计六个月以上的;⑤公用住宅用房无正当理由闲置六个月以上的;⑥租用承租房屋进行违法活动的;⑦故意损坏承租房屋的;⑧法律、法规规定其他可以收回的。

4. 房屋租赁登记

我国对房屋租赁实行两项登记备案制度。

(1) 房屋行政主管部门登记备案

为维护房屋租赁市场秩序,保证国家关于房屋租赁的市场税收,当事人签订、变更、终止租赁合同,均应当向房屋所在地直辖市、市、县人民政府房地产管理部门登记备案。

房屋租赁当事人应当在租赁合同签订后 30 日内,持书面租赁合同、房屋所有权证书有关当事人的合法证件等文件到直辖市、市、县人民政府房地产管理部门办理登记备案手续。出租共有房屋,还须提交其他共有人同意出租的证明。出租委托代管房屋,还须提交委托代管人授权出租的证明。

(2) 公安部门登记备案

房屋租赁市场广泛开展以来,利用承租房屋进行违法犯罪活动的情况大量发生,以至成为违法犯罪场所的一个特点。为维护社会治安，加强对违法犯罪多发场所重点查防，公安部制定并颁布了《租赁房屋治安管理规定》。该规定要求私有房屋出租人须持房屋所有权证或其他合法证明、居民身份证、户口簿，向房屋所在地派出所申请登记，单位房屋出租人须持房屋所有权证、单位介绍信，到房屋所在地派出所申请登记。经审查符合房屋出租条件的，由出租人到所在地派出所签订治安责任保证书。

8.5.5 房地产抵押管理

1. 房地产抵押的概念

房地产抵押是指抵押人以合法的房地产以不转移占有的方式向抵押权人提供债务履行担保的行为。债务人不履行到期债务或者发生当事人约定的实现抵押权的情形时，抵押权人有权就抵押的房地产优先受偿。抵押涉及的相关法律关系如图8.4所示。

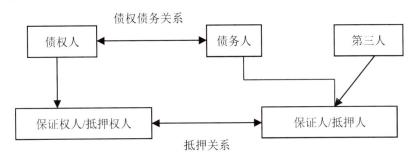

图 8.4 抵押关系示意图

抵押关系存在两个合同：债权人和债务人的债权债务合同、抵押人和抵押权人的抵押合同。抵押人可以是债务人本人，也可以是第三人，抵押权人和债权人是同一人。在房地产抵押关系中，作为担保财产的房地产是抵押物，提供抵押房地产的债务人或第三人为抵押人，享有房地产抵押权的债权人为抵押权人。

2. 房地产抵押的法律特征

（1）房地产抵押具有要式性

房地产抵押的设定，应在抵押人和抵押权人之间订立书面合同。《城市房地产管理法》第五十条规定："房地产抵押，抵押人和抵押权人应当签订书面抵押合同。"同时，房地产抵押还需当事人双方办理房地产抵押登记。

（2）抵押人不转移对房地产的占有

对抵押权人来说，目的不是为了取得抵押物，而是为了取得抵押物的变现价值。抵押人提供的是对抵押物所拥有的权利，在抵押期间，其权利虽然受到限制但并不影响对抵押物的占有使用。

3. 房地产作为抵押物的条件

（1）《城市房地产管理法》规定的抵押条件

依法取得的房屋所有权连同该房屋占用范围内的土地使用权同时设定抵押的，无论土地使用权是出让还是划拨，只要房地产权属合法，即可作为统一体同时设定抵押。以单纯的土地使用权抵押的，土地必须以出让方式取得。

(2)《民法典》(第二编物权)规定可以抵押和不得抵押的财产

1) 可以抵押的财产

建筑物和其他土地附着物；建设用地使用权；海域使用权；生产设备、原材料、半成品、产品；正在建造的建筑物、船舶、航空器；交通运输工具；法律、行政法规未禁止抵押的其他财产。

2) 不得抵押的财产

土地所有权；宅基地、自留地、自留山等集体所有土地的使用权，但是法律规定可以抵押的除外；学校、幼儿园、医疗机构等为公益目的成立的非营利法人的教育设施、医疗卫生设施和其他公益设施；所有权、使用权不明或者有争议的财产；依法被查封、扣押、监管的财产；法律、行政法规规定不得抵押的其他财产。

(3)《城市房地产抵押管理办法》规定的不得抵押的房地产

权属有争议的房地产；用于教育、医疗、市政等公共福利事业的房地产；列入文物保护的建筑物和有重要纪念意义的建筑物；被依法查封、扣押、监管或者以其他形式限制的房地产；依法不得抵押的其他房地产。

4. 房地产抵押登记

抵押当事人须办理房地产抵押登记。房地产抵押合同自签订之日起 30 日内，抵押当事人应当到房地产所在地的房地产管理部门办理房地产抵押登记。房地产抵押合同自抵押登记之日起生效，而非抵押合同签订时生效。

办理房地产抵押登记，应当向登记机关交验下列文件：抵押当事人的身份证明或法人资格证明；抵押登记申请书；抵押合同；《国有土地使用权证》《房屋所有权证》或《房地产权证》，共有的房屋还必须提交《房屋共有权证》和其他共有人同意抵押的证明；可以证明抵押人有权设定抵押权的文件与证明材料；可以证明抵押房地产价值的资料；登记机关认为必要的其他文件。

登记机关审查的主要内容包括：抵押物是否符合准许抵押的条件；抵押物是否已经抵押；抵押人提供的房地产权利证明文件与权属档案记录内容是否相符。

5. 房地产抵押的效力

(1) 抵押物的权属

抵押人设定抵押后，房地产的所有权仍然属于抵押人，抵押人仍可对抵押物行使占有、使用、收益、处分的权利，但其所有权受到限制。

(2) 抵押物的转让

抵押人经抵押权人同意转让抵押房地产的，应当将转让所得的价款提前清偿债务或者提存，转让价款超过债权数额部分归抵押人所有，不足由债务人清偿。

(3) 抵押物价值减少时的处理

如抵押人的行为足以使抵押物价值减少的，抵押权人有权要求抵押人停止其行为。抵押物价值减少时，抵押权人有权要求抵押人恢复抵押房地产价值，或者提供与减少的价值相当的担保，否则抵押权人有权要求债务人提前清偿债务。

6. 房地产抵押权的实现

当债务人不履行到期债务时，房地产抵押权人可以就抵押房地产的价款享有优先受偿权。

双方有协议的，可以按协议以抵押房地产折价或者以拍卖、变卖地产的价款优先受偿，倘若协议损害其他人利益的，可在一年内行使撤销权。

双方未达成协议的，抵押权人可以请求法院拍卖、变卖房地产。

同一房地产设定两个以上的抵押权时，清偿顺序如下：抵押权已登记的，按照登记的先后顺序清偿；顺序相同时，按照债权比例清偿；已登记的先于未登记的受偿；均未登记的，按照债权比例清偿。

8.6 房地产产权产籍管理

8.6.1 房地产产权产籍管理的概念

房地产产权产籍管理分为房地产产权管理和产籍管理两个方面。

产权管理，也称房地产权属登记管理，是指房地产行政主管部门依照国家有关房地产法律、法规和政策，区别房地产的性质、类别，审查产权、确认产权、登记产权、保障产权以及监督产权等，以维护正常交易秩序和交易安全。

产籍管理，是指通过对房地产产权进行经常性的申报登记和测绘，由此形成各种图表、卡册和档案资料，保持资料的完整和准确，从而为产权管理以及城市规划建设提供数据资料。

房地产产权产籍管理是房地产行政管理的重要内容，是房地产管理工作的基础，也是建立社会主义房地产市场经济的保障条件。

8.6.2 房地产权属登记制度

1. 房地产权属登记的概念

房地产权属登记，是土地使用权登记发证和房屋权属登记发证制度的总称。我国的房地产权属登记，是指由人民政府房地产行政主管部门针对房地产权利人的申请，对申请权利进行审查、登记并颁发相关证件的行为。

房地产权属登记的主要任务是在全国房地产总登记工作的基础上，做好初始取得的土地使用权、新建房屋所有权、房地产权属的转让、变更、他项权利等的登记、核实、确权和发证工作，以及房地产灭失、土地使用权年限届满、他项权利终止等注销工作。

由于房地产在社会生活和经济活动中的重要地位，世界各国和地区都对房地产权属实行登记管理制度，但管理制度有所不同。管理制度一般可以划分为两类，一类是契证登记制度，一类是权证登记制度。

阅读材料　契证登记制度与权证登记制度

契证登记制度对当事人关于房地产的权利主张，采取对抗要件制度。当事人关于房地产权利在相关合同中的设定、变更和解除，凭据有关合同、票据和税据进行实证，行政登记没有证据效力。政府行政主管部门虽然要求房地产权利人进行权属登记，但注重要求权利人提供形式要件，对所提供形式要件的真实性、合法性不做实质性审查。政府行政主管部门对当事人主张的房地产权利，既不颁发权属证件，也不承担证明义务，房地产权属登记的目的仅仅是为了公示，公众可以借助政府登记的公簿，查阅房地产的权属情况和状态。

契证登记制度所进行的房地产权属登记，只具有公示力，而无公信力。契证登记制度注重当事人订立的合约，房地产权属方面的合同一经生效，当事人之间的债权与物权即同时成立。一旦发生房地产权利争议，当事人完全凭据有关合同、票据与税据，通过诉讼主张权利。发生的房地产权利争议，最终取决于法院审理后的确认，不以政府登记的房地产权利为准，政府登记机关也不承担登记责任。

权证登记制度对当事人关于房地产的权利主张，采取成立要件制度。即政府登记机关既要求房地产权利人提供法定形式的登记要件，又要对所提供形式要件的真实性、合法性进行实质性审查。经行政审查无误的，给予房地产权利登记，并颁发有关权属证件。政府颁发的房地产权属证件不仅具有公信效力，而且政府登记机关对登记确认的房地产权属负有证明义务，房地产权利人可以依据政府颁发的权属证件，行使确认的权能。权证登记制度认为，当事人关于房地产权利在相关合同中的设定、变更和解除，仅仅是债权的设定、变更和解除，只能得到法律关于债权的保护，而不能得到物权的保护。当事人关于房地产的债权文件，必须经政府行政主管部门审查、核准并颁发相关证件后，才产生物权效力。

如果发生房地产行政确权争议，必须通过行政诉讼解决争议，政府行政机关同时承担登记责任。经行政诉讼，如果政府行政机关登记确权有误，司法部门也不代行行政权，而是判决行政登记机关撤销确权决定，由行政机关根据查明的事实作出新的房地产权属登记决定。

2. 我国的房地产权属登记制度

我国的房地产权属登记制度基本采用权证登记制度，主要表现有：①法律要求房地产权利人必须按期进行房地产权属登记，对违反登记规定的给予行政处罚；②对权利申请人提供的文件进行实质性的审查，只有房地产权属清楚、证据齐全的，才予登记核准，不符要求的不予登记；③实行房地产权属发证制度，颁发的权属证件受法律保护，具有公信力，是房地产权利人进行房地产活动的凭证；④法律确认房地产权属证件效力，撤销权属证件需经法律程序。

3. 房地产权属登记的作用

（1）保护房地产权利人的合法权益

（2）避免交易风险

实行房地产权属登记管理制度可以有效地避免交易风险，房地产交易管理部门只要查验当事人提供的权属证件，核对房地产权属档案记载，当事人即可快捷、方便地完成交易。

（3）房地产权属登记是房地产管理的基础工作

房地产活动环节很多，从取得建设用地到房屋拆迁再到开发建设、市场流通、物业管理，任何一个环节都离不开房地产权属档案资料及权属证件的查询和证实。房地产权属登记和档案管理是整个房地产管理的工作基础。

4. 房屋权属等级的种类

房屋权属登记分为总登记、初始登记、转移登记、变更登记、他项权利登记、注销登记。

（1）总登记

总登记是指县级以上地方人民政府根据需要，在一定期限内对本行政区域内的房屋进行统一的权属登记。

房屋登记机关认为需要对房屋权属进行总登记时，经过县级以上地方人民政府批准，可以对本行政区域内的房屋权属证书进行验证或者换证。总登记、验证、换证的期限，由县级以上地方人民政府具体规定。凡列入总登记、验证或者换证范围，无论权利人以往是否领取房屋权属证书，权属状况有无变化，均应当在规定的期限内办理登记。

各地实施总登记、验证、换证，县级以上地方人民政府应当在规定期限开始之日30日前发布公告。

（2）初始登记

初始登记是指对房屋产权进行的原始登记。一般有以下三种情况：一是新建房屋进行的初始登记；二是集体土地转为国有土地后，地上房屋纳入城市房屋管理范围所进行的初始登记；三是城市国有土地上少量从未办理过登记的房屋，所进行的初始登记。

新建的房屋，申请人应当在房屋竣工后的3个月内向登记机关申请房屋所有权初始登记。申请人应当提交的文件有：①用地证明文件或者土地使用权证；②建设用地规划许可证；③建设工程规划许可证；④施工许可证；⑤房屋竣工验收资料以及其他有关的证明文件。

集体土地上的房屋转为国有土地上的房屋，申请人应当自土地权属性质变更之日起30日内，向登记机关提交土地权属性质变更证明等有关文件，申请房屋所有权初始登记。

（3）转移登记

转移登记是指房屋所有权主体转移所进行的登记。房屋买卖、交换、继承、赠予、划拨、分割、合并，以及以房地产作价入股、与他人成立企业法人，致使房地产权属发生变更的；一方提供土地使用权，另一方或者多方提供资金，合资、合作开发经营房地产，而使房地产权属发生变更的；因企业被收购、兼并或合并，房地产权属随之转移的；以房地产抵债的，以上情况房屋所有权主体都会发生转移。

当事人申请转移登记的，应当自房屋所有权主体转移事实发生之日起90日内申请转移登记。权利人申请转移登记，应当提交房屋权属证书以及相关的合同、协议、当事人身份证明以及与房屋转让情况相关的证明文件。

（4）变更登记

变更登记是针对房屋权利人改换姓名、名称，或房屋状况发生变化所进行的登记。房屋状况发生变化包括房屋坐落地点、名称和门牌号码的变更，也包括房屋因添建、改建、部分拆除所发生的物资状况变更。

权利人申请变更登记，应当自变更事实发生之日起 30 日内提出申请，并提交房屋权属证书以及相关的证明文件。

（5）他项权利登记

他项权利是指当事人针对房屋所设定的，除房屋所有权以外的其他权利。其中既包括担保物权，如抵押权，也包括用益物权，如典权、承租权等。由于承租权周期短暂，变化很快，目前房地产行政主管部门不作为房屋产权管理机构的登记事项，仅由房屋交易管理机构做房屋租赁备案登记。产权管理机构的他项权利登记主要是抵押权登记，还有很少量的典权登记。申请房屋他项权利登记，权利人应当自他项权利成立之日起 30 日内提出申请，并提交房屋权属证书和设定房屋抵押权、典权等他项权利的合同书以及相关的证明文件。

（6）注销登记

注销登记即是指房屋灭失、他项权利终止、土地使用年限届满等情况，对房屋档案记载的房屋权属情况所办理的注销手续。原权利人应当于发生房屋灭失、他项权利终止、土地使用年限届满之日起 30 日内申请注销登记。申请办理注销登记，应当提交房屋权属证书、房屋他项权利证书，以及房屋灭失、他项权利终止、土地使用年限届满的有关合同、协议和相关文件。

登记机关掌握应当办理注销登记的情况，但原权利人未办理注销登记手续的，登记机关代为办理注销登记，并宣告原权利人所持房屋有关证件作废。

5. 房屋权属登记程序

房屋所有权登记按照房屋所有权人，以房屋的门牌号、幢、套（间）以及有具体权属界限的部分为基本单元进行登记。

登记机关自受理登记申请之日起 7 日内决定是否予以登记，对暂缓登记、不予登记的，书面通知申请人。经登记机关审查登记申请，凡权属清楚、产权来源资料齐全的，初始登记、转移登记、变更登记、他项权利登记，在受理登记后的 30 日内核准登记，并颁发房屋权属证书；注销登记在受理登记后的 15 日内核准注销，并注销房屋权属证书。

房屋权属登记的程序如图 8.5 所示。

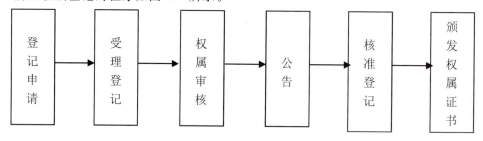

图 8.5 房屋权属登记程序

8.6.3 房屋产籍管理制度

房屋产籍是指城市房屋的产权档案、地籍图纸以及账册、表卡等其他反映产权现状和历史情况的资料。它是在房地产权属登记、产权调查、产权变更等一系列权属管理活动和房地产测绘过程中形成的。城市房屋产籍应当由县级以上地方人民政府房地产行政主管部门统一管理并建立健全房产档案和房屋测绘的管理制度。

房地产产籍主要由图纸、档案、卡片、簿册组成。它通过图形、文字记载、原始证据等记录反映产权状况、房屋及其使用国有土地的情况。

房地产权属档案管理的内容可以概括为"图、证、卡、册"四个字，具体为：

1. 房地产平面图——"图"

"图"即房地产产籍平面图。它包括房屋及其所占用的土地使用权权属界定位置图、房地产分幅平面图、房地产分丘平面图和房屋分层分户平面图，一般反映各类房屋及其用地的关系位置、产权经界、房屋结构、面积、层数、使用土地范围、街道门牌等。

2. 房地产有关证明文件——"证"

房地产有关的证明文件也称为房地产档案，它是指将在房屋所有权登记中形成的各种产权证件、证明、各种文件和历史资料等收集起来，用科学的方法加以整理、分类、装订而成的卷册。房地产档案主要包括五类：①权属确立、变更、转移等证明文件；②房屋及其所占用土地使用权权属界定图；③登记工作中形成的文件；④反映和记载权属状况和信息的资料；⑤其他文件或资料。

3. 房地产卡片——"卡"

房地产卡片是对产权申请书中产权人情况、房屋状况、使用土地状况及其来源等进行摘录而制成的一种卡片。它按丘号顺序编制，其作用是为了查阅房地产的基本情况，以供对各类房屋进行分类统计使用。

4. 房地产登记簿册——"册"

房地产登记簿册包括登记收件簿、发证记录簿、房屋总册等。它是根据产权登记的成果和分类管理的要求而编制的，是产权状况和房屋状况的缩影。

8.7 物业管理制度

8.7.1 物业管理概述

1. 基本概念

（1）物业

物业一词源于港澳地区，又称房地产或不动产，是指各类房屋及其附属的设备、设施和相关场地。

(2) 物业管理

根据国务院颁布的 2007 年 10 月 1 日开始施行的《物业管理条例》（2003 年 6 月 8 日中华人民共和国国务院令第 379 号公布，2007 年、2016 年及 2018 年进行了修订）的界定，所谓物业管理是指业主通过选聘物业服务企业，由业主和物业服务企业按照物业服务合同的约定，对房屋及配套的设施设备和相关场地进行维修、养护、管理，维护相关区域内的环境卫生和秩序的活动。

因此，可以从以下几个方面来理解物业管理的内涵：①物业管理是由业主通过选聘物业服务企业的方式来实现的；②依据是物业服务合同；③内容是对物业进维修养护、管理，对相关区域内的环境卫生和秩序进行维护。

2. 物业管理的目的与作用

物业管理的主要目的是保证和发挥物业的使用功能，使其保值增值，并为物业所有人和使用人创造和保持整洁、文明、安全、舒适的生活和工作环境与秩序。

物业管理的作用：

(1) 有利于提高人民群众的居住质量；

(2) 有利于增加就业，扩大居民消费；

(3) 有利于维护社区稳定，推动精神文明建设；

(4) 有利于促进财富增值，培育民主意识。

3. 物业管理的基本内容

物业管理涉及的领域相当广泛，其基本内容按服务的性质和提供的方式可分为：

(1) 常规性的公共服务

这是物业管理中的基本业务工作，一般是在物业管理委托合同中将此类服务包括在服务范围之内的，使用人在享受这些服务时不需要事先提出或者作出某种约定。其内容包括：

1) 物业共用部位的维护与管理；

2) 物业共用设备设施的运行、维护和管理；

3) 环境卫生、绿化管理服务；

4) 机动车和非机动车的停放管理；

5) 物业管理区域内公共秩序、消防、交通等协助管理事项的服务；

6) 物业装饰装修管理服务；

7) 物业档案资料的管理；

8) 通过物业服务合同约定的其他事项。

(2) 针对性的专项服务

针对性的专项服务是指物业管理公司为满足一些住户群体的需要而提供的专项服务工作。这些服务项目不在统一的物业管理委托合同约定的范围之内，使用人享受这些服务时必须单独提出并支付费用。针对性的专项服务主要包括：日常生活类服务；商业服务类服务；文化、教育、卫生、体育类服务；金融服务类服务；代理与中介类服务。

（3）委托性的特约服务

特约服务是为满足物业产权人、使用人的个别要求、需求，受其委托而提供的服务。

4. 物业管理的主要环节

物业管理的主要环节如图 8.6 所示。

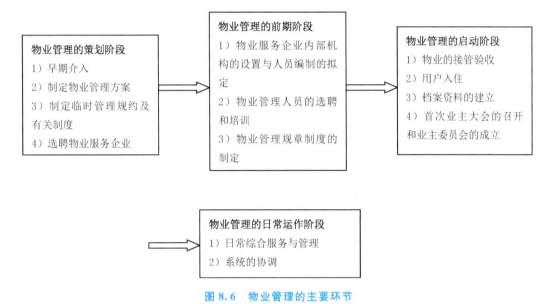

图 8.6　物业管理的主要环节

8.7.2　业主与业主大会

1. 业主的权利与义务

业主，即"物业的主人"，实际上就是房屋所有权人。

根据《物业管理条例》的相关规定，业主在物业管理活动中所享有的权利主要有：①按照物业服务合同的约定，接受物业管理企业提供的服务；②提议召开业主大会会议，并就物业管理的有关事项提出建议；③提出制定和修改业主公约、业主大会议事规则的建议；④参加业主大会会议，行使投票权；⑤选举业主委员会委员，并享有被选举权；⑥监督业主委员会的工作；⑦监督物业管理企业履行物业服务合同；⑧对物业共用部位、共用设施设备和相关场地使用情况享有知情权和监督权；⑨监督物业共用部位、共用设施设备专项维修资金的管理和使用；⑩法律、法规规定的其他权利。

业主在物业管理活动中所应履行的义务主要有：①遵守业主公约、业主大会议事规则；②遵守物业管理区域内物业共用部位和共用设施设备的使用、公共秩序和环境卫生的维护等方面的规章制度；③执行业主大会的决定和业主大会授权业主委员会作出的决定；④按照国家有关规定交纳专项维修资金；⑤按时交纳物业服务费用；⑥法律、法规规定的其他义务。

2. 业主大会和业主委员会

（1）业主大会

业主大会是代表和维护物业管理区域内全体业主在物业管理活动中的合法权益的组织。根据《物业管理条例》的相关规定，一个物业管理区域成立一个业主大会。同一个物业管理区域内的业主，应当在物业所在地的区、县人民政府房地产行政主管部门或者街道办事处、乡镇人民政府的指导下成立业主大会，并选举产生业主委员会。但是，只有一个业主的，或者业主人数较少且经全体业主一致同意决定不成立业主大会的，由业主共同履行业主大会、业主委员会职责。

《物业管理条例》第十一条规定下列事项由业主共同决定：①制定和修改业主大会议事规则；②制定和修改管理规约；③选举业主委员会或者更换业主委员会成员；④选聘和解聘物业服务企业；⑤筹集和使用专项维修资金；⑥改建、重建建筑物及其附属设施；⑦有关共有和共同管理权利的其他重大事项。

业主大会会议可以采用集体讨论的形式，也可以采用书面征求意见的形式；但是，应当有物业管理区域内专有部分占建筑物总面积过半数的业主且占总人数过半数的业主参加。业主可以委托代理人参加业主大会会议。

业主大会决定前述《物业管理条例》第十一条规定的第⑤项和第⑥项的事项，应当经专有部分占建筑物总面积 2/3 以上的业主且占总人数 2/3 以上的业主同意；决定前述规定的其他事项，应当经专有部分占建筑物总面积过半数的业主且占总人数过半数的业主同意。

业主大会或者业主委员会的决定，对业主具有约束力。业主大会或者业主委员会作出的决定侵害业主合法权益的，受侵害的业主可以请求人民法院予以撤销。

（2）业主委员会

业主委员会是业主大会的执行机构，应当履行下列职责：①召集业主大会会议，报告物业管理的实施情况；②代表业主与业主大会选聘的物业管理企业签订物业服务合同；③及时了解业主、物业使用人的意见和建议，监督和协助物业管理企业履行物业服务合同；④监督业主公约的实施；⑤业主大会赋予的其他职责。

业主委员会应当自选举产生之日起 30 日内，向物业所在地的区、县人民政府房地产行政主管部门和街道办事处、乡镇人民政府备案。

3. 管理规约

管理规约是指由全体业主承诺共同订立的，规定业主在物业管理区域内有关物业使用、维护和管理等涉及业主共同利益事项的，对全体业主具有普遍约束力的自律性规范。管理规约调整的不是业主与物业服务企业的关系，而是一种约定业主之间权利与义务的文件。

管理规约应当对有关物业的使用、维护、管理，业主的共同利益，业主应当履行的义务，违反管理规约应当承担的责任等事项依法作出约定。

订立管理规约是业主之间的共同行为。通常情况下，管理规约应该由业主大会筹备组草拟，经首次业主大会会议审议通过。然而，物业移交后，业主的入住是一个陆续的过程，业主大会并不能马上成立，因此，在业主大会尚未成立之前，应由建设单位在房屋销售之前制定临时管理规约，在房屋销售时向买受人明示。业主筹备成立业主大会的，由筹备组拟定管理规约草案，经业主大会讨论通过生效。业主大会制定的管理规约生效时，临时管理规约终止。

8.7.3 物业管理早期介入与前期物业管理

1. 物业管理早期介入

物业管理早期介入是指在物业服务企业正式接管验收物业之前，对尚处于项目策划、规划设计和施工建设等阶段的项目，物业服务企业或物业管理专家受房地产开发企业的委托，从物业管理运作的角度为开发企业提出专业性的意见、建议、咨询报告或直接参与某些讨论、评审等活动。

物业管理早期介入是物业管理工作由被动适应到主动参与的重要举措，对房地产开发项目的正确决策、优化规划设计和完善设计细节、提高施工建设质量、保证物业的正常使用功能以及对物业服务企业提前了解物业的全面情况和正式接管物业后顺利开展各项管理活动，都有着重要作用。

2. 前期物业管理

前期物业管理是指在业主、业主大会选聘物业服务企业之前，由建设单位选聘物业服务企业实施的物业管理。

开发商在签订商品房预售合同前，必须依法采用招标方式选聘物业服务企业，签订"前期物业服务合同"，物业服务企业在接管验收后取得了物业管理的客观对象，并在法规和合同规定范围内行使权利、履行义务。前期物业管理的工作内容涉及物业管理全部服务：房屋管理、共用设施设备维护养护、协助维护公共秩序、保洁服务、绿化养护管理等内容。

《物业管理条例》第二十一条规定："在业主、业主大会选聘物业服务企业之前，建设单位选聘物业服务企业的，应当签订书面的前期物业服务合同。"第二十六条规定："前期物业服务合同可以约定期限；但是，期限未满、业主委员会与物业服务企业签订的物业服务合同生效的，前期物业服务合同终止。"

从上述规定可以看出，前期物业管理由开发商或建设单位作为物业所有权人来选聘物业服务企业，管理的时间一般从房屋销售时起到业主大会成立后，业主委员会与其选聘的物业服务企业正式签订物业服务合同生效时止，因此前期物业管理是一种阶段性管理。前期物业服务企业与建设单位之间的权利义务通过"前期物业服务合同"来进行约定。建设部于2004年9月6日出台了《前期物业服务合同（示范文本）》，建议前期物业服务合同应当包含以下具体条款：①物业基本情况；②服务内容与质量；③服务费用；④物业的经营与管理；⑤物业的承接验收；⑥专项维修资金缴存管理使用续筹；⑦违约责任以及其他事项。在房屋销售时，建设单位与房屋买受人签订的买卖合同应当包含前期物业服务委托合同的内容。

8.7.4 物业管理服务

1. 物业服务企业

物业服务企业是依法定程序设立，从事物业管理活动，独立核算、自主经营、自负盈亏的具有独立的企业法人地位的经济组织。《物业管理条例》第三十二条规定："从事物业管理活动的企业应当具有独立的法人资格。国务院建设行政主管部门应当会同有关部门建立守信联合激励和失信联合惩戒机制，加强行业诚信管理。"

为了加强对物业管理活动的监督管理，规范物业管理市场秩序，提高物业管理服务水平，建设部于2004年3月17日（2007年、2015年进行了修正）发布了《物业管理企业资质管理办法》，对物业服务企业资质的条件、分级、申请、审批、动态管理等做了规定。根据该管理办法，物业服务企业资质等级分为一、二、三级。不同资质等级的物业服务企业按照规定承接不同等级要求的物业管理服务。

国家对物业服务企业实行分级审批制度，国务院建设主管部门负责一级物业服务企业资质证书的颁发和管理；省、自治区人民政府建设主管部门负责二级物业服务企业资质证书的颁发和管理，直辖市人民政府房地产主管部门负责二级和三级物业服务企业资质颁发和管理，并接受国务院建设主管部门的指导和监督；设区的市级人民政府房地产主管部门负责三级物业服务企业资质的颁发和管理，并接受省、自治区人民政府建设主管部门的指导和监督。

2. 物业服务企业的权利、义务

物业服务企业的权利包括以下六项：①制定物业管理制度；②收取物业管理服务费；③制止、纠正违反物业管理制度的行为；④要求委托人协助管理；⑤选聘专业公司承担专项经营服务管理业务；⑥其他。

物业服务企业的义务包括以下五项：①提供物业管理服务；②接受业主大会、业主委员会和业主及使用人的监督、定期公布物业管理服务费用和资金账目；③接受质询和审计；④接受行政部门的监督管理；⑤其他。

3. 物业管理的委托和物业服务合同

（1）物业管理的委托方

物业管理服务的委托方为业主，具体分三类主体：

1）房地产开发企业。销售型房屋在建成与销售之前，产权归开发企业，由开发商首次选聘物业服务企业；自持或出租型的房屋，产权始终归开发商，物业管理由其委托。

2）公房出售单位。

3）业主大会。业主入住达到一定时间或一定比例时，要成立业主大会和业主委员会。业主大会成立后由其选聘物业服务企业，由业主委员会与物业服务企业签订合同。

（2）物业管理业务的获得

《物业管理条例》第三条规定："国家提倡业主通过公开、公平、公正的市场竞争机制选择物业服务企业。"第二十四条规定："国家提倡建设单位按照房地产开发与物业管理相分离的原则，通过招投标的方式选聘物业服务企业。"

物业管理业务的获得是一种市场双向选择行为，国家提倡通过招投标选聘物业服务企业。公开招标一般适用于规模较大的物业，尤其是收益性物业；投标人少于3个或者住宅规模较小的，经物业所在地的区、县人民政府房地产行政主管部门批准，可以采用协议方式选聘物业服务企业。

（3）物业服务合同

物业服务合同属于委托合同，委托人是业主或业主大会，受托人是物业服务企业，受托人以委托人的名义为委托人进行物业管理，委托人支付报酬。

物业服务合同包括前期物业服务合同和物业服务合同两种类型：前期物业服务合同由开发企业或公房出售单位与物业服务企业签订；物业服务合同由业主委员会代表全体业主与物业服务企业签订，该合同一经签订，前期物业服务合同失效。物业服务合同对物业管理服务事项、服务质量、费用、双方的权利义务、专项维修资金的管理与使用、物业管理用房、合同期限、违约责任等方面进行约定。

4. 物业的承接验收

物业接管验收是指物业服务企业在承接物业时，进行以物业的主体结构安全和满足使用功能为主要内容的再检验，同时接受图纸、说明文件等物业资料，从而着手实施物业管理。

为明确开发建设单位、业主、物业服务企业的责任、权利、义务，减少物业管理矛盾和纠纷，《物业管理条例》第二十八条规定："物业服务企业承接物业时，应当对物业共用部位、共用设施设备进行查验。"同时，第二十九条规定："在办理物业承接验收手续时，建设单位应当向物业服务企业移交下列资料：①竣工总平面图，单体建筑、结构、设备竣工图，配套设施、地下管网工程竣工图等竣工验收资料；②设施设备的安装、使用和维护保养等技术资料；③物业质量保修文件和物业使用说明文件；④物业管理所必需的其他资料。物业服务企业应当在前期物业服务合同终止时将上述资料移交给业主委员会。"

8.7.5 住宅专项维修资金

住宅专项维修资金是在物业产权多元化的情况下，为了保证房屋的维修和正常使用，而按照国家规定建立的一种保障性资金。《物业管理条例》和《住宅专项维修资金管理办法》均对住宅专项维修资金做出了相应的规定。

1. 住宅专项维修资金的概念

住宅专项维修资金专项用于住宅共用部位、共用设施设备保修期满后的维修和更新、改造的资金。由业主交存，属业主所有，从公有住房售房款中提取的属公有住房售房单位所有。

2. 住宅专项维修资金的交存

（1）交存范围

住宅专项维修资金的交存主体包括三类：①住宅的业主，但一个业主所有且与其他物业不具有共用部位共用设施设备的除外；②住宅小区内的非住宅或者住宅小区外与单幢住宅结构相连的非住宅的业主；③涉及公有住房出售的，售房单位应当按照规定交存住宅专项维修资金。业主交存的住宅专项维修资金属于业主所有，从公有住房售房款中提取的住宅专项维修资金属于公有住房售房单位所有。

(2) 交存标准

商品住宅的业主、非住宅的业主按照所拥有物业的建筑面积交存住宅专项维修资金，每平方米建筑面积交存首期住宅专项维修资金的数额为当地住宅建筑安装工程每平方米造价的5%至8%。直辖市、市、县人民政府建设（房地产）主管部门应当根据本地区情况，合理确定、公布每平方米建筑面积交存首期住宅专项维修资金的数额，并适时调整。

出售公有住房的，业主按照所拥有物业的建筑面积交存住宅专项维修资金，每平方米建筑面积交存首期住宅专项维修资金的数额为当地房改成本价的2%。售房单位按照多层住宅不低于售房款的20%、高层住宅不低于售房款的30%，从售房款中一次性提取住宅专项维修资金。

应转入资金中滚存使用的项目有：①专项维修资金的存储利息；②利用资金购买国债的增值收益；③住宅共用设施设备报废后回收的残值；④利用住宅共用部位共用设施设备进行经营的所得收益。

3. 住宅专项维修资金的管理

业主大会成立前，商品住宅业主、非住宅业主交存的住宅专项维修资金，由物业所在地直辖市、市、县人民政府建设（房地产）主管部门代管。直辖市、市、县人民政府建设（房地产）主管部门应当委托所在地一家商业银行，作为本行政区域内住宅专项维修资金的专户管理银行，并在专户管理银行开立住宅专项维修资金专户。开立住宅专项维修资金专户，应当以物业管理区域为单位设账，按房屋户门号设分户账；未划定物业管理区域的，以幢为单位设账，按房屋户门号设分户账。

业主大会成立后，将账面余额划转至业主大会开立的账户，将账目移交业主委员会，管理单位由业主大会决定。业主分户账面余额不足首期交存额的30%的，应续交住宅专项维修资金。成立业主大会的，续交方案由业主大会决定；未成立业主大会的，续交方案由政府房地产管理部门会同财政部门制定。

4. 住宅专项维修资金的使用

(1) 使用原则

住宅专项维修资金专项用于住宅共用部位、共用设施设备保修期满后的维修和更新、改造。住宅专项维修资金管理实行专户存储、专款专用、所有权人决策、政府监督的原则。

(2) 分摊原则

商品住宅之间或者商品住宅与非住宅之间，由相关业主按照各自拥有物业的建筑面积的比例分摊；售后公有住房之间，按各业主与单位所交存的专项资金的比例分摊，其中应由业主承担的，再由相关业主按照各自拥有的建筑面积的比例分摊；售后公有住房与商品住宅或者非住宅之间，先按建筑面积分摊到各相关物业，再按业主与单位的交存比例分摊；尚未售出的商品住宅、非住宅或者公有住房的，开发建设单位或公有住房单位按尚未售出商品住宅或公有住房的面积分摊。

(3) 禁止性规定

按照《住宅专项维修资金管理办法》的规定，不得从住宅专项维修资金中列支的项目有：①应由建设单位或施工单位承担的费用；②应由相关单位承担的费用（主要是市政设施）；③人为损坏的共用部分的修复费用；④应从物业服务费用中支出的共用部分的维修养护费用（日常维护费用）。

(4) 资金的使用

在保证住宅专项维修资金正常使用的前提下，可以按照国家有关规定将住宅专项维修资金用于购买国债。利用住宅专项维修资金购买国债，应当在银行间债券市场或者商业银行柜台市场购买一级市场新发行的国债，并持有到期。

利用业主交存的住宅专项维修资金购买国债的，应当经业主大会同意；未成立业主大会的，应当经专有部分占建筑物总面积三分之二以上的业主且占总人数三分之二以上业主同意。

利用从公有住房售房款中提取的住宅专项维修资金购买国债的，应当根据售房单位的财政隶属关系，报经同级财政部门同意。

禁止利用住宅专项维修资金从事国债回购、委托理财业务或者将购买的国债用于质押、抵押等担保行为。

习 题 8

一、单选题

1. 国有土地所有权由（   ）代表国家行使。
   A. 国务院 B. 国务院土地行政主管部门
   C. 市、县人民政府 D. 市、县人民政府土地行政主管部门

2. 下列关于现行城市土地使用制度，表述错误的是（   ）。
   A. 在不改变城市土地国有的条件下，采取拍卖、招标、协议挂牌等方式出让土地
   B. 土地使用权有偿、有限期地出让给土地使用者
   C. 土地使用者的土地使用权在使用年限内可以转让，可以进行出租、抵押或者用于其他经济活动
   D. 需要继续使用的，经批准期限可以延长，同时按出让时市场情况补交地价款

3. 下列建设用地，可以依法通过划拨方式取得的有（   ）
   ①国家机关用地②军事用地③城市基础设施用地④公益事业用地⑤国家重点扶持的能源、交通、水利等基础设施用地⑥法律、行政法规规定的其他用地
   A. ③④⑤⑥ B. ①②③④⑥
   C. ①②④⑤⑥ D. ①②③④⑤⑥

4. 某游乐场按土地法定最高出让年限取得土地使用权，经营 15 年后转让，则取得该土地使用权的剩余使用年限是（   ）年。

A. 15　　　　　　　B. 25　　　　　　　C. 35　　　　　　　D. 55

5. 房地产开发是指在依法取得（　　）土地使用权的土地上进行基础设施、房屋建设的行为。

A. 国有　　　　　　B. 外企　　　　　　C. 私有　　　　　　D. 社会

6. 某开发公司经城市规划行政主管部门批准变更规划设计方案，导致商品房户型发生变化，并在10日内书面通知了买受人，买受人接通知后未作表示，2个月后买受人提出退房，按规定买受人（　　）。

A. 有权退房，但应承担违约责任

B. 有权要求开发公司承担违约责任

C. 有权要求开发公司赔偿损失

D. 无权退房

7. 房地产开发公司应当在商品住宅交付时，向购买人提供《住宅质量保证书》和（　　）。

A.《住宅使用说明书》　　　　　　B.《住宅验收说明书》

C.《住宅保修说明书》　　　　　　D.《住宅保修保证书》

8. 根据业主大会的授权，业主委员会应当与业主大会选聘的物业服务企业订立书面的（　　）。

A. 物业管理合同　　　　　　　　B. 物业服务合同

C. 前期物业服务合同　　　　　　D. 后期物业服务合同

9. 业主共同决定改建、重建建筑物及其附属设施，需要经（　　）同意。

A. 业主委员会

B. 专有部分占建筑物总面积过半数的业主

C. 专有部分占建筑物总面积三分之二以上的业主且占总人数三分之二以上的业主

D. 专有部分占建筑物总面积过半数的业主且占总人数过半数的业主

10. 下列关于住宅专项维修资金，说法不正确的是（　　）。

A. 住宅专项维修资金，是指专项用于住宅共用部位、共用设施设备保修期满后的维修和更新、改造的资金

B. 业主交存的住宅专项维修资金属于业主所有

C. 从公有住房售房款中提取的住宅专项维修资金属于全体业主所有

D. 业主大会成立前，商品住宅业主、非住宅业主交存的住宅专项维修资金，由物业所在地直辖市、市、县人民政府建设（房地产）主管部门代管

二、多选题

1.《中华人民共和国土地管理法》规定，我国土地的社会主义公有制包括（　　）。

A. 社会主义所有制　　　　　　　B. 全民所有制

C. 劳动群众集体所有制　　　　　D. 初级公有制

E. 高级公有制

2. 国家无偿收回划拨土地使用权的原因有（　　）。

A. 土地使用者自动放弃土地使用权

B. 矿场、机场等核准报废土地

C. 非法转让土地

D. 不按批准用途使用土地

E. 转让时未补交土地使用权出让金或土地收益

3. 下列关于征地的表述中，正确的有（   ）。

A. 根据《宪法》规定，集体土地依法转为国有土地的行为是征收而非征用

B. 任何时候征地均须向农民给付青苗补偿费

C. 征地安置补助费归农村集体组织所有

D. 土地补偿费和安置补助费之和最高不得超过被征用前3年平均年产值的15倍

E. 征地时所称的地上附着物包括地下管线

4. 国家规定，商品住宅用地必须采取（   ）方式出让。

A. 抽签 B. 招标

C. 拍卖 D. 协议

E. 挂牌出让

5. 确定房地产开发项目，应当符合（   ）的要求。

A. 国土规划 B. 年度建设用地计划

C. 城市规划 D. 土地利用总体规划

E. 房地产开发年度计划

6. 下列可以采用划拨方式取得土地使用权的有（   ）。

A. 国家机关用地 B. 商品住宅用地

C. 学校用地 D. 高速公路用地

E. 国家重点扶持的能源项目用地

7. 下列情形中，属于房地产有偿转让的有（   ）。

A. 房地产买卖 B. 房地产入股

C. 房地产继承 D. 房地产抵债

E. 房地产典当

8. 下列房地产中，不得转让的有（   ）。

A. 共有的房地产 B. 未解决权属争议的房地产

C. 设定了抵押权的房地产 D. 已被依法查封的房地产

E. 已列入城市拆迁范围内的房屋

9. 下列关于房地产抵押的表述中，正确的有（   ）。

A. 村办企业的厂房可以抵押

B. 以两宗以上房地产设定同一抵押权的，视为同一抵押房地产

C. 公立学校的教学楼因本校扩建实验室可以抵押

D. 抵押人将已出租的房屋抵押的，租赁合同在有效期内对抵押物的受让人继续有效

E. 同一房地产不得设定两个以上抵押权

10. 商品房销售中，禁止的行为包括（   ）。
    A. 返本销售   B. 实名制购房
    C. 未取得商品房预售许可证收取定金   D. 成套住宅分割拆零销售
    E. 预购人将购买的期房再行转让

三、简答题

1. 简述房地产开发的概念及程序。
2. 简述土地使用权的取得方式，说明土地使用权出让的年限。
3. 什么是房地产转让？房地产转让有哪几种形式？
4. 什么是商品房预售？商品房预售需要具备哪些条件？
5. 什么是房地产抵押？房地产抵押有什么特点？
6. 什么是房地产产权产籍管理？
7. 什么是物业管理？物业管理的工作内容有哪些？
8. 什么是业主大会和业主委员会？它们分别有什么职责？

第9章 合同法律制度

教学目标

本章主要介绍《中华人民共和国民法典》（合同编）的基本构架及其相关概念、理论与知识。通过本章学习，应达到以下目标：

(1) 掌握《民法典》合同编中关于合同法律制度的基本原则及调整范围，熟悉合同的分类；

(2) 掌握要约、承诺的基本概念，熟悉合同的一般条款；

(3) 掌握合同的效力、合同履行的规定、合同履行中的抗辩权；

(4) 熟悉合同的变更、转让与终止，违约责任。

引例

合同法律的作用

随着市场经济的深入发展和社会法治意识的不断加强，"按合同办事"已逐渐成为工程建设领域公认的规律与要求。

我国建筑市场发育尚未完全成熟，存在市场主体行为不规范、市场信用体系和风险保障体系不健全等问题，比如工程建设各大主体间的纠纷频现、阴阳合同等现象。建设工程中的合同管理遵循公平交易的原则确定各方的权利和义务，对进一步规范各方建设主体的行为，维护当事人的合法权益，培养和完善建设市场发挥着重要作用。

工程建设中的合同管理为保证工程项目实施过程中各大主体全面履行义务提供了法律保障，也为确保工程项目顺利实施以及项目管理目标的实现提供了法律保障。随着我国建筑业逐步走上科学化、规范化的发展道路，合同管理也成为我国建筑业可持续发展和科学管理的重要内容。

9.1 合同法律制度概述

9.1.1 合同的概念及分类

1. 合同的概念

合同是指平等主体的自然人、法人、其他组织之间设立、变更、终止民事权利义务关系的协议。

合同的概念有广义和狭义之分。广义的合同是指两个以上的民事主体之间设立、变更、终止民事权利义务关系的协议。广义的合同除了债权合同之外，还包括物权合同、身份合同、行政合同和劳动合同等。狭义的合同专指债权合同，即两个以上的民事主体之间设立、变更、终止债权债务关系的协议。

2. 合同的分类

（1）书面合同、口头合同及默示合同

按照合同的表现形式，合同分为书面合同、口头合同及默示合同。

书面合同是指当事人以书面文字为表现形式的合同。书面形式是合同书、信件、电报、电传、传真等可以有形地表现所载内容的形式。以电子数据交换、电子邮件等方式能够有形地表现所载内容，并可以随时调取查用的数据电文，也视为书面形式。书面合同可以作为双方行为的证据，便于检查、管理和监督，发生纠纷时有凭有据，举证方便。

口头合同是指当事人以口头语言的方式（如当面对话、电话等）达成协议而订立的合同。口头合同简便易行，但缺乏证据，当发生合同纠纷时难以举证，因而其一般仅适用于即时结清的情况。

默示合同是指当事人并不直接用口头或者书面形式进行意思表示，而是通过实施某种行为或者以不作为的沉默方式进行意思表示而达成的合同。

（2）有名合同与无名合同

根据法律是否规定一定名称并有专门规定为标准，合同分为有名合同与无名合同。

有名合同，也称典型合同，是法律上已经确定一定的名称，并设定具体规则的合同，如《民法典》合同编所规定的买卖合同、借款合同、建设工程合同等合同。

无名合同，也称非典型合同，是法律上尚未确定专门名称和具体规则的合同。根据合同自由原则，合同当事人可以自由决定合同的内容。由此可见，当事人可自由订立无名合同。从实践来看，无名合同大量存在，是合同的常态。

（3）双务合同与单务合同

依当事人双方是否互负义务为标准，合同可以分为双务合同与单务合同。

双务合同是当事人之间互负义务的合同，如买卖合同、租赁合同、承揽合同与建设工程合同。

单务合同是只有一方当事人负担义务的合同，如赠予合同。

（4）有偿合同与无偿合同

根据当事人是否可以从合同中获取某种利益为标准，可以将合同分为有偿合同与无偿合同。

有偿合同是指当事人一方享有合同规定的权益，须向另一方付出相应对价的合同。在实践中，绝大多数合同都是有偿的，如买卖合同、租赁合同、运输合同、承揽合同等。

无偿合同是指一方当事人享有合同约定的权益，但无须向另一方付出相应对价的合同，如赠予合同等。

有些合同既可以是有偿的又可以是无偿的，由当事人协商决定，如委托合同、保管合同等。双务合同都是有偿合同，单务合同原则上是无偿合同，但有的单务合同也可以是有偿合同，如有息借款合同等。

（5）诺成合同与实践合同

根据合同的成立是否必须交付标的物为标准，合同分为诺成合同与实践合同。

诺成合同，是指当事人各方的意思表示一致即告成立的合同，如委托合同，勘察、设计合同等。

实践合同，又称要物合同，是指除双方当事人的意思表示一致以后，尚须交付标的物才能成立的合同，如保管合同等。

（6）要式合同与不要式合同

根据合同的成立是否必须采取一定形式为标准，可以将合同划分为要式合同与不要式合同。

要式合同是法律或当事人必须具备特定形式的合同，例如，建设工程合同应当采用书面形式，就是要式合同。

不要式合同是指法律或当事人不要求必须具备一定形式的合同。实践中，以不要式合同居多。

（7）主合同与从合同

以合同相互间的主从关系为标准，合同分为主合同与从合同。

主合同是指不需要其他合同存在即可独立存在的合同；从合同就是以其他合同为存在前提的合同。例如，对于保证合同而言，设立主债务的合同就是主合同，保证合同是从合同。

9.1.2 合同法律制度简介

1. 合同法律制度的概念

广义而言，合同法是调整平等主体的自然人、法人、其他组织之间设立、变更、终止民事权利义务关系的法律规范的总称；狭义而言，合同法指由立法机关制定的，以"合同法"命名的法律。我国在1999年3月15日通过了《中华人民共和国合同法》，于1999年10月1日起施行。2020年5月28日，十三届全国人民代表大会第三次会议表决通过了《中华人民共和国民法典》（以下简称《民法典》），自2021年1月1日起施行，《中华人民共和国合同法》同时废止。本章所提及的合同法律制度，以《民法典》第三编合同为主要依据。

> **阅读材料** 《民法典》第三编合同的结构

第一分编——通则，介绍了合同的基本原理和基本原则。

其主要内容包括：一般规定、合同的订立、合同的效力、合同的履行、合同的保全、合同的变更和转让、合同的权利义务终止和违约责任。

第二分编——典型合同，对19种不同类型的有名合同做出专门规定。

这19种有名合同包括：买卖合同；供用水、电、气、热力合同；赠予合同；借款合同；保证合同；租赁合同；融资租赁合同；保理合同；承揽合同；建设工程合同；运输合同；技术合同；保管合同；仓储合同；委托合同；物业服务合同；行纪合同；中介合同；合伙合同。

第三分编——准合同，包括无因管理和不当得利两章。

2. 合同法律制度的基本原则

《民法典》第一编总则第一章对民事主体从事民事活动中的基本原则作了相应规定。

（1）平等原则

《民法典》第四条规定："民事主体在民事活动中的法律地位一律平等。"此项规定明确指出，在合同法律关系中，当事人无论是什么身份，其相互之间的法律地位是平等的，都是独立的、享有平等主体资格的合法当事人。一方不得将自己的意愿强加给另一方。

（2）自愿原则

《民法典》第五条规定："民事主体从事民事活动，应当遵循自愿原则，按照自己的意思设立、变更、终止民事法律关系。"自愿原则是合同法律制度的重要原则，合同当事人通过协商，自愿决定和调整相互之间的权利义务关系。

（3）公平原则

《民法典》第六条规定："民事主体从事民事活动，应当遵循公平原则，合理确定各方的权利和义务。"公平原则要求合同双方当事人之间的权利义务要公平合理，使一方享有的权利与其所承担的义务大体平衡。公平原则有利于保护当事人的合法权益，维护和平衡当事人之间的利益。

（4）诚实信用原则

《民法典》第七条规定："民事主体从事民事活动，应当遵循诚信原则，秉持诚实，恪守承诺。"诚实信用原则，要求当事人在订立、履行合同以及合同终止后的全过程中，都要讲诚实，重信用，相互协作，不得滥用权力，在不损害他人和社会利益的前提下实现自己的利益。

（5）遵守法律、维护社会公共利益的原则

《民法典》第八条规定："民事主体从事民事活动，不得违反法律，不得违背公序良俗。"第九条规定："民事主体从事民事活动，应当有利于节约资源、保护生态环境。"

(6) 合同严守原则

《民法典》第四百六十五条规定："依法成立的合同，受法律保护。依法成立的合同，仅对当事人具有法律约束力，但是法律另有规定的除外。"订立合同实行自愿原则，但是，依法成立的合同对当事人具有法律约束力，受法律保护。

9.1.3 合同的主要条款

合同的主要条款，即合同的内容。是指由合同当事人约定的合同条款。

《民法典》四百七十条规定："合同的内容由当事人约定，一般包括下列条款：①当事人的姓名或者名称和住所；②标的；③数量；④质量；⑤价款或者报酬；⑥履行期限、地点和方式；⑦违约责任；⑧解决争议的方法。当事人可以参照各类合同的示范文本订立合同。"

(1) 当事人的姓名或者名称和住所

当事人的姓名或者名称是指自然人的姓名，或者法人和其他组织的名称，住所是指其主要办事机构所在地。该项条款反映合同当事人的基本情况。

(2) 标的

标的是指合同当事人双方权利和义务共同指向的对象，即合同法律关系的客体。标的可以是货物、劳务、工程项目或者货币等。它是合同成立的必要条件，是一切合同的必要条款。

(3) 数量

数量是计算标的的尺度，是衡量合同当事人权利、义务大小的尺度。它把标的定量化，以便确立合同当事人之间的权利和义务的量化指标，从而计算价款或报酬。因此，签订合同时，应当使用国家法定计量单位，做到计量标准化、规范化。

(4) 质量

质量是标的物性质差异的具体特征，和数量一样是确定合同标的的具体条件。它不仅决定着标的物的经济效益和社会效益，还直接关系到生产的安全和人身的健康等。因此，当事人在签订合同时，必须对标的物的质量作出明确的规定，应当采用国家标准或行业标准。

(5) 价款或者报酬

价款或报酬，是指取得标的物或接受劳务的当事人所支付的对价。价款通常是指当事人一方为取得对方出让的标的物，而支付给对方一定数额的货币。报酬通常是指当事人一方为对方提供劳务、服务等，从而向对方收取一定数额的货币报酬。

(6) 履行期限、地点和方式

履行期限是指当事人交付标的和支付价款或报酬的日期。它直接关系到合同义务的完成时间，涉及当事人的期限利益，也是确定当事人违约与否的因素之一。

履行地点是指当事人交付标的和支付价款或报酬的地点。它包括标的交付、提取地点，服务、劳务或工程项目建设的地点，价款或报酬结算的地点等。合同履行地也是一项重要条款。它不仅关系到当事人实现权利和承担义务的发生地，还关系到人民法院受理合同纠纷案件的管辖地问题。

履行方式是指合同当事人双方约定以哪种方式转移标的物和结算价款。履行方式应视所签订合同的类别而定，包括交货方式、实施行为方式、验收方式、付款方式、结算方式、运输方式等。

（7）违约责任

违约责任是指合同当事人一方或双方不履行合同义务或履行合同义务不符合约定时，必须承担的法律责任。违约责任包括继续履行、支付违约金、赔偿损失、采取补救措施等形式。法律有规定责任范围的按规定处理；法律没有规定责任范围的，由当事人双方协商处理。

（8）解决争议的方法

解决争议的方法是指合同当事人约定在合同产生争议时，采取什么方式解决争议。合同当事人可以在合同中约定争议解决方式。一般而言，解决合同争议的方式有协商、调解、仲裁和诉讼。对解决争议方法的约定有利于合同争议的尽快解决，从程序上保障当事人的实质性权益。

9.1.4 建设工程合同

1. 建设工程合同的概念

《民法典》第七百八十八条规定："建设工程合同是承包人进行工程建设，发包人支付价款的合同。建设工程合同包括工程勘察、设计、施工合同。"《民法典》第七百八十九条规定："建设工程合同应当采用书面形式。"由此可见，建设工程合同是一种书面合同。建设工程合同也是一种诺成合同，合同订立生效后双方应当严格履行义务。建设工程合同还是一种双务合同、有偿合同，当事人双方在合同中都有各自的权利与义务，在享有权利的同时必须履行义务。

2. 建设工程合同的特征

建设工程是一项资金要求量巨大、安全性强、涉及面广的重大固定资产投资活动，因此将建设工程合同从承揽合同中分离出来，列为单独的一章。

建设工程合同除了具有一般合同的特征之外，还有以下自身的特点：

（1）合同主体资格受到严格限制

建设工程合同主体一般只能是法人。发包人一般只能是经过批准进行工程项目建设的法人，承包人则必须具备法人资格，而且应当具备相应的从事勘察、设计、施工等活动的资质。

（2）合同标的具有特殊性

建设工程合同的标的是各类建筑产品，具有固定性和单件性。建筑产品的单件性生产决定了建设工程合同标的的特殊性。

（3）合同履行期限较长

（4）合同订立和履行受到国家严格监管

（5）合同形式要求特殊

《民法典》对于合同采用哪种形式没有限制，但是考虑到建设工程的重要性和复杂性，而且履行过程中经常发生纠纷，因此《民法典》要求建设工程合同应当采用书面形式。

3. 建设工程合同的分类

建设工程合同包括建设工程勘察合同、建设工程设计合同、建设工程施工合同三类，建设工程监理合同和建设工程合同关系密切，在此一并介绍。

（1）建设工程勘察、设计合同

建设工程勘察、设计合同是委托方（业主）与承包方（勘察设计单位）为完成一定的勘察设计任务，明确双方权利和义务关系的协议。业主也可能将工程勘察、设计任务一并委托给一家具备相应资质条件的单位而与其签订工程勘察设计合同。建设工程勘察设计合同的主要内容包括提交有关基础资料和文件（包括概预算）的期限、质量要求、费用以及其他协作条件等条款。

（2）建设工程施工合同

建设工程施工合同是发包人（业主、建设单位）与承包人（施工单位）之间为完成建设工程项目，确定双方权利与义务的协议。业主可以将工程项目的施工任务发包给一家或者多家承包商。建设工程施工合同的主要内容包括工程范围、建设工期、中间交工工程的开工和竣工时间、工程质量、工程造价、技术资料交付时间、材料和设备供应责任、拨款和结算、竣工验收、质量保修范围和质量保修期、双方相互协作等条款。

（3）建设工程监理合同

《建筑法》明确规定实行监理的建筑工程，由建设单位委托具有相应资质条件的工程监理单位监理。建设单位与其委托的工程监理单位应当订立书面委托监理合同。委托监理合同确定了监理服务内容、服务期限、工程类别、规模、技术复杂程度、工程环境等因素，同时也确定了监理合同双方的权利与义务。

9.2 合同的订立

9.2.1 合同的形式

合同的形式是指合同双方当事人对合同内容、条款经过协商，做出共同意思表示的具体方式。《民法典》第四百六十九条规定："当事人订立合同，可以采取书面形式、口头形式或者其他形式。"合同的具体形式如表 9.1 所示。

表 9.1 合同的形式

合同形式	主要内容
口头形式	凡当事人无约定或法律未规定特定形式的合同，均可采用口头形式
书面形式	（1）书面形式是指合同书、信件、电报、电传、传真等可以有形地表现所载内容的形式。以电子数据交换、电子邮件等方式能够有形地表现所载内容，并可以随时调取查用的数据电文，视为书面形式。 （2）建设工程合同应当采用书面形式

续表

合同形式	主要内容
其他形式	法律、行政法规规定或者当事人约定采用书面形式订立合同,当事人未采用书面形式但一方已经履行主要义务,对方接受的,该合同成立

9.2.2 合同订立的方式

《民法典》第四百七十一条规定:"当事人订立合同,可以采取要约、承诺方式或者其他方式。"

1. 要约

(1) 要约的概念

要约,在商业活动中又称发盘、发价、出盘、出价、报价。《民法典》第四百七十二条对要约的概念进行了界定,要约是希望与他人订立合同的意思表示。由此可见,要约是一方当事人以缔结合同为目的,向对方当事人所作的意思表示。发出要约的人称为要约人,接受要约的人称为受要约人。

构成要约必须具备以下条件:

1) 要约必须是特定当事人所作出的意思表示

特定当事人是指作出要约的人是可以确定的主体。要约的相对人一般是特定的人,但也可以是不特定人,如商业广告内容符合要约其他条件的,可以视为要约。

2) 要约必须向相对人发出

3) 要约必须具有订立合同的意思表示

要约必须具有缔约目的,要约人发出要约的目的是为了订立合同,即在受约人承诺时,要约人即受该意思表示的约束。

4) 要约内容应当具体明确

所谓"具体",是指要约的内容必须能够包含使合同成立的必要条款;所谓"明确",是指要约内容必须明确,不能含糊不清。受约人一旦承诺后,合同就能成立。

(2) 要约邀请

《民法典》第四百七十三条规定:"要约邀请是希望他人向自己发出要约的表示。拍卖公告、招标公告、招股说明书、债券募集办法、基金招募说明书、商业广告和宣传、寄送的价目表等为要约邀请。商业广告和宣传的内容符合要约条件的,构成要约。"

要约邀请是当事人准备订立合同的预备行为,其目的在于邀请对方向自己发出要约,不含有当事人表示愿意承担约束的意旨,要约邀请人无需对自己的行为承担法律责任。在工程建设中,工程招标公告即要约邀请,投标报价属于要约,发出中标通知书则是承诺。

(3) 要约的生效

要约的生效是指要约开始发生法律效力。《民法典》第四百七十四条规定:"要约生效的时间适用本法第一百三十七条的规定。"第一百三十七条规定："以对话方式作出的意思表示，相对人知道其内容时生效。以非对话方式作出的意思表示，到达相对人时生效。"

要约可以以非对话方式作出，也可以以对话方式作出，而非对话方式包括了信函、电报、传真、电子邮件等可以有形地表现所载内容的形式。除法律明确规定外，要约人可以视具体情况自主选择要约的形式。

（4）要约的撤回

要约的撤回指在要约发生法律效力之前，要约人使其不发生法律效力而取消要约的行为。《民法典》第四百七十五条规定："要约可以撤回。"《民法典》第一百四十一条规定："行为人可以撤回意思表示。撤回意思表示的通知应当在意思表示到达相对人前或者与意思表示同时到达相对人。"

（5）要约的撤销

要约的撤销指在要约发生法律效力之后，要约人使其丧失法律效力而取消要约的行为。《民法典》第四百七十六条及四百七十七条规定："要约可以撤销。撤销要约的意思表示以对话方式作出的，该意思表示的内容应当在受要约人作出承诺之前为受要约人所知道；撤销要约的意思表示以非对话方式作出的，应当在受要约人作出承诺之前到达受要约人。"

为了保护当事人的利益，《民法典》第四百七十六条规定了有下列情形之一的，要约不得撤销：

1）要约人以确定承诺期限或者其他形式明示要约不可撤销；

2）受要约人有理由认为要约是不可撤销的，并已经为履行合同做了合理准备工作。

要约的撤回与要约的撤销在本质上是一样的，都是否定了已经发出去的要约。其区别在于：要约的撤回发生在要约生效之前，而要约的撤销则是发生在要约生效之后。

（6）要约失效

要约的失效是指要约生效后，因特定事由而使其丧失法律效力，不再对要约人和受要约人产生约束。

《民法典》第四百七十八条规定："有下列情形之一的，要约失效：

1）要约被拒绝；

2）要约被依法撤销；

3）承诺期限届满，受要约人未作出承诺；

4）受要约人对要约的内容作出实质性变更。"

2. 承诺

（1）承诺的概念

承诺是指受要约人同意要约的意思表示，即受要约人同意接受要约的条件以成立合同的意思表示。一般而言，要约一经承诺并送达于要约人，合同即告成立。

构成承诺必须具备以下条件：①承诺必须由受要约人向要约人作出；②承诺应在要约确定的期限内到达要约人；③承诺的内容应当与要约的内容一致；④承诺的方式

必须符合要约要求。

（2）承诺生效

承诺在承诺通知到达要约人时生效。承诺应当在要约确定的期限内到达要约人，承诺不需要通知的，根据交易习惯或者要约的要求作出承诺的行为时生效。

（3）承诺的撤回

承诺的撤回是指承诺发出后，承诺人阻止承诺发生法律效力的意思表示。承诺可以撤回，撤回承诺的通知应当在承诺通知到达要约人之前或者与承诺通知同时到达要约人。

若撤回承诺的通知晚于承诺通知到达要约人，此承诺已然发生法律效力，合同已经成立，则承诺人就不得撤回其承诺。

需要注意的是，要约可以撤回，也可以撤销。但是承诺却只可以撤回，而不可以撤销。

（4）承诺超期与承诺延误

承诺超期是指受要约人主观上超过承诺期限而发出承诺，或者在承诺期限内发出承诺，按照通常情形不能及时达到要约人，导致承诺延迟到达要约人。受要约人超过承诺期限发出承诺的，除要约人及时通知受要约人该承诺有效的以外，为新要约。

承诺延误是指受要约人发出的承诺由于外界原因而延迟到达要约人。受要约人在承诺期限内发出承诺，按照通常情形能够及时到达要约人，但因其他原因承诺到达要约人时超过承诺期限的，除要约人及时通知受要约人因承诺超过期限不接受该承诺的以外，该承诺有效。

（5）承诺内容的变更

《民法典》第四百八十八条规定："承诺的内容应当与要约的内容一致。受要约人对要约的内容作出实质性变更的，为新要约。有关合同标的、数量、质量、价款或者报酬、履行期限、履行地点和方式、违约责任和解决争议方法等的变更，是对要约内容的实质性变更。"

承诺对要约的内容作出非实质性变更的，除要约人及时表示反对或者要约表明承诺不得对要约的内容作出任何变更的以外，该承诺有效。非实质性变更主要是对原要约内容作出某些补充、限制和修改，如在承诺中增加有建议性条款、说明性条款等。

9.2.3 缔约过失责任

1. 缔约过失责任的概念

缔约过失责任是指在订立合同过程中，一方当事人违反诚实信用原则的要求，因自己的过失而引起合同不成立、被确认无效或者被撤销而给对方造成损失时所应当承担的责任。

2. 缔约过失责任的构成要件

（1）缔约过失责任发生在合同订立过程中

缔约过失行为的出现，是发生在当事人之间洽商合同订立的过程中，也即双方作出订立合同的意思表示，但是合同尚未成立。这是缔约过失责任与违约责任的根本区别。

(2) 当事人违反了诚实信用原则所要求的义务

当事人的过失主要表现为违反其依据诚实信用原则应负的义务,包括及时通知、告知、协助和照顾、保密等义务。

(3) 对方因此受到实际损失

对方所受的损失和一方的缔约过失之间存在因果关系。

3. 关于缔约过失责任的法律规定

《民法典》第五百条规定:"当事人在订立合同过程中有下列情形之一的,造成对方损失的,应当承担赔偿责任:

(1) 假借订立合同,恶意进行磋商;

(2) 故意隐瞒与订立合同有关的重要事实或者提供虚假情况;

(3) 有其他违背诚实信用原则的行为 。"

另外,《民法典》第五百零一条规定:"当事人在订立合同过程中知悉的商业秘密或者其他应当保密的信息,无论合同是否成立,不得泄露或者不正当地使用;泄露、不正当地使用该商业秘密或者信息,造成对方损失的,应当承担赔偿责任。"

阅读材料 建设工程合同订立的程序

在建设工程合同的订立过程中,发包方发布的招标公告或投标邀请书就是一种要约邀请,其目的在于引诱承包方向自己发出要约——即参与投标。而承包方向发包方递交的投标文件就是一种要约,投标文件内容应当具体明确,包含建设工程合同应具备的主要条款,如工程价款、工程工期、工程质量等内容。投标人在招标文件要求的投标截止日期前可以补充、修改或者撤回已提交的投标文件(要约),并书面通知招标人。补充、修改的内容也是为投标文件的组成部分。作为要约的投标文件对承包方具有法律约束力,表现为承包方在开标后无权修改或撤回投标文件,一旦中标就必须与发包方签订合同,否则就应当承担缔约过失责任,承担缔约过失责任的主要表现形式为投标保证金被没收。

发包方向承包方发出的中标通知书即是一种承诺。一般情况下,承诺生效都采用"达到主义",即承诺到达要约人时生效,但《招标投标法》对建设工程合同订立中的承诺采取"投邮主义",即发出中标通知书(作出承诺)时生效。《招标投标法》第四十六条规定:"招标人和中标人应当自中标通知书发出之日起三十日内,按照招标文件和中标人的投标文件订立书面合同。"因此,在建设工程合同的订立过程中,承诺(中标通知书)是无法撤回的。

9.3 合同的效力

9.3.1 合同的成立与生效

1. 合同的成立

合同成立是指合同当事人经过平等协商完成了合同的签订过程，并就合同内容达成一致。它是合同当事人合意的结果，是合同订立过程的完成。

(1) 合同成立的一般要件

1) 存在订约当事人

合同成立首先应具备双方或者多方订约当事人，只有一方当事人不可能成立合同。

2) 订约当事人对主要条款达成一致

合同成立的根本标志是合同当事人经协商，就合同的主要条款达成一致意见。

3) 经历要约和承诺两个阶段

(2) 合同成立的时间

合同成立时间关系到当事人何时开始受到合同关系的约束，因此合同成立时间具有重要意义。确定合同的成立时间应当遵循如下几项原则：

《民法典》第四百八十三条规定："承诺生效时合同成立，但是法律另有规定或者当事人另有约定的除外。"

《民法典》第四百九十条规定："当事人采用合同书形式订立合同的，自当事人均签名、盖章或者按指印时合同成立。在签名、盖章或者按指印之前，当事人一方已经履行主要义务，对方接受时，该合同成立。"

《民法典》第四百九十一条规定："当事人采用信件、数据电文等形式订立合同要求签订确认书的，签订确认书时合同成立。"

2. 合同的生效

(1) 合同生效的概念

合同生效，是指已经成立的合同因符合法律规定而受到法律保护，并能产生当事人所预想的法律后果。已经成立的合同，必须具备一定的生效要件，才能产生法律约束力。

合同生效是法律认可合同效力，强调合同内容的合法性。因此，合同成立和合同生效是有区别的，合同成立体现了当事人的意志，而合同生效则体现国家意志。合同成立是合同生效的前提条件，如果合同不成立，是不可能生效的。但是合同成立也并不意味着合同就生效了。

(2) 合同生效的要件

合同生效的要件有：①订立合同的当事人必须具有相应的民事权利能力和民事行为能力；②意思表示真实；③不违反法律、行政法规的强制性规定，不损害社会公共利益；④具备法律所要求的形式。

（3）合同生效的时间

《民法典》第五百零二条规定："依法成立的合同，自成立时生效，但是法律另有规定或者当事人另有约定的除外。"

确定合同的生效时间应当遵循如下几项原则：

1）依法成立的合同，自成立时生效。这是合同生效的一般规定，即如果没有法律、行政法规的特别规定和当事人约定，合同的成立时间与合同的生效时间一致。

2）法律、行政法规规定应当办理批准等手续的，当事人办理了相关手续后合同生效。未办理批准等手续影响合同生效的，不影响合同中履行报批等义务条款以及相关条款的效力。应当办理申请批准等手续的当事人未履行义务的，对方可以请求其承担违反该义务的责任。

9.3.2 无效合同

1. 无效合同的概念

无效合同，是指虽经合同当事人协商订立，但因违反法律、行政法规的强制性规定或者社会公益，法律规定不承认其效力的合同。

2. 无效合同的类型

《民法典合同编》删除了原《合同法》合同效力制度的具体规定，但在第五百零八条规定："本编对合同的效力没有规定的，适用本法第一编第六章的有关规定。"表明今后关于合同效力的裁判需要援引《民法典》第一编第六章民事法律行为效力的相关规定。

第一百四十四条规定："无民事行为能力人实施的民事法律行为无效。"

第一百四十六条规定："行为人与相对人以虚假的意思表示实施的民事法律行为无效。"

第一百五十三条规定："违反法律、行政法规的强制性规定的民事法律行为无效。但是，该强制性规定不导致该民事法律行为无效的除外。违背公序良俗的民事法律行为无效。"

第一百五十四条规定："行为人与相对人恶意串通，损害他人合法权益的民事法律行为无效。"

3. 合同中免责条款无效的法律规定

（1）免责条款的含义

合同中的免责条款是指当事人在合同中约定免除或者限制其未来责任的合同条款。免责条款无效，是指没有法律约束力的免责条款。

（2）免责条款无效的法律规定

《民法典》第五百零六条规定："合同中的下列免责条款无效：①造成对方人身损害的；②因故意或者重大过失造成对方财产损失的。"

法律之所以规定上述两种情况的免责条款无效，主要原因在于：一是这两种行为具有一定的社会危害性和法律谴责性；二是这两种行为都可能构成侵权行为责任，如果当事人约定这种侵权行为可以免责，就等于以合同的方式剥夺了当事人合同以外的合法权利。

4. 无效合同的法律后果

（1）无效合同的基本特征

1）自始无效。不论确认合同无效的时间是在合同履行前，还是在履行过程中，或者在履行完毕后，无效合同从合同成立之时就不具备法律效力。

2）绝对无效。无效合同自订立时起就无效，当事人不能通过同意或追认等方式使其生效。

3）当然无效。无论当事人是否知道其无效情况，无论当事人是否提出主张无效，法院或仲裁机构可以主动审查决定该合同无效。

4）合同无效，可能是全部无效，也可能是部分无效。如果合同部分无效，不影响其他部分效力的，其他部分仍然有效。

5）合同无效，不影响合同中独立存在的有关解决争议方法的条款的效力。

（2）合同无效的处理原则

1）返还财产。合同被确认无效后，因该合同取得的财产，应当予以返还。

2）折价补偿。不能返还或者没有必要返还的，应当折价补偿。例如，建设工程施工合同无效但是工程已经竣工验收合格，如果采用返还财产、恢复原状处理规则，就要将工程拆除使之恢复到订立合同之前，这样既不利于保护当事人的权益，对社会资源也是一种浪费。

3）赔偿损失。赔偿损失以过错为要件，有过错的一方应当赔偿对方因此所受到的损失，双方都有过错的，应当各自承担相应的责任。

4）收归国库所有。当事人恶意串通，损害国家、集体或者第三人利益的，因此取得的财产收归国家所有，返还给集体或第三人。

5. 建设工程施工合同无效的情形及处理

（1）建设工程施工合同无效的几种情形

在工程实践中，由于工程价值量大、建设周期长、参与方多等特征，工程纠纷和问题纷繁复杂，工程合同是否无效界定比较困难。针对这种情况，最高人民法院于2004年10月25日出台了《最高人民法院关于审理建设工程施工合同纠纷案件适用法律问题的解释》（以下简称《司法解释》），于2005年1月1日起正式施行，还出台了《关于审理建设工程施工合同纠纷案件适用法律问题的解释（二）》，于2019年2月1日起正式施行。

根据《司法解释》，建设工程施工合同无效有以下几种情形：①承包人未取得建筑施工企业资质的；②承包人超越资质等级承包的，承包人超越资质等级许可的业务范围在签订建设工程施工合同后，但在建设工程竣工前取得相应资质等级的除外；③没有资质的实际施工人借用有资质的建筑施工企业名义的；④建设工程必须进行招标而未招标或者中标无效的；⑤承包人非法转包建设工程的；⑥承包人违法分包建设工程的。

除了《司法解释》规定的情形之外，其他一些违反相关法律法规强制性规定的情形也将导致合同无效。如《建筑法》第二十四条规定，禁止将建设工程肢解发包；《建设工程质量管理条例》第七条规定，建设单位不得将建设工程肢解发包。这一条款表明如果建设单位将建设工程肢解发包后与施工单位签订的建设工程施工合同，人民法院也应当认定其无效。

(2) 建设工程施工合同无效后的处理

无效合同最基本的法律后果就是恢复原状，恢复到合同签订以前的状态，当不能恢复或不必要恢复时就要折价补偿，当产生其他损失时就要按照过错承担赔偿责任。基于此，对于建设工程施工合同无效的总体处理原则为：尚未履行的判决不再履行；正在履行的，应当立即终止履行，并视具体情况按过错程度处理；合同已经履行完毕的，应根据无效合同当事人的过错责任程度进行处理。

《司法解释》第二条及第三条对于无效合同的处理同样也做出了明确的规定，具体原则为：①建设工程施工合同无效，但建设工程经竣工验收合格，承包人请求参照合同约定支付工程价款的，应予支持。②建设工程施工合同无效，且建设工程经竣工验收不合格的，若修复后的建设工程经竣工验收合格，发包人仍应按照合同约定支付承包人工程价款，但承包人应承担修复费用。③建设工程施工合同无效，且建设工程经竣工验收不合格的，若修复后的建设工程经竣工验收仍不合格，承包人请求支付工程价款的，不予支持。

另外，因建设工程不合格造成的损失，发包人有过错的，也应承担相应的民事责任。

9.3.3 可撤销合同

1. 可撤销合同的概念

可撤销合同是指因当事人在订立合同的过程中意思表示不真实，经过撤销人请求，由人民法院或者仲裁机构变更合同内容或者撤销合同，从而使合同效力归于消灭的合同。

可撤销合同具有以下基本特征：①可撤销合同在未被撤销之前仍然是有效合同；②可撤销合同效力消灭与否取决于撤销权人的意思；③对可撤销合同的撤销，必须由撤销人请求人民法院或者仲裁机构作出。

2. 导致合同撤销的原因

《民法典》第一编第六章第一百四十七条～第一百五十一条规定了可撤销的民事法律行为。

1) 基于重大误解实施的民事法律行为。所谓重大误解，是指合同当事人因自己过错（如误认或者不知情等）对合同的内容发生错误认识而订立了合同并造成了重大损失的情形。

2) 一方以欺诈手段，使对方在违背真实意思的情况下实施的民事法律行为。

3) 第三人实施欺诈行为，使一方在违背真实意思的情况下实施的民事法律行为。

4) 一方或者第三人以胁迫手段，使对方在违背真实意思的情况下实施的民事法律行为。

5）一方利用对方处于危困状态、缺乏判断能力等情形，致使民事法律行为成立时显失公平的。显失公平，是指一方当事人利用优势或利用对方没有经验，致使双方的权利、义务明显不对等，使对方遭受重大不利，而自己获得不平衡的重大利益的行为。

3. 撤销权的行使及消灭

（1）撤销权的行使

受欺诈方、受胁迫方、受损害方有权请求人民法院或者仲裁机构予以撤销。

（2）撤销权的消灭

《民法典》第一百五十二条规定："有下列情形之一的，撤销权消灭：

1）当事人自知道或者应当知道撤销事由之日起一年内、重大误解的当事人自知道或者应当知道撤销事由之日起九十日内没有行使撤销权；

2）当事人受胁迫，自胁迫行为终止之日起一年内没有行使撤销权；

3）当事人知道撤销事由后明确表示或者以自己的行为表明放弃撤销权。

当事人自民事法律行为发生之日起五年内没有行使撤销权的，撤销权消灭。"

4. 可撤销合同被撤销的后果

可撤销合同被撤销之前，该合同具有效力。在被撤销之后，该合同即不具有效力，即被撤销的合同自始没有法律约束力，当事人不受该合同约束，不得基于该合同主张认可权利或承担任何义务。可撤销合同被撤销后，其法律后果和处理原则与无效合同相同。

9.3.4 效力待定合同

1. 效力待定合同的概念

效力待定合同是指合同虽然已经成立，但因其不完全符合有关合同的生效要件，其法律效力能否发生，尚未确定，一般须经权利人表示承认方能生效的合同。

2. 效力待定合同的类型及其处理

（1）限制民事行为能力人实施的民事法律行为

《民法典》第一百四十五条规定："限制民事行为能力人实施的纯获利益的民事法律行为或者与其年龄、智力、精神健康状况相适应的民事法律行为有效；实施的其他民事法律行为经法定代理人同意或者追认后有效。

相对人可以催告法定代理人自收到通知之日起三十日内予以追认。法定代理人未作表示的，视为拒绝追认。民事法律行为被追认前，善意相对人有撤销的权利。撤销应当以通知的方式作出。"

限制民事行为能力人订立的合同在以下三种情况下是有效的：①经过法定代理人同意或追认的合同；②纯获利益的合同，如赠予合同；③与其年龄、智力、精神健康状况相适应而订立的合同。

（2）自我代理及双方代理

《民法典》第一百六十八条规定："代理人不得以被代理人的名义与自己实施民事法律行为，但是被代理人同意或者追认的除外。

代理人不得以被代理人的名义与自己同时代理的其他人实施民事法律行为，但是被代理的双方同意或者追认的除外。"

（3）复代理

《民法典》第一百六十九条规定："代理人需要转委托第三人代理的，应当取得被代理人的同意或者追认。

转委托代理经被代理人同意或者追认的，被代理人可以就代理事务直接指示转委托的第三人，代理人仅就第三人的选任以及对第三人的指示承担责任。

转委托代理未经被代理人同意或者追认的，代理人应当对转委托的第三人的行为承担责任；但是，在紧急情况下代理人为了维护被代理人的利益需要转委托第三人代理的除外。"

（4）无权代理

《民法典》第一百七十一条规定："行为人没有代理权、超越代理权或者代理权终止后，仍然实施代理行为，未经被代理人追认的，对被代理人不发生效力。

相对人可以催告被代理人自收到通知之日起三十日内予以追认。被代理人未作表示的，视为拒绝追认。行为人实施的行为被追认前，善意相对人有撤销的权利。撤销应当以通知的方式作出。

行为人实施的行为未被追认的，善意相对人有权请求行为人履行债务或者就其受到的损害请求行为人赔偿。但是，赔偿的范围不得超过被代理人追认时相对人所能获得的利益。

相对人知道或者应当知道行为人无权代理的，相对人和行为人按照各自的过错承担责任。"

《民法典》第一百七十二条规定："行为人没有代理权、超越代理权或者代理权终止后，仍然实施代理行为，相对人有理由相信行为人有代理权的，代理行为有效。"此即表见代理在合同领域的具体规定。可见，表见代理无须被代理人追认，产生代理效力，即由被代理人对第三人承担授权责任。因表见代理订立的合同如无其他导致合同无效的原因，该合同有效。

9.4 合同的履行

9.4.1 合同履行的原则

合同的履行，是指合同的双方当事人正确、适当、全面地完成合同中规定的各项义务的行为。合同的履行是合同当事人订立合同的根本目的，也是实现合同目的的最重要和最关键的环节。因此，合同的履行成为合同法中的核心内容。

依据《民法典》的相关规定，合同当事人在合同的履行过程中，应遵循以下原则：

1. 全面履行原则

《民法典》第五百零九条第一款规定:"当事人应当按照约定全面履行自己的义务。"这一规定确立了全面履行原则。全面履行原则,又称适当履行原则或正确履行原则。它要求当事人按合同约定的标的及其质量、数量,合同约定的履行期限、履行地点、适当的履行方式,全面完成合同义务的履行。

2. 诚实信用原则

《民法典》第五百零九条第二款规定:"当事人应当遵循诚实信用原则,根据合同的性质、目的和交易习惯履行通知、协助、保密等义务。"诚实信用原则要求当事人在合同履行过程中讲究信用,以善意的方式履行其合同义务,不得滥用权力及规避法律或者合同规定的义务。

3. 协作履行原则

协作履行原则,是指当事人不仅要适当履行自己的合同债务,而且应基于诚实信用原则的要求协助对方当事人履行其债务。该原则要求合同当事人在合同履行过程中相互协作,积极配合,完成合同的履行。

4. 避免浪费资源、污染环境和破坏生态

《民法典》第五百零九条第三款规定:"当事人在履行合同过程中,应当避免浪费资源、污染环境和破坏生态。"

5. 情势变更原则

情势变更,是指在合同订立后,因不可归责于双方当事人的原因而使合同成立的基础发生变化,如继续履行合同将会造成显失公平的后果。在这种情况下,法律允许当事人变更合同的内容或者解除合同,以消除不公平的后果。

9.4.2 合同履行过程中约定不明情况的处理

《民法典》第五百一十条规定:"合同生效后,当事人就质量、价款或者报酬、履行地点等内容没有约定或者约定不明确的,可以协议补充;不能达成补充协议的,按照合同有关条款或者交易习惯确定。"

如果当事人双方不能达成一致意见,又不能按照合同的有关条款或者交易习惯确定的,可以参照表 9.2。

表 9.2 合同履行约定不明情况的处理规定

序号	约定不明的情况	处理规定
1	质量要求不明确	按照强制性国家标准履行;没有强制性国家标准的,按照推荐性国家标准履行;没有推荐性国家标准的,按照行业标准履行;没有国家标准、行业标准的,按照通常标准或者符合合同目的的特定标准履行

续表

序号	约定不明的情况	处理规定
2	价款或报酬不明确	按照订立合同时履行地的市场价格履行;依法应当执行政府定价或者政府指导价的,按照规定履行
3	履行地点不明确	给付货币的,在接受货币一方所在地履行;交付不动产的,在不动产所在地履行;其他标的,在履行义务一方所在地履行
4	履行期限不明确	债务人可以随时履行,债权人也可以随时要求履行,但应当给对方必要的准备时间
5	履行方式不明确	按照有利于实现合同目的的方式履行
6	履行费用的负担不明确	由履行义务一方负担;因债权人原因增加的履行费用,由债权人负担

另外,执行政府定价或者政府指导价的,在合同约定的交付期限内政府价格调整时,按照交付时的价格计价。逾期交付标的物的,遇价格上涨时,按照原价格执行;价格下降时,按照新价格执行。逾期提取标的物或者逾期付款的,遇价格上涨时,按照新价格执行;价格下降时,按照原价格执行。即如果执行国家定价的合同当事人,由于逾期不履行合同遭遇国家调整物价时,执行对违约方不利的价格。需要注意的是,这种价格制裁只适用于当事人因主观过错而违约,不适用因不可抗力造成的情况。

9.4.3 合同履行中的抗辩权

合同履行中的抗辩权是指在双务合同中,在满足一定法定条件时,当事人一方有依法对抗对方的履行要求,暂时拒绝履行合同约定义务的权利。《合同法》规定双务合同的当事人在履行合同中享有抗辩权,包括同时履行抗辩权、后履行抗辩权及不安抗辩权。

1. 同时履行抗辩权

同时履行抗辩权,是指在没有规定履行顺序的双务合同中,任何一方当事人在对方未开始履行或未提出履行之前,有权拒绝履行自己的合同义务的权利。《民法典》第五百二十五条规定:"当事人互负债务,没有先后履行顺序的,应当同时履行。一方在对方履行之前有权拒绝其履行要求。一方在对方履行债务不符合约定时,有权拒绝其相应的履行要求。"

行使同时履行抗辩权必须符合以下要件:①当事人由同一双务合同产生互负的债务;②在合同中未约定履行顺序;③双方当事人的债务已届清偿;④当事人另一方未履行债务。

同时履行抗辩权只能由当事人行使。同时履行抗辩权有阻却对方请求权的效力,没有消灭对方请求权的效力。即在对方没有履行或提出履行前,可以拒绝履行;而当对方履行或提出履行时,应当恢复履行。

2. 后履行抗辩权

后履行抗辩权,是指当事人互负债务,有先后履行顺序,先履行一方未履行或者履行债务不符合约定的,后履行一方有权拒绝先履行一方的履行要求。

行使后履行抗辩权必须符合以下要件:①双方基于同一双务合同且互负债务;②履行债务有先后顺序;③有义务先履行债务的一方未履行或者履行不符合约定。

如果先履行一方已经适当、全面地履行债务,则后履行一方就没有后履行抗辩权,而应当依约履行自身义务,否则可能承担违约责任。

3. 不安抗辩权

不安抗辩权,是指先履行合同的当事人一方因后履行合同一方当事人欠缺履行债务能力或信用,而拒绝履行合同的权利。

行使不安抗辩权必须符合以下要件:①双方当事人基于同一双务合同而互负债务;②债务履行有先后顺序,且由履行顺序在先的当事人行使;③履行顺序在后的一方履行能力明显下降,有丧失或者可能丧失履行债务能力的情形;④履行顺序在后的当事人未提供适当担保。

不安抗辩权制度在于保护履行顺序在先的当事人,但不是无条件的。根据《民法典》第五百二十七条规定:"应当先履行债务的当事人,有确切证据证明对方有下列情形之一的,可以中止履行:①经营状况严重恶化;②转移财产、抽逃资金,以逃避债务;③丧失商业信誉;④有丧失或者可能丧失履行债务能力的其他情形。当事人没有确切证据中止履行的,应当承担违约责任。"

中止履行的一方,即行使不安抗辩权的一方负有对相对人欠缺信用、欠缺履行能力的举证责任。当事人中止履行的,应当及时通知对方。对方提供适当担保时,应当恢复履行。中止履行后,对方在合理期限内未恢复履行能力并且未提供适当担保的,中止履行的一方可以解除合同。

9.4.4 合同的保全

代位权和撤销权作为债权人的保全手段,可以防止因债务人的财产不当减少而给债权人的债权造成危害。

1. 代位权

代位权是指因债务人怠于行使其到期债权或者与该债权有关的从权利,影响债权人的到期债权实现的,债权人可以向人民法院请求以自己的名义代位行使债务人对相对人的权利,以保障自身的债权。但是,该债权专属于债务人自身的除外。专属于债务人自身的债权包括基于扶养关系、抚养关系、赡养关系、继承关系产生的给付请求权和劳动报酬、退休金、养老金、抚恤金、安置费、人寿保险、人身伤害赔偿请求权等权利就是专属债务人自身的债权。

例如,甲欠乙10万元,丙欠甲10万元,均已届清偿期;甲一直不行使对丙的10万元债权,致使其自身无力向乙清偿10万元债务;则乙可以代位行使甲对丙的债权。在本例中,乙为债权人,甲为债务人,丙为次债务人。

代位权成立的要件:①债务人对第三人享有债权;②债权人对债务人的债权合法、

确定，且已届清偿期；③债务人怠于行使其到期债权；④债务人的行为已经对债权人造成损害；⑤债务人的债权不是专属于债务人自身的债权。

债权人行使代位权的，必须以自己的名义提起诉讼，因此，代位权诉讼的原告只能是债权人，而且代位权必须通过诉讼程序来行使。

2. 撤销权

撤销权是指因债务人实施了减少自身财产的行为，对债权人的债权造成损害，债权人可以请求法院撤销债务人该行为的权利。

撤销权的成立有如下要件：

1）债务人实施了处分财产的行为

根据《民法典》第五百三十八条及五百三十九条的相关规定，可能导致债权人行使撤销权的债务人行为包括如下情形：①债务人放弃其债权、放弃债权担保；②债务人无偿转让财产；③恶意延长其到期债权的履行期限；④债务人以明显不合理的低价转让财产、以明显不合理的高价受让他人财产或者为他人的债务提供担保。

2）债务人处分财产的行为发生在债权人的债权成立之后

3）债务人处分财产的行为已经发生效力

4）债务人处分财产的行为侵害债权人的债权

一般认为，当债务人实施处分财产后，其资产已经不足以向债权人清偿债务，就可以认定为其行为有害于债权人的债权。

撤销权的行使范围以债权人的债权为限，债权人行使撤销权必须通过向法院起诉的方式进行，并由法院作出撤销判决才能发生撤销的效果。撤销权自债权人知道或者应当知道撤销事由之日起一年内行使。自债务人的行为发生之日起五年内没有行使撤销权的，该撤销权消灭。

9.5 合同的变更、转让与终止

9.5.1 合同的变更

1. 合同变更的概念

合同变更是指合同依法成立后，在尚未履行或尚未完全履行时，当事人依法经过协商，对合同的内容进行修订或调整所达成的协议。

合同当事人的变更为合同的转让。因此，狭义的合同变更专指合同成立以后履行之前或者在合同履行开始之后尚未履行完之前，当事人不变而合同的内容、客体发生变化的情形。

2. 合同变更的条件

1）当事人之间已经存在合同关系；

2）合同变更必须有当事人的变更协议；

3) 原合同内容发生变化；

4) 合同变更必须按照法定的方式。

3. 合同变更内容约定不明确的法律规定

《民法典》第五百四十四条规定："当事人对合同变更的内容约定不明确的，推定为未变更。"有效的合同变更，必须有明确的合同内容的变更。

9.5.2 合同的转让

1. 合同转让的概念

合同转让是指合同成立后，当事人依法可以将合同中的全部权利、部分权利或者合同中的全部义务、部分义务转让或转移给第三人的法律行为。即合同的主体发生了变化，由新的合同当事人代替了原合同当事人，而合同的内容没有改变。合同转让分为债权转让和债务转移。

2. 债权人转让权利

(1) 债权转让的概念

债权转让是指合同债权人通过协议将其债权全部或者部分转让给第三人的行为。债权转让又称债权让与或合同权利的转让。

(2) 债权转让的条件

被转让的合同权利有效存在；转让人与受让人达成合同权利转让的协议；权利具有可转让性；转让符合法定的程序。

(3) 债权转让中的法律限制

债权转让应依合同性质、合同约定来进行，法律规定不得转让的债权不得转让。

债权人转让权利的，应当通知债务人。未经通知，该转让对债务人不发生效力。债权人转让权利的通知不得撤销，但经受让人同意的除外。

债权人转让权利的，受让人取得与债权有关的从权利，但该从权利专属于债权人自身的除外。债务人接到债权转让通知后，债务人对让与人的抗辩，可以向受让人主张。债务人对让与人的抵消权可以向受让人行使。

3. 债务人转移义务

(1) 债务转移的概念

债务转移是指合同债务人与第三人之间达成协议，并经债权人同意，将其义务全部或部分转移给第三人的法律行为。债务转移又称债务承担或合同义务转让。

(2) 债务转移的条件

被转让的债务有效存在；第三人与债务人达成协议；债务具有可转让性；符合法定的程序。

(3) 债务转移的效力

债务承担人成为合同新债务人。

抗辩权随之转移。债务人转移债务的，新债务人可以主张原债务人对债权人的抗辩。

从债务一并转移。债务人转移债务的，新债务人应当承担与主债务有关的从债务，但该从债务专属于原债务人自身的除外。

4. 概括转移

（1）概括转移的概念

债权债务概括转移是指合同当事人一方将其债权债务一并转移给第三人，由第三人概括地接受原当事人的债权和债务的法律行为。《民法典》第五百五十五条规定："当事人一方经对方同意，可以将自己在合同中的权利和义务一并转让给第三人。"

（2）概括转移的条件

转让人与承受人达成合同转让协议；原合同为合法有效的双务合同；必须经原合同双方当事人的同意。

（3）概括转移的两种方式

债权债务的概括转移有两种方式：一为合同转让，又称合同承担，是指当事人一方与他人订立合同之后，又与第三人约定并经当事人另一方的同意，由第三人取代自己在合同关系中的法律地位，享有合同中的权利和承担合同中的义务；二为因企业的合并或分立而发生的债权债务的转移。企业合并后，原企业的债权债务的转移属于法定转移，无须征得相对人同意，依通知或公告而发生效力。当事人订立合同后合并的，由合并后的法人或其他组织行使合同权利；履行合同义务。当事人订立合同后分立的，除债权人和债务人另有约定的以外，由分立的法人或者其他组织对合同的权利和义务享有连带债权，承担连带债务。

9.5.3 合同的终止

1. 合同终止的概念

合同终止，即合同关系的消灭，是指合同关系不再存在，合同当事人之间的债权债务关系终止，当事人不再受合同关系的约束。

2. 合同终止的条件

《民法典》第五百五十七条规定，导致合同终止的原因主要有：

1）债务已经履行；
2）债务相互抵销；
3）债务人依法将标的物提存；
4）债权人免除债务；
5）债权债务同归于一人；
6）法律规定或者当事人约定终止的其他情形。

3. 合同解除

（1）合同解除的概念

合同解除是指合同当事人依法行使解除权或者双方协商决定，提前解除合同效力的行为。

（2）合同解除的两种方式

合同解除包括约定解除和法定解除两种方式。

1）约定解除。《民法典》第五百六十二条规定："当事人协商一致，可以解除合同。当事人可以约定一方解除合同的事由。解除合同的事由发生时，解除权人可以解除合同。"解除合同的事由包括：①当事人协商一致，可以解除合同，是指合同当事人双方都同意解除合同，而不是单方行使解除权。②约定一方解除合同条件的解除，是指当事人在合同中约定解除合同的条件，当合同成立之后，全部履行之前，由当事人一方在某种情形出现后享有解除权，从而终止合同关系。

2）法定解除。《民法典》第五百六十三条规定："有下列情形之一的，当事人可以解除合同：①因不可抗力致使不能实现合同目的；②在履行期限届满之前，当事人一方明确表示或者以自己的行为表明不履行主要债务；③当事人一方迟延履行主要债务，经催告后在合理期限内仍未履行；④当事人一方迟延履行债务或者有其他违约行为致使不能实现合同目的；⑤法律规定的其他情形。"

（3）解除权的行使

1）解除权行使的期限。法律规定或者当事人约定解除权行使期限，期限届满当事人不行使的，该权利消灭。法律没有规定或者当事人没有约定解除权行使期限，自解除权人知道或者应当知道解除事由之日起一年内不行使，或者经对方催告后在合理期限内不行使的，该权利消灭。

2）解除权行使的方式。当事人一方依照法律规定主张解除合同的，应当通知对方，合同自通知到达对方时即发生解除合同的效力。对方有异议的，可以请求人民法院或者仲裁机构确认解除合同的效力。

（4）合同解除的法律后果

《民法典》第五百六十六条规定："合同解除后，尚未履行的，终止履行；已经履行的，根据履行情况和合同性质，当事人可以请求恢复原状或者采取其他补救措施，并有权请求赔偿损失。"

4. 合同终止的其他情形

（1）抵消

当事人互付到期债务，且该债务的标的物种类、品质相同的，任何一方可以将自己的债务与对方的债务抵消，但按照法律规定或按照合同性质不得抵消的除外，此为法定抵消。

当事人互付到期债务，且该债务的标的物种类、品质不相同时，经双方自愿协商一致而发生的债务抵消，此为约定抵消。

（2）提存

1）提存的概念。提存是指由于债权人的原因而使得债务人无法向其交付合同的标的物时，债务人将该标的物提交提存机关而消灭债务的制度。

2）提存的适用情形。债权人无正当理由拒绝受领；债权人下落不明；债权人死亡未确定继承人、遗产管理人，或者丧失民事行为能力未确定监护人。

3）提存的方法与效力。提存人应当首先向提存机关申请提存，提存机关收到申请以后，需要按照法定条件对申请进行审查，符合条件的，提存机关应当接受提存标的物，授予债务人提存证书，并采取必要的措施加以保管。

标的物提存后，毁损、灭失的风险由债权人承担。提存期间，标的物的孳息归债权人所有,提存费用由债权人负担。债权人可以随时领取提存物,但债权人对债务人负有到期债务的,在债权人未履行债务或者提供担保之前,提存部门根据债务人的要求应当拒绝其领取提存物。债权人领取提存物的权利,自提存之日起五年内不行使而消灭,提存物扣除提存费用后归国家所有。但是,债权人未履行对债务人的到期债务,或者债权人向提存部门书面表示放弃领取提存物权利的,债务人负担提存费用后有权取回提存物。

(3) 免除

债权人免除债务人部分或全部债务,合同的权利义务部分或者全部终止。

(4) 混同

混同是指因债权债务同归于一人而引起合同终止的法律行为。但是,在法律另有规定或者合同标的涉及第三人的利益时,混同不发生债权债务消灭的效力。企业的合并是混同发生的常见原因,如建设单位和施工单位合并,即引起建设工程合同的终止。

9.6 合同的违约责任

9.6.1 违约责任的概念

1. 违约责任的含义

违约责任即违反合同的民事责任,是指合同当事人不履行合同或者履行合同不符合约定而应承担的民事责任。

2. 违约责任的特征

(1) 违约责任是一种单纯的民事责任

民事责任分为侵权责任和违约责任两种。尽管违约行为可能导致当事人必须承担一定的行政责任或者刑事责任,但违约责任仅仅限于民事责任。

(2) 违约责任是当事人违反合同义务产生的责任

违约责任以合同的存在为基础,要求合同本身是有效的。对合同不成立、无效合同、被撤销合同都不可能产生违约责任。

(3) 违约责任是违约的当事人一方对另一方承担的责任

违约责任仅仅产生于合同当事人之间,不涉及合同以外的第三人。

(4) 违约责任具有法定性和任意性双重特征

违约责任可以由当事人在法律规定的范围内约定,其他人不得干预,具有一定的任意性。违约责任的法定性则主要表现在当事人约定的违约责任条款作为合同内容的一部分,也必须符合有关法律规定。如果约定的违约责任条款不符合法律规定,则这些条款将被认定为无效或者被撤销。

(5) 违约责任具有补偿性和惩罚性双重属性

违约责任的补偿性是指违约责任的主要目的在于弥补或者补偿非违约方因对方的

违约行为而遭受的损失。

违约责任的惩罚性是指合同中约定了违约金或者法律直接规定了违约金的，当一方违约时，即使没有给对方造成实际损失，违约方也应当按照约定或者法律规定支付违约金。

9.6.2 违约责任的构成要件

违约责任的构成要件，是指合同当事人因违约必须承担法律责任的法定要素。违约责任的构成要件包括主观要件和客观要件。

1. 主观要件

主观要件是指作为合同当事人，在履行合同中不论其主观上是否有过错，即主观上有无故意或过失，只要造成违约的事实，均应承担违约的法律责任。

2. 客观要件

客观要件是指合同依法成立、生效后，合同当事人一方或者双方未按照法定或约定全面地履行应尽的义务，也即出现了客观地违约事实，也应承担违约的法律责任。违约责任实行严格责任原则。严格责任原则是指有违约行为即构成违约责任，只有存在免责事由的时候才可以免除违约责任。

9.6.3 违约行为的种类

违约行为是违约责任产生的根本原因，违约责任源于违约行为。违约行为是指合同当事人不履行合同义务或者履行合同义务不符合约定的行为。

1. 预期违约

预期违约又称为先期违约，是指当事人一方在合同规定的履行期限到来之前，无正当理由明示或者默示其将不履行合同义务的行为。预期违约表现为在未来将不履行义务，而不是现实的违反义务。

先期违约的构成要件有：违约的时间必须在合同有效成立后至合同履行期限截止前；违约必须是对根本性合同义务的违反，即导致合同目的的落空。

当事人一方的预期违约行为发生后，另一方即享有法定的合同解除权，有权在合同履行期限届满之前要求预期违约方承担违约责任。

2. 实际违约

（1）不履行合同义务

不履行合同义务是指在合同生效后，当事人根本不按照约定履行合同义务。可分为履行不能和拒绝履行两种情况。

履行不能是指合同当事人一方出于某些特定的事由已经没有履行合同的能力。如果不履行或者不能履行是由于不可归责于债务人的事由产生的，则可以就履行不能的范围免除债务人的违约责任。

拒绝履行是指合同履行期限届满时，一方当事人无正当理由拒绝履行合同规定的全部义务。在一方拒绝履行的情况下，另一方有权要求其继续履行合同，也有权要求其承担违约金和损害赔偿责任。

(2) 履行合同义务不符合约定

履行合同义务不符合约定又称为不适当履行或者不完全履行，是指虽然当事人一方有履行合同义务的行为，但是其履行违反了合同约定或者法律规定。

不适当履行分为以下几种：①迟延履行，即违约方无正当理由在合同规定的履行期限届满时，仍未履行合同债务；②瑕疵履行，即债务人没有完全按照合同约定履行合同义务；③提前履行，即债务人在约定的履行期限尚未届满时就履行完合同义务。

对于这些不适当履行，债务人都应当承担违约责任，但对提前履行，法律另有规定或者当事人另有约定的除外。

9.6.4 违约责任的承担方式

1. 违约责任的一般承担方式

《民法典》第五百七十七条规定："当事人一方不履行合同义务或者履行合同义务不符合约定的，应当承担继续履行、采取补救措施或者赔偿损失等违约责任。"

(1) 继续履行

继续实际履行，是指违约当事人不论是否已经承担赔偿损失或者违约金的责任，都必须根据对方的要求，并在自己能够履行的条件下，对原合同未履行部分继续按照要求履行。

1) 价款或者报酬的实际履行。《民法典》第五百八十条规定："当事人一方未支付价款、报酬、租金、利息，或者不履行其他金钱债务的，对方可以请求其支付。"

2) 非金钱债务的实际履行。《民法典》第五百八十一条规定："当事人一方不履行非金钱债务或者履行非金钱债务不符合约定的，对方可以请求履行，但有下列情形之一的除外：①法律上或者事实上不能履行的；②债务的标的不适于强制履行或者履行费用过高的；③债权人在合理期限内未请求履行的。"根据此条的规定，对于非金钱债务的实际履行，法律规定了限制性条件，对于具有这些情形的当事人不得请求实际履行。

(2) 采取补救措施

违约方采取补救措施可以减少非违约方所受的损失。采取补救措施的责任形式，主要发生在质量不符合约定的情况下。对违约责任没有约定或者约定不明确，或不能确定的，受损害方根据标的的性质以及损失的大小，可以合理选择要求对方承担修理、更换、重作、退货、减少价款或者报酬等违约责任。

(3) 赔偿损失

赔偿损失是指当事人一方因违反合同造成对方损失时，按照法律规定或合同约定，由违约方以其财产赔偿对方所蒙受的财产损失的一种违约责任形式。

损失赔偿的适用条件：违约方在履行合同义务过程中发生违约行为；债权人有损害的事实；违约行为与损害事实之间有必然的因果联系。

在履行建设工程合同的过程中，存在很多损失赔偿责任的情形。如《民法典》第八百条规定："勘察、设计的质量不符合要求或者未按照期限提交勘察、设计文件拖延工期，造成发包人损失的，勘察人、设计人应当继续完善勘察、设计，减收或者免收勘察、设计费并赔偿损失。"

（4）违约金

违约金是指当事人在合同中或合同订立后约定的，或者法律直接规定的，违约方发生违约行为时向另一方支付一定数额的货币。违约金可分为法定违约金和约定违约金。

当事人可以约定一方违约时应当根据违约情况向对方支付一定数额的违约金，也可以约定因违约产生的损失赔偿额的计算方法。

约定的违约金低于造成的损失的，当事人可以请求人民法院或者仲裁机构予以增加；约定的违约金过分高于造成的损失的，当事人可以请求人民法院或者仲裁机构予以适当减少。

当事人就迟延履行约定违约金的，违约方支付违约金后，还应当履行债务。

（5）定金

定金是合同当事人一方预先支付给对方的款项，其目的在于担保合同债权的实现。定金是债权担保的一种形式，定金之债是从债务，因此，合同当事人对定金的约定是一种从属于被担保债权所依附的合同的从合同。

债务人履行债务后，定金应当抵作价款或者收回。给付定金的一方不履行约定的债务的，无权要求返还定金；收受定金的一方不履行约定的债务的，应当双倍返还定金。

当事人既约定违约金，又约定定金的，一方违约时，对方可以选择适用违约金或者定金条款，即当事人只能在违约金与定金条款中选择一种方式来保护自身的合法权益。

2. 违约责任的特殊承担方式

（1）当事人双方都违约的情形

当事人双方都违约，是指当事人双方分别违反了自身的义务。依照法律规定，双方违约责任承担的方式是由违约方分别各自承担相应的违约责任，即由违约方向非违约方各自独立地承担自己的违约责任。

（2）因第三人原因违约的情形

当事人一方因第三人的原因造成违约的，应当向对方承担违约责任。当事人一方和第三人之间的纠纷，依照法律规定或者按照约定解决。

（3）违约与侵权竞合的情形

因当事人一方的违约行为，侵害对方人身、财产权益的，受损害方有权选择依照《合同法》要求其承担违约责任或者依照其他法律要求其承担侵权责任。

9.6.5 不可抗力及违约责任的免除

违约责任的免除，是指合同生效后，当事人之间因不可抗力事件的发生，造成合同不能履行时，依法可以免除责任。

1. 不可抗力

不可抗力，是指不能预见、不能避免并不能克服的客观情况。不可抗力包括如下情况：①自然事件，如地震、洪水、火山爆发、海啸等；②社会事件，如战争、暴乱、骚乱、特定的政府行为等。

不可抗力的构成要件：

1) 不可抗力事件是发生在合同订立生效之后；
2) 该事件是当事人双方订立合同时均不能预见的；
3) 不可抗力事件的发生是不可避免，不能克服的；
4) 不可抗力事件是不是由任何一方的过失行为引起的客观事件。

《民法典》第五百九十条规定："当事人一方因不可抗力不能履行合同的，根据不可抗力的影响，部分或者全部免除责任，但是法律另有规定的除外。因不可抗力不能履行合同的，应当及时通知对方，以减轻可能给对方造成的损失，并应当在合理期限内提供证明。当事人迟延履行后发生不可抗力的，不免除其违约责任。"

如在建设工程施工合同中，规定 12 月 1 日交工，因承包商原因延期到 12 月 30 日交工，遇到不可抗力造成损失，不能免除承包商责任。

当事人一方因不可抗力不能履行合同的，应当及时通知对方，以减轻可能给对方造成的损失，并应当在合理期限内提供证明。当事人一方违约后，对方应当采取适当措施防止损失的扩大；没有采取适当措施致使损失扩大的，不得就扩大的损失要求赔偿。当事人因防止损失扩大而支出的合理费用，由违约方承担。

2. 违约责任的免责

所谓违约责任免责是指在履行合同的过程中，因出现法定的免责条件或者合同约定的免责事由导致合同不履行的，合同债务人将被免除合同履行义务。

（1）法定的免责

法定的免责是指出现了法律规定的特定情形，即使当事人违约也可以免除违约责任，如上述《民法典》五百九十条关于不可抗力的规定。

（2）约定的免责

合同中可以约定在一方违约的情况下免除其责任的条件，这个条款称为免责条款。免责条款并非全部有效，《民法典》第五百零六条规定："合同中的下列免责条款无效：造成对方人身损害的；因故意或者重大过失造成对方财产损失的。"

造成对方人身伤害侵犯了对方的人身权，造成对方财产损失侵犯了对方的财产权，均属于违法行为，因而这样的免责条款是无效的。

9.7 合同的担保

担保是债权人与债务人或者第三人根据法律规定或者合同约定而实施的，以保证债权得以实现的民事法律行为。在担保法律关系中，债权人称为担保权人，债务人称为被担保人，第三人称为担保人。担保法律关系的当事人见表9.3。

表 9.3　合同担保的规定

工程建设中常见的担保形式	预付款支付担保、投标担保、履约担保、工程款支付担保		
担保法律关系的当事人	担保权人	即主合同中的债权人	
	担保人	只能是债务人	留置、定金
		只能是第三人	保证
		债务人或者第三人	抵押、质押

担保是伴随着主债务的产生而产生的，因此，我们将担保合同称为从合同，而与之相对应的约定主债务的合同则称为主合同。主合同中的债务人如果履行了主债务，则主合同消失，相应的从合同也就自然消失了。

《民法典》规定的担保形式有五种，即保证、抵押、质押、留置和定金。

9.7.1　保证

1. 保证的概念

保证是指保证人和债权人约定，当债务人不履行债务时，保证人按照约定履行债务或承担责任的法律行为。保证担保的当事人包括债权人、债务人和保证人。

2. 保证人

保证人必须是具有代为清偿债务能力的人，既可以是法人，也可以是其他组织或公民。下列单位不可以做保证人：

1) 机关法人不得做保证人，但经国务院批准为使用外国政府或国际经济组织贷款而进行的转贷除外；

2) 以公益为目的的非营利法人、非法人组织不可作为保证人。

3. 保证合同

保证人与债权人应当以书面形式订立保证合同。保证合同应包括以下内容：

1) 被保证的主债权种类、数量；

2) 债务人履行债务的期限；

3) 保证的方式；

4) 保证担保的范围；

5) 保证的期间；

6) 双方认为需要约定的其他事项。

4. 保证方式

保证的方式包括一般保证和连带责任保证。《民法典》第六百八十六条规定："当事人在保证合同中对保证方式没有约定或约定不明确的，按照一般保证承担保证责任。"

（1）一般保证

一般保证是指债权人和保证人约定，首先由债务人清偿债务，当债务人不能清偿债务时，才由保证人代为清偿债务的保证方式。一般保证的保证人在主合同纠纷未经审判或仲裁，并就债务人财产依法强制执行仍不能履行债务前，对债权人可以拒绝承担保证责任。

（2）连带责任保证

连带责任保证是指当事人在保证合同中约定保证人和债务人对债务承担连带责任的保证方式。连带责任保证的债务人不履行到期债务或者发生当事人约定的情形时，债权人可以请求债务人履行债务，也可以请求保证人在其保证范围内承担保证责任。

5. 建设工程合同中的保证

建设工程合同中最常见的保证形式就是银行或担保公司为工程承包单位开具的投标保函或担保书、预付款保函、履约保函。这些形式都是由银行或担保公司充当保证人为承包方担保的保证形式。

9.7.2 抵押

1. 抵押的概念

抵押是指债务人或者第三人不转移对特定财产（主要是不动产）的占有，将该财产作为债权的担保。

2. 禁止抵押的财产

1）土地所有权；

2）宅基地、自留地、自留山等集体所有土地的使用权，但是法律规定可以抵押的除外；

3）学校、幼儿园、医疗机构等为公益目的成立的非营利法人的教育设施、医疗卫生设施和其他公益设施；

4）所有权、使用权不明或者有争议的财产；

5）依法被查封、扣押、监管的财产；

6）法律、行政法规规定不得抵押的其他财产。

以抵押作不履行合同的担保，还应依据有关法律、法规签订抵押合同并办理抵押登记。

3. 抵押合同

抵押人和抵押权人应当以书面形式订立抵押合同。抵押合同应当包括以下内容：

1）被担保的主债权种类、数额；

2）债务人履行债务的期限；

3）抵押物的名称、数量、质量、状况、所在地、所有权权属或者使用权权属；

4）抵押担保的范围；

5）当事人认为需要约定的其他事项。

法律规定，抵押人以土地使用权、城市房地产权等财产作为抵押物时，当事人应到有关主管登记部门办理抵押物登记手续，抵押合同自登记之日起生效。当事人以其他财产抵押的，可以自愿办理抵押物登记，抵押合同自签订之日起生效。

4. 抵押权的实现

当债务履行期届满而抵押权人未受清偿的,债权人可以与抵押人协议以抵押物折价或者以拍卖、变卖该抵押物所得的价款受偿。协议不成的,抵押权人可以向人民法院提起诉讼。抵押物折价或者拍卖、变卖后,其价款超过债权数额的部分归抵押人所有,不足部分由债务人清偿。

法律规定,为债务人抵押担保的第三人,在抵押权人实现抵押权后,有权向债务人追偿。此外,抵押权因抵押物灭失而消灭,因灭失所得的赔偿金,应当作为抵押财产。

9.7.3 质押

1. 质押的概念

质押是指债务人或第三人将其动产或权利转移债权人占有,用以担保债权的实现,当债务人不能履行债务时,债权人依法有权就该动产或权利优先得到清偿的担保法律行为。

质押担保的当事人包括质权人和出质人,质权人即债权人,出质人即债务人或者第三人。出质人移交的动产为质物。

2. 质押的种类

质押包括动产质押和权利质押两种。

(1) 动产质押

动产质押是指债务人或者第三人将其动产移交债权人占有,将该动产作为债权。债务人不履行债务时,债权人有权依照法律规定以该动产折价或者以拍卖、变卖该动产的价款优先受偿的法律行为。

(2) 权利质押

权利质押是指出质人将其法定的可以质押的权利凭证交付质权人,以担保质权人的债权得以实现的法律行为。将权利出质与他人者为出质人,享有质押权利者为质权人。

法律规定下列权利可以质押:

1) 汇票、本票、支票;
2) 债券、存款单;
3) 仓单、提单;
4) 可以转让的基金份额、股权;
5) 可以转让的注册商标专用权、专利权、著作权等知识产权中的财产权;
6) 现有的以及将有的应收账款;
7) 法律、行政法规规定可以出质的其他财产权利。

9.7.4 留置

留置是指债权人依据法律规定或合同约定占有债务人的财产。债务人不按合同约定的期限履行债务的，债权人有权依法留置该财产，以该财产折价或者拍卖、变卖该财产的价款优先受偿。留置仅适用于因保管合同、运输合同、加工承揽合同及法律规定可以留置的其他合同发生的债权，且留置物仅限于动产。

留置权人（债权人）与债务人应当约定留置财产后的债务履行期限；没有约定或者约定不明确的，留置权人应当给债务人六十日以上履行债务的期限，但是鲜活易腐等不易保管的动产除外。债务人逾期仍不履行的，债权人可以与债务人协议以留置物折价，也可以就拍卖、变卖留置财产所得的价款优先受偿。

在建设工程施工合同中，因其合同的标的物为不动产，因此长期以来我国法律并未认可承包方的留置权。《民法典》第八百零七条规定："发包人未按照约定支付价款的，承包人可以催告发包人在合理期限内支付价款。发包人逾期不支付的，除按照建设工程的性质不宜折价、拍卖的以外，承包人可以与发包人协议将该工程折价，也可以申请人民法院将该工程依法拍卖。建设工程的价款就该工程折价或者拍卖的价款优先受偿。"从法律上赋予了承包人建设工程价款的优先受偿权。

9.7.5 定金

1. 定金的概念

定金是指合同当事人一方以保证债务履行为目的，于合同成立时或未履行前，预先给付对方一定数额金钱的担保方式。所以，定金既指一种债的担保方式，也指作为定金担保方式的那笔预先给付的金钱。

2. 定金合同和当事人的权利义务

（1）定金合同

当事人采用定金方式作担保时，应签订书面合同，定金合同从实际交付定金时成立。

（2）当事人的权利义务

法律规定债务人履行债务的，定金应当抵作价款或者收回。给付定金的一方不履行债务或者履行债务不符合约定，致使不能实现合同目的的，无权请求返还定金；收受定金的一方不履行债务或者履行债务不符合约定，致使不能实现合同目的的，应当双倍返还定金。

3. 定金与违约金、预付款的区别

（1）定金与违约金的区别

定金和违约金都是一方应给付对方的一定款项，都有督促当事人履行合同的作用，但二者也有不同，其区别主要表现以下几方面：

1）定金须于合同履行前交付，而违约金只能发生违约行为以后交付；
2）定金有证约和预先给付的作用，而违约金没有；
3）定金主要起担保作用，而违约金主要是违反合同的民事责任形式；
4）定金一般是约定的，而违约金可以是约定的，也可以是法定的。

当事人既约定违约金，又约定定金的，一方违约时，对方可以选择适用违约金或者定金条款。定金不足以弥补一方违约造成的损失的，对方可以请求赔偿超过定金数额的损失。

（2）定金与预付款的区别

定金与预付款都是在合同履行前一方当事人预先给付对方的一定数额的金钱，都具有预先给付的性质，在合同履行后都可以抵作价款。但二者有着根本的区别，这表现在以下方面：

1）定金是合同的担保方式，主要作用是担保合同履行；而预付款的主要作用是为对方履行合同提供资金上的帮助，属于履行的一部分。

2）交付定金的协议是从合同，而交付预付款的协议一般为合同内容的一部分。

3）定金只有在交付后才能成立，而交付预付款的协议只要双方意思表示一致即可成立。

4）定金合同当事人不履行主合同时，适用定金罚则，而预付款交付后当事人不履行合同的，不发生丧失预付款或双倍返还预付款的效力。

4. 定金的生效条件

定金合同除具备合同成立的一般条件外，还须具备以下条件才能生效：

（1）主合同有效

这是由定金合同的从属性决定的。

（2）发生交付定金的行为

定金合同为实践性合同，如果只有双方当事人的意思表示一致，而没有一方向另一方交付定金的交付行为，定金合同不能生效。

（3）定金的比例符合法律规定

定金的数额由当事人约定；但是，不得超过主合同标的额的百分之二十，超过部分不产生定金的效力。实际交付的定金数额多于或者少于约定数额的，视为变更约定的定金数额。

习 题 9

一、单选题

1. 下列关于法人的表述中，错误的是（　　）。

   A. 依法成立

   B. 有必要的财产和经费

   C. 是自然人和企事业单位的总称

   D. 能够独立承担民事责任

2. 承包商为了赶工期，向水泥厂紧急发函要求按市场价格订购 200 吨水泥，并要求三日内运抵施工现场。承包商的订购行为（　　）。

   A. 属于要约邀请，随时可以撤销

B. 属于要约邀请，在水泥运抵施工现场前可以撤回

C. 属于要约邀请，在水泥运抵施工现场前可以撤销

D. 属于要约邀请，不能撤销

3. 下列关于要约和承诺的表述中正确的是（　　）。

   A. 承诺在承诺通知发出时生效

   B. 要约邀请是合同成立过程中的必经过程

   C. 承诺可以在承诺通知到达要约人后撤回

   D. 要约人确定了承诺期限时要约不得撤销

4. 无权代理人订立的合同（　　）。

   A. 是无效合同

   B. 被代理人有追认权

   C. 对被代理人当然具有约束力

   D. 当然由无权代理人承担责任

5. 下列选项中属于可撤销合同的是（　　）。

   A. 限制民事行为能力人订立的合同

   B. 因重大误解订立的合同

   C. 无权代理人订立的合同

   D. 违反法律、行政法规强制性规定的合同

6. 施工单位甲与材料供应商乙签订一份显失公平的钢材供应合同，甲因此而享有合同的撤销权。其撤销权消灭的情形有（　　）。

   A. 甲自知道撤销事由之日起1年内没有行使撤销权

   B. 甲自订立合同之日起半年内没有行使撤销权

   C. 甲自应当知道撤销事由之日起半年内没有行使撤销权

   D. 甲自订立合同之日起1年内没有行使撤销权

7. 甲、乙签订一份钢材买卖合同，甲为出卖人，乙为买受人。合同中约定乙将货款20万元支付给甲，5天内甲将水泥运至乙的工地。现由于乙的资金周转困难，请求甲先发一批货应急，被甲拒绝。关于甲的行为，下列表述正确的是（　　）。

   A. 甲的行为属于违约行为

   B. 甲的行为合法，是在行使同时履行抗辩权

   C. 甲的行为合法，是在行使后履行抗辩权

   D. 甲的行为合法，是在行使不安抗辩权

8. 甲与乙订立合同，约定甲应于2020年10月15日交货，乙应于同年10月30日付款。同年9月底，甲有确切证据发现乙的财产状况恶化，无支付货款能力，遂提出中止履行，但乙未允。基于上述因素，甲于同年10月15日未按约定交货。根据我国民法典的相关规定，有关本案的正确表述是（　　）。

   A. 甲有权不按合同约定交货，除非乙提供了相应的担保

   B. 甲无权不按合同约定交货，但可以要求乙提供相应的担保

   C. 甲必须按合同约定交货，如乙不支付货款可追究其违约责任

D. 甲无权不按合同约定交货，但乙应当提前支付全部货款

9. 建筑工程合同所涉及的内容特别复杂，合同履行期限长，为便于明确各自的权利和义务，减少履行困难和争议，建设工程合同应当采用（　　）。

　　A. 口头形式　　　　　　　　　　B. 书面形式
　　C. 默示形式　　　　　　　　　　D. 诺成形式

10. 建设工程施工合同不属于（　　）。

　　A. 双务合同　　　　　　　　　　B. 有偿合同
　　C. 实践合同　　　　　　　　　　D. 要式合同

11. 对效力待定合同的理解正确的是（　　）。

　　A. 在相对人催告后一个月内，当事人之法定代理人未作表示，合同即可生效
　　B. 效力待定合同的善意相对人有撤销的权利，撤销期限自行为作出之日起一年
　　C. 表见代理实质上属于无权代理，却产生有效代理的后果
　　D. 超越代理权签订的合同，若未经被代理人追认，则必定属于效力待定合同

12. 订立合同的两个公司合并，使他们之间既存的债权债务归于消灭，这种事实是债权债务的（　　）。

　　A. 抵消　　　　B. 提存　　　　C. 混同　　　　D. 免除

二、多选题

1. 在施工合同中，（　　）的合同属于无效合同。

　　A. 施工企业伪造资质等级证书签订
　　B. 招标人与投标人串通签订
　　C. 施工企业的违约责任明显过高
　　D. 建设单位的违约责任明显过高
　　E. 约定的质量标准低于强制性标准

2. 行为人（　　）以被代理人名义订立的合同，未经被代理人追认，对被代理人不发生效力，由行为人承担责任。

　　A. 没有代理权　　　　　　　　　B. 有代理权
　　C. 超越代理权　　　　　　　　　D. 在代理权限内
　　E. 代理权终止后

3. 应当先履行债务的当事人，有确切证据证明对方有（　　）情形之一的，可以中止履行。

　　A. 经营状况严重恶化
　　B. 转移财产、抽逃资金，以逃避债务
　　C. 丧失商业信誉
　　D. 有丧失或者可能丧失履行债务能力的其他情形
　　E. 提出变更

4. 合同是平等主体的自然人、法人、其他组织之间（　　）民事权利义务关系的协议。

A. 变更 B. 终止
C. 争议 D. 设立
E. 履行

5. 建设工程合同是承包人进行工程建设，发包人支付价款的合同。建设工程合同包括（　　）。

A. 工程勘察合同 B. 工程监理合同
C. 工程设计合同 D. 工程施工合同
E. 材料供应合同

6. 法律规范中所指的法律"事件"包括（　　）。

A. 地震灾害 B. 乙方的违约行为
C. 社会动乱 D. 非甲乙方责任的火灾
E. 双方达成变更协议

7. 属于履行合同的担保方式有（　　）。

A. 定金 B. 保证
C. 资产抵押 D. 留置
E. 违约金

8. 合同终止即合同权利义务的终止，是指合同当事人之间的债权债务关系归于消灭而不复存在。合同终止可能是当事人双方均履行完约定义务后的正常终止，也可以是在双方约定的义务未履行完时，由于某一事件的发生而被迫终止。《民法典》规定了如下几种合同终止的情况：（　　）

A. 债务已经按照约定履行 B. 合同解除
C. 债务相互抵销 D. 债务人依法将标的物提存
E. 债权人免除债务

三、简答题

1. 什么是合同？合同按不同标准怎么进行分类？
2. 合同的主要条款有哪些？
3. 合同是如何订立的？说明什么是要约邀请、要约和承诺。
4. 什么是无效合同？无效合同的情形有哪些？
5. 什么是可撤销合同？可撤销合同的情形有哪些？
6. 什么是效力待定合同？效力待定合同的情形有哪些？
7. 什么是抗辩权？举例说明几种抗辩权分别在什么情形下适用。
8. 什么是合同的变更、转让与终止？
9. 什么是违约责任？违约责任的承担方式有哪些？
10. 什么是合同的担保？合同的担保方式有哪些？

附　录

附录一　中华人民共和国建筑法

（1997年11月1日第八届全国人民代表大会常务委员会第二十八次会议通过；根据2011年4月22日第十一届全国人民代表大会常务委员会第二十次会议《关于修改〈中华人民共和国建筑法〉的决定》第一次修正；根据2019年4月23日第十三届全国人民代表大会常务委员会第十次会议《关于修改〈中华人民共和国建筑法〉等八部法律的决定》第二次修正）

第一章　总　　则

第一条　为了加强对建筑活动的监督管理，维护建筑市场秩序，保证建筑工程的质量和安全，促进建筑业健康发展，制定本法。

第二条　在中华人民共和国境内从事建筑活动，实施对建筑活动的监督管理，应当遵守本法。

本法所称建筑活动，是指各类房屋建筑及其附属设施的建造和与其配套的线路、管道、设备的安装活动。

第三条　建筑活动应当确保建筑工程质量和安全，符合国家的建筑工程安全标准。

第四条　国家扶持建筑业的发展，支持建筑科学技术研究，提高房屋建筑设计水平，鼓励节约能源和保护环境，提倡采用先进技术、先进设备、先进工艺、新型建筑材料和现代管理方式。

第五条　从事建筑活动应当遵守法律、法规，不得损害社会公共利益和他人的合法权益。任何单位和个人都不得妨碍和阻挠依法进行的建筑活动。

第六条　国务院建设行政主管部门对全国的建筑活动实施统一监督管理。

第二章 建筑许可

第一节 建筑工程施工许可

第七条 建筑工程开工前，建设单位应当按照国家有关规定向工程所在地县级以上人民政府建设行政主管部门申请领取施工许可证；但是，国务院建设行政主管部门确定的限额以下的小型工程除外。

按照国务院规定的权限和程序批准开工报告的建筑工程，不再领取施工许可证。

第八条 申请领取施工许可证，应当具备下列条件：

（一）已经办理该建筑工程用地批准手续；

（二）依法应当办理建设工程规划许可证的，已经取得建设工程规划许可证；

（三）需要拆迁的，其拆迁进度符合施工要求；

（四）已经确定建筑施工企业；

（五）有满足施工需要的资金安排、施工图纸及技术资料；

（六）有保证工程质量和安全的具体措施。

建设行政主管部门应当自收到申请之日起七日内，对符合条件的申请颁发施工许可证。

第九条 建设单位应当自领取施工许可证之日起三个月内开工，因故不能按期开工的，应当向发证机关申请延期；延期以两次为限，每次不超过三个月。既不开工又不申请延期或者超过延期时限的，施工许可证自行废止。

第十条 在建的建筑工程因故中止施工的，建设单位应当自中止施工之日起一个月内，向发证机关报告，并按照规定做好建筑工程的维护管理工作。

建筑工程恢复施工时，应当向发证机关报告；中止施工满一年的工程恢复施工前，建设单位应当报发证机关核验施工许可证。

第十一条 按照国务院有关规定批准开工报告的建筑工程，因故不能按期开工或者中止施工的，应当及时向批准机关报告情况。因故不能按期开工超过六个月的，应当重新办理开工报告的批准手续。

第二节 从业资格

第十二条 从事建筑活动的建筑施工企业、勘察单位、设计单位和工程监理单位，应当具备下列条件：

（一）符合国家规定的注册资本；

（二）与其从事的建筑活动相适应的具有法定执业资格的专业技术人员；

（三）有从事相关建筑活动所应有的技术装备；

（四）法律、行政法规规定的其他条件。

第十三条 从事建筑活动的建筑施工企业、勘察单位、设计单位和工程监理单位，

建设法规

按照其拥有的注册资本、专业技术人员、技术装备和已完成的建筑工程业绩等资质条件，划分为不同的资质等级，经资质审查合格，取得相应等级的资质证书后，方可在其资质等级许可的范围内从事建筑活动。

第十四条 从事建筑活动的专业技术人员，应当依法取得相应的执业资格证书，并在执业资格证书许可的范围内从事建筑活动。

第三章 建筑工程发包与承包

第一节 一般规定

第十五条 建筑工程的发包单位与承包单位应当依法订立书面合同，明确双方的权利和义务。

发包单位和承包单位应当全面履行合同约定的义务。不按照合同约定履行义务的，依法承担违约责任。

第十六条 建筑工程发包与承包的招标投标活动，应当遵循公开、公正、平等竞争的原则，择优选择承包单位。

建筑工程的招标投标，本法没有规定的，适用有关招标投标法律的规定。

第十七条 发包单位及其工作人员在建筑工程发包中不得收受贿赂、回扣或者索取其他好处。

承包单位及其工作人员不得利用向发包单位及其工作人员行贿、提供回扣或者给予其他好处等不正当手段承揽工程。

第十八条 建筑工程造价应当按照国家有关规定，由发包单位与承包单位在合同中约定。公开招标发包的，其造价的约定，须遵守招标投标法律的规定。

发包单位应当按照合同的约定，及时拨付工程款项。

第二节 发 包

第十九条 建筑工程依法实行招标发包，对不适于招标发包的可以直接发包。

第二十条 建筑工程实行公开招标的，发包单位应当依照法定程序和方式，发布招标公告，提供载有招标工程的主要技术要求、主要的合同条款、评标的标准和方法以及开标、评标、定标的程序等内容的招标文件。

开标应当在招标文件规定的时间、地点公开进行。开标后应当按照招标文件规定的评标标准和程序对标书进行评价、比较，在具备相应资质条件的投标者中，择优选定中标者。

第二十一条 建筑招标的开标、评标、定标由建设单位依法组织实施，并接受有关行政主管部门的监督。

第二十二条 建筑工程实行招标发包的，发包单位应当将建筑工程发包给依法中标的承包单位。建筑工程实行直接发包的，发包单位应当将建筑工程发包给具有相应资质条件的承包单位。

第二十三条　政府及其所属部门不得滥用行政权力，限定发包单位将招标发包的建筑工程发包给指定的承包单位。

第二十四条　提倡对建筑工程实行总承包，禁止将建筑工程肢解发包。

建筑工程的发包单位可以将建筑工程的勘察、设计、施工、设备采购一并发包给一个工程总承包单位，也可以将建筑工程勘察、设计、施工、设备采购的一项或者多项发包给一个工程总承包单位；但是，不得将应当由一个承包单位完成的建筑工程肢解成若干部分发包给几个承包单位。

第二十五条　按照合同约定，建筑材料、建筑构配件和设备由工程承包单位采购的，发包单位不得指定承包单位购入用于工程的建筑材料、建筑构配件和设备或者指定生产厂、供应商。

第三节　承　　包

第二十六条　承包建筑工程的单位应当持有依法取得的资质证书，并在其资质等级许可的业务范围内承揽工程。

禁止建筑施工企业超越本企业资质等级许可的业务范围或者以任何形式用其他建筑施工企业的名义承揽工程。禁止建筑施工企业以任何形式允许其他单位或者个人使用本企业的资质证书、营业执照，以本企业的名义承揽工程。

第二十七条　大型建筑工程或者结构复杂的建筑工程，可以由两个以上的承包单位联合共同承包。共同承包的各方对承包合同的履行承担连带责任。

两个以上不同资质等级的单位实行联合共同承包的，应当按照资质等级低的单位的业务许可范围承揽工程。

第二十八条　禁止承包单位将其承包的全部建筑工程转包给他人，禁止承包单位将其承包的全部建筑工程肢解以后以分包的名义分别转包给他人。

第二十九条　建筑工程总承包单位可以将承包工程中的部分工程发包给具有相应资质条件的分包单位；但是，除总承包合同中约定的分包外，必须经建设单位认可。施工总承包的，建筑工程主体结构的施工必须由总承包单位自行完成。

建筑工程总承包单位按照总承包合同的约定对建设单位负责；分包单位按照分包合同的约定对总承包单位负责。总承包单位和分包单位就分包工程对建设单位承担连带责任。

禁止总承包单位将工程分包给不具备相应资质条件的单位。禁止分包单位将其承包的工程再分包。

第四章　建筑工程监理

第三十条　国家推行建筑工程监理制度。

国务院可以规定实行强制监理的建筑工程的范围。

第三十一条　实行监理的建筑工程，由建设单位委托具有相应资质条件的工程监理单位监理。建设单位与其委托的工程监理单位应当订立书面委托监理合同。

第三十二条　建筑工程监理应当依照法律、行政法规及有关的技术标准、设计文件和建筑工程承包合同，对承包单位在施工质量、建设工期和建设资金使用等方面，代表建设单位实施监督。

工程监理人员认为工程施工不符合工程设计要求、施工技术标准和合同约定的，有权要求建筑施工企业改正。

工程监理人员发现工程设计不符合建筑工程质量标准或者合同约定的质量要求的，应当报告建设单位要求设计单位改正。

第三十三条　实施建筑工程监理前，建设单位应当将委托的工程监理单位、监理的内容及监理权限，书面通知被监理的建筑施工企业。

第三十四条　工程监理单位应当在其资质等级许可的监理范围内，承担工程监理业务。工程监理单位应当根据建设单位的委托，客观、公正地执行监理任务。

工程监理单位与被监理工程的承包单位以及建筑材料、建筑构配件和设备供应单位不得有隶属关系或者其他利害关系。

工程监理单位不得转让工程监理业务。

第三十五条　工程监理单位不按照委托监理合同的约定履行监理义务，对应当监督检查的项目不检查或者不按照规定检查，给建设单位造成损失的，应当承担相应的赔偿责任。

工程监理单位与承包单位串通，为承包单位谋取非法利益，给建设单位造成损失的，应当与承包单位承担连带赔偿责任。

第五章　建筑安全生产管理

第三十六条　建筑工程安全生产管理必须坚持安全第一、预防为主的方针，建立健全安全生产的责任制度和群防群治制度。

第三十七条　建筑工程设计应当符合按照国家规定制定的建筑安全规程和技术规范，保证工程的安全性能。

第三十八条　建筑施工企业在编制施工组织设计时，应当根据建筑工程的特点制定相应的安全技术措施；对专业性较强的工程项目，应当编制专项安全施工组织设计，并采取安全技术措施。

第三十九条　建筑施工企业应当在施工现场采取维护安全、防范危险、预防火灾等措施；有条件的，应当对施工现场实行封闭管理。

施工现场对毗邻的建筑物、构筑物和特殊作业环境可能造成损害的，建筑施工企业应当采取安全防护措施。

第四十条　建设单位应当向建筑施工企业提供与施工现场相关的地下管线资料，建筑施工企业应当采取措施加以保护。

第四十一条　建筑施工企业应当遵守有关环境保护和安全生产的法律、法规的规定，采取控制和处理施工现场的各种粉尘、废气、废水、固体废物以及噪声、振动对环境的污染和危害的措施。

第四十二条　有下列情形之一的，建设单位应当按照国家有关规定办理申请批准手续：

（一）需要临时占用规划批准范围以外场地的；

（二）可能损坏道路、管线、电力、邮电通讯等公共设施的；

（三）需要临时停水、停电、中断道路交通的；

（四）需要进行爆破作业的；

（五）法律、法规规定需要办理报批手续的其他情形。

第四十三条　建设行政主管部门负责建筑安全生产的管理，并依法接受劳动行政主管部门对建筑安全生产的指导和监督。

第四十四条　建筑施工企业必须依法加强对建筑安全生产的管理，执行安全生产责任制度，采取有效措施，防止伤亡和其他安全生产事故的发生。

建筑施工企业的法定代表人对本企业的安全生产负责。

第四十五条　施工现场安全由建筑施工企业负责。实行施工总承包的，由总承包单位负责。分包单位向总承包单位负责，服从总承包单位对施工现场的安全生产管理。

第四十六条　建筑施工企业应当建立健全劳动安全生产教育培训制度，加强对职工安全生产的教育培训；未经安全生产教育培训的人员，不得上岗作业。

第四十七条　建筑施工企业和作业人员在施工过程中，应当遵守有关安全生产的法律、法规和建筑行业安全规章、规程，不得违章指挥或者违章作业。作业人员有权对影响人身健康的作业程序和作业条件提出改进意见，有权获得安全生产所需的防护用品。作业人员对危及生命安全和人身健康的行为有权提出批评、检举和控告。

第四十八条　建筑施工企业应当依法为职工参加工伤保险缴纳工伤保险费。鼓励企业为从事危险作业的职工办理意外伤害保险，支付保险费。

第四十九条　涉及建筑主体和承重结构变动的装修工程，建设单位应当在施工前委托原设计单位或者具有相应资质条件的设计单位提出设计方案；没有设计方案的，不得施工。

第五十条　房屋拆除应当由具备保证安全条件的建筑施工单位承担，由建筑施工单位负责人对安全负责。

第五十一条　施工中发生事故时，建筑施工企业应当采取紧急措施减少人员伤亡和事故损失，并按照国家有关规定及时向有关部门报告。

第六章　建筑工程质量管理

第五十二条　建筑工程勘察、设计、施工的质量必须符合国家有关建筑工程安全标准的要求，具体管理办法由国务院规定。

有关建筑工程安全的国家标准不能适应确保建筑安全的要求时，应当及时修订。

第五十三条 国家对从事建筑活动的单位推行质量体系认证制度。从事建筑活动的单位根据自愿原则可以向国务院产品质量监督管理部门或者国务院产品质量监督管理部门授权的部门认可的认证机构申请质量体系认证。经认证合格的，由认证机构颁发质量体系认证证书。

第五十四条 建设单位不得以任何理由，要求建筑设计单位或者建筑施工企业在工程设计或者施工作业中，违反法律、行政法规和建筑工程质量、安全标准，降低工程质量。

建筑设计单位和建筑施工企业对建设单位违反前款规定提出的降低工程质量的要求，应当予以拒绝。

第五十五条 建筑工程实行总承包的，工程质量由工程总承包单位负责，总承包单位将建筑工程分包给其他单位的，应当对分包工程的质量与分包单位承担连带责任。分包单位应当接受总承包单位的质量管理。

第五十六条 建筑工程的勘察设计单位必须对其勘察、设计的质量负责。勘察、设计文件应当符合有关法律、行政法规的规定和建筑工程质量、安全标准、建筑工程勘察、设计技术规范以及合同的约定。设计文件选用的建筑材料、建筑构配件和设备，应当注明其规格、型号、性能等技术指标，其质量要求必须符合国家规定的标准。

第五十七条 建筑设计单位对设计文件选用的建筑材料、建筑构配件和设备不得指定生产厂、供应商。

第五十八条 建筑施工企业对工程的施工质量负责。

建筑施工企业必须按照工程设计图纸和施工技术标准施工，不得偷工减料。工程设计的修改由原设计单位负责，建筑施工企业不得擅自修改工程设计。

第五十九条 建筑施工企业必须按照工程设计要求、施工技术标准和合同的约定，对建筑材料、建筑构配件和设备进行检验，不合格的不得使用。

第六十条 建筑物在合理使用寿命内，必须确保地基基础工程和主体结构的质量。

建筑工程竣工时，屋顶、墙面不得留有渗漏、开裂等质量缺陷；对已经发现的质量缺陷，建筑施工企业应当修复。

第六十一条 交付竣工验收的建筑工程，必须符合规定的建筑工程质量标准，有完整的工程技术经济资料和经签署的工程保修书，并具备国家规定的其他竣工条件。

建筑工程竣工经验收合格后，方可交付使用；未经验收或者验收不合格的，不得交付使用。

第六十二条 建筑工程实行质量保修制度。

建筑工程的保修范围应当包括地基基础工程、主体结构工程、屋面防水工程和其他土建工程，以及电气管线、上下水管线的安装工程，供热、供冷系统工程等项目；保修的期限应当按照保证建筑物合理寿命年限内正常使用，维护使用者合法权益的原则确定。具体的保修范围和最低保修期限由国务院规定。

第六十三条 任何单位和个人对建筑工程的质量事故、质量缺陷都有权向建设行政主管部门或者其他有关部门进行检举、控告、投诉。

第七章 法律责任

第六十四条 违反本法规定，未取得施工许可证或者开工报告未经批准擅自施工的，责令改正，对不符合开工条件的责令停止施工，可以处以罚款。

第六十五条 发包单位将工程发包给不具有相应资质条件的承包单位的，或者违反本法规定将建筑工程肢解发包的，责令改正，处以罚款。

超越本单位资质等级承揽工程的，责令停止违法行为，处以罚款，可以责令停业整顿，降低资质等级；情节严重的，吊销资质证书；有违法所得的，予以没收。

未取得资质证书承揽工程的，予以取缔，并处罚款；有违法所得的，予以没收。

以欺骗手段取得资质证书的，吊销资质证书，处以罚款；构成犯罪的，依法追究刑事责任。

第六十六条 建筑施工企业转让、出借资质证书或者以其他方式允许他人以本企业的名义承揽工程的，责令改正，没收违法所得，并处罚款，可以责令停业整顿，降低资质等级；情节严重的，吊销资质证书。对因该项承揽工程不符合规定的质量标准造成的损失，建筑施工企业与使用本企业名义的单位或者个人承担连带赔偿责任。

第六十七条 承包单位将承包的工程转包的，或者违反本法规定进行分包的，责令改正，没收违法所得，并处罚款，可以责令停业整顿，降低资质等级；情节严重的，吊销资质证书。

承包单位有前款规定的违法行为的，对因转包工程或者违法分包的工程不符合规定的质量标准造成的损失，与接受转包或者分包的单位承担连带赔偿责任。

第六十八条 在工程发包与承包中索贿、受贿、行贿，构成犯罪的，依法追究刑事责任；不构成犯罪的，分别处以罚款。没收贿赂的财物，对直接负责的主管人员和其他直接责任人员给予处分。

对在工程承包中行贿的承包单位，除依照前款规定处罚外，可以责令停业整顿，降低资质等级或者吊销资质证书。

第六十九条 工程监理单位与建设单位或者建筑施工企业串通，弄虚作假、降低工程质量的，责令改正，处以罚款，降低资质等级或者吊销资质证书；有违法所得的，予以没收；造成损失的，承担连带赔偿责任；构成犯罪的，依法追究刑事责任。

工程监理单位转让监理业务的，责令改正，没收违法所得，可以责令停业整顿，降低资质等级；情节严重的，吊销资质证书。

第七十条 违反本法规定，涉及建筑主体或者承重结构变动的装修工程擅自施工的，责令改正，处以罚款；造成损失的，承担赔偿责任；构成犯罪的，依法追究刑事责任。

第七十一条 建筑施工企业违反本法规定，对建筑安全事故隐患不采取措施予以消除的，责令改正，可以处以罚款；情节严重的，责令停业整顿，降低资质等级或者吊销资质证书；构成犯罪的，依法追究刑事责任。

建筑施工企业的管理人员违章指挥、强令职工冒险作业，因而发生重大伤亡事故或者造成其他严重后果的，依法追究刑事责任。

第七十二条 建设单位违反本法规定，要求建筑设计单位或者建筑施工企业违反建筑工程质量、安全标准，降低工程质量的，责令改正，可以处以罚款；构成犯罪的，依法追究刑事责任。

第七十三条 建筑设计单位不按照建筑工程质量、安全标准进行设计的，责令改正，处以罚款；造成工程质量事故的，责令停业整顿，降低资质等级或者吊销资质证书，没收违法所得，并处罚款；造成损失的，承担赔偿责任；构成犯罪的，依法追究刑事责任。

第七十四条 建筑施工企业在施工中偷工减料的，使用不合格的建筑材料、建筑构配件和设备的，或者有其他不按照工程设计图纸或者施工技术标准施工的行为的，责令改正，处以罚款；情节严重的，责令停业整顿，降低资质等级或者吊销资质证书；造成建筑工程质量不符合规定的质量标准的，负责返工、修理，并赔偿因此造成的损失；构成犯罪的，依法追究刑事责任。

第七十五条 建筑施工企业违反本法规定，不履行保修义务或者拖延履行保修义务的，责令改正，可以处以罚款，并对在保修期内因屋顶、墙面渗漏、开裂等质量缺陷造成的损失，承担赔偿责任。

第七十六条 本法规定的责令停业整顿、降低资质等级和吊销资质证书的行政处罚，由颁发资质证书的机关决定；其他行政处罚，由建设行政主管部门或者有关部门依照法律和国务院规定的职权范围决定。

依照本法规定被吊销资质证书的，由工商行政管理部门吊销其营业执照。

第七十七条 违反本法规定，对不具备相应资质等级条件的单位颁发该等级资质证书的，由其上级机关责令收回所发的资质证书，对直接负责的主管人员和其他直接负责人员给予行政处分；构成犯罪的，依法追究刑事责任。

第七十八条 政府及其所属部门的工作人员违反本法规定，限定发包单位将招标发包给指定的承包单位的，由上级机关责令改正；构成犯罪的，依法追究刑事责任。

第七十九条 负责颁发建筑工程许可证的部门及其工作人员对不符合施工条件的建筑工程颁发施工许可证的，负责工程质量监督检查或者竣工验收的部门及其工作人员对不合格的建筑工程出具质量合格文件或者按合格工程验收的，由上级机关责令改正，对责任人员给予行政处分；构成犯罪的，依法追究刑事责任；造成损失的，由该部门承担相应的赔偿责任。

第八十条 在建筑物的合理使用寿命内，因建筑工程质量不合格受到损害的，有权向责任者要求赔偿。

第八章 附 则

第八十一条 本法关于施工许可、建筑施工企业资质审查和建筑工程发包、承包、禁止转包,以及建筑工程监理、建筑工程安全和质量管理的规定,适用于其他专业建筑工程的建筑活动,具体办法由国务院规定。

第八十二条 建设行政主管部门和其他有关部门在对建筑活动实施监督管理中,除按照国务院有关规定收取费用外,不得收取其他费用。

第八十三条 省、自治区、直辖市人民政府确定的小型房屋建筑工程的建筑活动,参照本法执行。

依法核定作为文物保护的纪念建筑物和古建筑等的修缮,依照文物保护的有关法律规定执行。

抢险救灾及其他临时性房屋建筑和农民自建低层住宅的建筑活动,不适用本法。

第八十四条 军用房屋建筑工程建筑活动的具体管理办法,由国务院、中央军事委员会依据本法制定。

第八十五条 本法自1998年3月1日起施行。

附录二 中华人民共和国招标投标法

(1999年8月30日,中华人民共和国第九届全国人民代表大会常务委员会第十一次会议通过,根据2017年12月27日第十二届全国人民代表大会常务委员会第三十一次会议《关于修改〈中华人民共和国招标投标法〉、〈中华人民共和国计量法〉的决定》修正)

第一章 总 则

第一条 为了规范招标投标活动,保护国家利益、社会公共利益和招标投标活动当事人的合法权益,提高经济效益,保证项目质量,制定本法。

第二条 在中华人民共和国境内进行招标投标活动,适用本法。

第三条 在中华人民共和国境内进行下列工程建设项目包括项目的勘察、设计、施工、监理以及与工程建设有关的重要设备、材料等的采购,必须进行招标:

(一)大型基础设施、公用事业等关系社会公共利益、公众安全的项目;

(二)全部或者部分使用国有资金投资或者国家融资的项目;

(三)使用国际组织或者外国政府贷款、援助资金的项目。

前款所列项目的具体范围和规模标准,由国务院发展计划部门会同国务院有关部门制订，报国务院批准。

法律或者国务院对必须进行招标的其他项目的范围有规定的，依照其规定。

第四条　任何单位和个人不得将依法必须进行招标的项目化整为零或者以其他任何方式规避招标。

第五条　招标投标活动应当遵循公开、公平、公正和诚实信用的原则。

第六条　依法必须进行招标的项目，其招标投标活动不受地区或者部门的限制。任何单位和个人不得违法限制或者排斥本地区、本系统以外的法人或者其他组织参加投标，不得以任何方式非法干涉招标投标活动。

第七条　招标投标活动及其当事人应当接受依法实施的监督。

有关行政监督部门依法对招标投标活动实施监督，依法查处招标投标活动中的违法行为。

对招标投标活动的行政监督及有关部门的具体职权划分，由国务院规定。

第二章　招　　标

第八条　招标人是依照本法规定提出招标项目、进行招标的法人或者其他组织。

第九条　招标项目按照国家有关规定需要履行项目审批手续的，应当先履行审批手续，取得批准。

招标人应当有进行招标项目的相应资金或者资金来源已经落实，并应当在招标文件中如实载明。

第十条　招标分为公开招标和邀请招标。

公开招标，是指招标人以招标公告的方式邀请不特定的法人或者其他组织投标。

邀请招标，是指招标人以投标邀请书的方式邀请特定的法人或者其他组织投标。

第十一条　国务院发展计划部门确定的国家重点项目和省、自治区、直辖市人民政府确定的地方重点项目不适宜公开招标的，经国务院发展计划部门或者省、自治区、直辖市人民政府批准，可以进行邀请招标。

第十二条　招标人有权自行选择招标代理机构，委托其办理招标事宜。任何单位和个人不得以任何方式为招标人指定招标代理机构。

招标人具有编制招标文件和组织评标能力的，可以自行办理招标事宜。任何单位和个人不得强制其委托招标代理机构办理招标事宜。

依法必须进行招标的项目，招标人自行办理招标事宜的，应当向有关行政监督部门备案。

第十三条　招标代理机构是依法设立、从事招标代理业务并提供相关服务的社会中介组织。

招标代理机构应当具备下列条件：

（一）有从事招标代理业务的营业场所和相应资金；

（二）有能够编制招标文件和组织评标的相应专业力量；

第十四条　招标代理机构与行政机关和其他国家机关不得存在隶属关系或者其他

利益关系。

第十五条　招标代理机构应当在招标人委托的范围内办理招标事宜，并遵守本法关于招标人的规定。

第十六条　招标人采用公开招标方式的，应当发布招标公告。依法必须进行招标的项目的招标公告，应当通过国家指定的报刊、信息网络或者其他媒介发布。

招标公告应当载明招标人的名称和地址、招标项目的性质、数量、实施地点和时间以及获取招标文件的办法等事项。

第十七条　招标人采用邀请招标方式的，应当向三个以上具备承担招标项目的能力、资信良好的特定的法人或者其他组织发出投标邀请书。

投标邀请书应当载明本法第十六条第二款规定的事项。

第十八条　招标人可以根据招标项目本身的要求，在招标公告或者投标邀请书中，要求潜在投标人提供有关资质证明文件和业绩情况，并对潜在投标人进行资格审查；国家对投标人的资格条件有规定的，依照其规定。

招标人不得以不合理的条件限制或者排斥潜在投标人，不得对潜在投标人实行歧视待遇。

第十九条　招标人应当根据招标项目的特点和需要编制招标文件。招标文件应当包括招标项目的技术要求、对投标人资格审查的标准、投标报价要求和评标标准等所有实质性要求和条件以及拟签订合同的主要条款。

国家对招标项目的技术、标准有规定的，招标人应当按照其规定在招标文件中提出相应要求。

招标项目需要划分标段、确定工期的，招标人应当合理划分标段、确定工期，并在招标文件中载明。

第二十条　招标文件不得要求或者标明特定的生产供应者以及含有倾向或者排斥潜在投标人的其他内容。

第二十一条　招标人根据招标项目的具体情况，可以组织潜在投标人踏勘项目现场。

第二十二条　招标人不得向他人透露已获取招标文件的潜在投标人的名称、数量以及可能影响公平竞争的有关招标投标的其他情况。

招标人设有标底的，标底必须保密。

第二十三条　招标人对已发出的招标文件进行必要的澄清或者修改的，应当在招标文件要求提交投标文件截止时间至少十五日前，以书面形式通知所有招标文件收受人。该澄清或者修改的内容为招标文件的组成部分。

第二十四条　招标人应当确定投标人编制投标文件所需要的合理时间；但是，依法必须进行招标的项目，自招标文件开始发出之日起至投标人提交投标文件截止之日止，最短不得少于二十日。

第三章　投　　标

第二十五条　投标人是响应招标、参加投标竞争的法人或者其他组织。

依法招标的科研项目允许个人参加投标的,投标的个人适用本法有关投标人的规定。

第二十六条　投标人应当具备承担招标项目的能力;国家有关规定对投标人资格条件或者招标文件对投标人资格条件有规定的,投标人应当具备规定的资格条件。

第二十七条　投标人应当按照招标文件的要求编制投标文件。投标文件应当对招标文件提出的实质性要求和条件作出响应。

招标项目属于建设施工的,投标文件的内容应当包括拟派出的项目负责人与主要技术人员的简历、业绩和拟用于完成招标项目的机械设备等。

第二十八条　投标人应当在招标文件要求提交投标文件的截止时间前,将投标文件送达投标地点。招标人收到投标文件后,应当签收保存,不得开启。投标人少于三个的,招标人应当依照本法重新招标。

在招标文件要求提交投标文件的截止时间后送达的投标文件,招标人应当拒收。

第二十九条　投标人在招标文件要求提交投标文件的截止时间前,可以补充、修改或者撤回已提交的投标文件,并书面通知招标人。补充、修改的内容为投标文件的组成部分。

第三十条　投标人根据招标文件载明的项目实际情况,拟在中标后将中标项目的部分非主体、非关键性工作进行分包的,应当在投标文件中载明。

第三十一条　两个以上法人或者其他组织可以组成一个联合体,以一个投标人的身份共同投标。

联合体各方均应当具备承担招标项目的相应能力;国家有关规定或者招标文件对投标人资格条件有规定的,联合体各方均应当具备规定的相应资格条件。由同一专业的单位组成的联合体,按照资质等级较低的单位确定资质等级。

联合体各方应当签订共同投标协议,明确约定各方拟承担的工作和责任,并将共同投标协议连同投标文件一并提交招标人。联合体中标的,联合体各方应当共同与招标人签订合同,就中标项目向招标人承担连带责任。

招标人不得强制投标人组成联合体共同投标,不得限制投标人之间的竞争。

第三十二条　投标人不得相互串通投标报价,不得排挤其他投标人的公平竞争,损害招标人或者其他投标人的合法权益。

投标人不得与招标人串通投标,损害国家利益、社会公共利益或者他人的合法权益。

禁止投标人以向招标人或者评标委员会成员行贿的手段谋取中标。

第三十三条　投标人不得以低于成本的报价竞标,也不得以他人名义投标或者以其他方式弄虚作假,骗取中标。

第四章　开标、评标和中标

第三十四条　开标应当在招标文件确定的提交投标文件截止时间的同一时间公开进行;开标地点应当为招标文件中预先确定的地点。

第三十五条　开标由招标人主持，邀请所有投标人参加。

第三十六条　开标时，由投标人或者其推选的代表检查投标文件的密封情况，也可以由招标人委托的公证机构检查并公证；经确认无误后，由工作人员当众拆封，宣读投标人名称、投标价格和投标文件的其他主要内容。

招标人在招标文件要求提交投标文件的截止时间前收到的所有投标文件，开标时都应当当众予以拆封、宣读。

开标过程应当记录，并存档备查。

第三十七条　评标由招标人依法组建的评标委员会负责。

依法必须进行招标的项目，其评标委员会由招标人的代表和有关技术、经济等方面的专家组成，成员人数为五人以上单数，其中技术、经济等方面的专家不得少于成员总数的三分之二。

前款专家应当从事相关领域工作满八年并具有高级职称或者具有同等专业水平，由招标人从国务院有关部门或者省、自治区、直辖市人民政府有关部门提供的专家名册或者招标代理机构的专家库内的相关专业的专家名单中确定；一般招标项目可以采取随机抽取方式，特殊招标项目可以由招标人直接确定。

与投标人有利害关系的人不得进入相关项目的评标委员会；已经进入的应当更换。

评标委员会成员的名单在中标结果确定前应当保密。

第三十八条　招标人应当采取必要的措施，保证评标在严格保密的情况下进行。

任何单位和个人不得非法干预、影响评标的过程和结果。

第三十九条　评标委员会可以要求投标人对投标文件中含义不明确的内容作必要的澄清或者说明，但是澄清或者说明不得超出投标文件的范围或者改变投标文件的实质性内容。

第四十条　评标委员会应当按照招标文件确定的评标标准和方法，对投标文件进行评审和比较；设有标底的，应当参考标底。评标委员会完成评标后，应当向招标人提出书面评标报告，并推荐合格的中标候选人。

招标人根据评标委员会提出的书面评标报告和推荐的中标候选人确定中标人。招标人也可以授权评标委员会直接确定中标人。

国务院对特定招标项目的评标有特别规定的，从其规定。

第四十一条　中标人的投标应当符合下列条件之一：

（一）能够最大限度地满足招标文件中规定的各项综合评价标准；

（二）能够满足招标文件的实质性要求，并且经评审的投标价格最低；但是投标价格低于成本的除外。

第四十二条　评标委员会经评审，认为所有投标都不符合招标文件要求的，可以否决所有投标。

依法必须进行招标的项目的所有投标被否决的，招标人应当依照本法重新招标。

第四十三条　在确定中标人前，招标人不得与投标人就投标价格、投标方案等实质性内容进行谈判。

第四十四条　评标委员会成员应当客观、公正地履行职务，遵守职业道德，对所提出的评审意见承担个人责任。

评标委员会成员不得私下接触投标人，不得收受投标人的财物或者其他好处。

评标委员会成员和参与评标的有关工作人员不得透露对投标文件的评审和比较、中标候选人的推荐情况以及与评标有关的其他情况。

第四十五条　中标人确定后，招标人应当向中标人发出中标通知书，并同时将中标结果通知所有未中标的投标人。

中标通知书对招标人和中标人具有法律效力。中标通知书发出后，招标人改变中标结果的，或者中标人放弃中标项目的，应当依法承担法律责任。

第四十六条　招标人和中标人应当自中标通知书发出之日起三十日内，按照招标文件和中标人的投标文件订立书面合同。招标人和中标人不得再行订立背离合同实质性内容的其他协议。

招标文件要求中标人提交履约保证金的，中标人应当提交。

第四十七条　依法必须进行招标的项目，招标人应当自确定中标人之日起十五日内，向有关行政监督部门提交招标投标情况的书面报告。

第四十八条　中标人应当按照合同约定履行义务，完成中标项目。中标人不得向他人转让中标项目，也不得将中标项目肢解后分别向他人转让。

中标人按照合同约定或者经招标人同意，可以将中标项目的部分非主体、非关键性工作分包给他人完成。接受分包的人应当具备相应的资格条件，并不得再次分包。

中标人应当就分包项目向招标人负责，接受分包的人就分包项目承担连带责任。

第五章　法律责任

第四十九条　违反本法规定，必须进行招标的项目而不招标的，将必须进行招标的项目化整为零或者以其他任何方式规避招标的，责令限期改正，可以处项目合同金额千分之五以上千分之十以下的罚款；对全部或者部分使用国有资金的项目，可以暂停项目执行或者暂停资金拨付；对单位直接负责的主管人员和其他直接责任人员依法给予处分。

第五十条　招标代理机构违反本法规定，泄露应当保密的与招标投标活动有关的情况和资料的，或者与招标人、投标人串通损害国家利益、社会公共利益或者他人合法权益的，处五万元以上二十五万元以下的罚款，对单位直接负责的主管人员和其他直接责任人员处单位罚款数额百分之五以上百分之十以下的罚款；有违法所得的，并处没收违法所得；情节严重的，禁止其一年至二年内代理依法必须进行招标的项目并予以公告，直至由工商行政管理机关吊销营业执照；构成犯罪的，依法追究刑事责任。给他人造成损失的，依法承担赔偿责任。

前款所列行为影响中标结果的，中标无效。

第五十一条　招标人以不合理的条件限制或者排斥潜在投标人的，对潜在投标人实行歧视待遇的，强制要求投标人组成联合体共同投标的，或者限制投标人之间竞争的，责令改正，可以处一万元以上五万元以下的罚款。

第五十二条 依法必须进行招标的项目的招标人向他人透露已获取招标文件的潜在投标人的名称、数量或者可能影响公平竞争的有关招标投标的其他情况的，或者泄露标底的，给予警告，可以并处一万元以上十万元以下的罚款；对单位直接负责的主管人员和其他直接责任人员依法给予处分；构成犯罪的，依法追究刑事责任。

前款所列行为影响中标结果的，中标无效。

第五十三条 投标人相互串通投标或者与招标人串通投标的，投标人以向招标人或者评标委员会成员行贿的手段谋取中标的，中标无效，处中标项目金额千分之五以上千分之十以下的罚款，对单位直接负责的主管人员和其他直接责任人员处单位罚款数额百分之五以上百分之十以下的罚款；有违法所得的，并处没收违法所得；情节严重的，取消其一年至二年内参加依法必须进行招标的项目的投标资格并予以公告，直至由工商行政管理机关吊销营业执照；构成犯罪的，依法追究刑事责任。给他人造成损失的，依法承担赔偿责任。

第五十四条 投标人以他人名义投标或者以其他方式弄虚作假，骗取中标的，中标无效，给招标人造成损失的，依法承担赔偿责任；构成犯罪的，依法追究刑事责任。

依法必须进行招标的项目的投标人有前款所列行为尚未构成犯罪的，处中标项目金额千分之五以上千分之十以下的罚款，对单位直接负责的主管人员和其他直接责任人员处单位罚款数额百分之五以上百分之十以下的罚款；有违法所得的，并处没收违法所得；情节严重的，取消其一年至三年内参加依法必须进行招标的项目的投标资格并予以公告，直至由工商行政管理机关吊销营业执照。

第五十五条 依法必须进行招标的项目，招标人违反本法规定，与投标人就投标价格、投标方案等实质性内容进行谈判的，给予警告，对单位直接负责的主管人员和其他直接责任人员依法给予处分。

前款所列行为影响中标结果的，中标无效。

第五十六条 评标委员会成员收受投标人的财物或者其他好处的，评标委员会成员或者参加评标的有关工作人员向他人透露对投标文件的评审和比较、中标候选人的推荐以及与评标有关的其他情况的，给予警告，没收收受的财物，可以并处三千元以上五万元以下的罚款，对有所列违法行为的评标委员会成员取消担任评标委员会成员的资格，不得再参加任何依法必须进行招标的项目的评标；构成犯罪的，依法追究刑事责任。

第五十七条 招标人在评标委员会依法推荐的中标候选人以外确定中标人的，依法必须进行招标的项目在所有投标被评标委员会否决后自行确定中标人的，中标无效。责令改正，可以处中标项目金额千分之五以上千分之十以下的罚款；对单位直接负责的主管人员和其他直接责任人员依法给予处分。

第五十八条 中标人将中标项目转让给他人的，将中标项目肢解后分别转让给他人的，违反本法规定将中标项目的部分主体、关键性工作分包给他人的，或者分包人再次分包的，转让、分包无效，处转让、分包项目金额千分之五以上千分之十以下的罚款；有违法所得的，并处没收违法所得；可以责令停业整顿；情节严重的，由工商行政管理机关吊销营业执照。

第五十九条　招标人与中标人不按照招标文件和中标人的投标文件订立合同的，或者招标人、中标人订立背离合同实质性内容的协议的，责令改正；可以处中标项目金额千分之五以上千分之十以下的罚款。

第六十条　中标人不履行与招标人订立的合同的，履约保证金不予退还，给招标人造成的损失超过履约保证金数额的，还应当对超过部分予以赔偿；没有提交履约保证金的，应当对招标人的损失承担赔偿责任。

中标人不按照与招标人订立的合同履行义务，情节严重的，取消其二年至五年内参加依法必须进行招标的项目的投标资格并予以公告，直至由工商行政管理机关吊销营业执照。

因不可抗力不能履行合同的，不适用前两款规定。

第六十一条　本章规定的行政处罚，由国务院规定的有关行政监督部门决定。本法已对实施行政处罚的机关作出规定的除外。

第六十二条　任何单位违反本法规定，限制或者排斥本地区、本系统以外的法人或者其他组织参加投标的，为招标人指定招标代理机构的，强制招标人委托招标代理机构办理招标事宜的，或者以其他方式干涉招标投标活动的，责令改正；对单位直接负责的主管人员和其他直接责任人员依法给予警告、记过、记大过的处分，情节较重的，依法给予降级、撤职、开除的处分。

个人利用职权进行前款违法行为的，依照前款规定追究责任。

第六十三条　对招标投标活动依法负有行政监督职责的国家机关工作人员徇私舞弊、滥用职权或者玩忽职守，构成犯罪的，依法追究刑事责任；不构成犯罪的，依法给予行政处分。

第六十四条　依法必须进行招标的项目违反本法规定，中标无效的，应当依照本法规定的中标条件从其余投标人中重新确定中标人或者依照本法重新进行招标。

第六章　附　　则

第六十五条　投标人和其他利害关系人认为招标投标活动不符合本法有关规定的，有权向招标人提出异议或者依法向有关行政监督部门投诉。

第六十六条　涉及国家安全、国家秘密、抢险救灾或者属于利用扶贫资金实行以工代赈、需要使用农民工等特殊情况，不适宜进行招标的项目，按照国家有关规定可以不进行招标。

第六十七条　使用国际组织或者外国政府贷款、援助资金的项目进行招标，贷款方、资金提供方对招标投标的具体条件和程序有不同规定的，可以适用其规定，但违背中华人民共和国的社会公共利益的除外。

第六十八条　本法自 2000 年 1 月 1 日起施行。

附录三　中华人民共和国民法典（第三编合同节选）

（2020年5月28日，十三届全国人大三次会议表决通过了《中华人民共和国民法典》，自2021年1月1日起施行。《中华人民共和国合同法》同时废止）

注：本附录仅介绍《中华人民共和国民法典》第三编合同部分（第一分编通则及第二分编典型合同中的第十八章建设工程合同）

第三编 合同（第一分编 通则）

第一章　一般规定

第四百六十三条　本编调整因合同产生的民事关系。

第四百六十四条　合同是民事主体之间设立、变更、终止民事法律关系的协议。

婚姻、收养、监护等有关身份关系的协议，适用有关该身份关系的法律规定；没有规定的，可以根据其性质参照适用本编规定。

第四百六十五条　依法成立的合同，受法律保护。

依法成立的合同，仅对当事人具有法律约束力，但是法律另有规定的除外。

第四百六十六条　当事人对合同条款的理解有争议的，应当依据本法第一百四十二条第一款的规定，确定争议条款的含义。

合同文本采用两种以上文字订立并约定具有同等效力的，对各文本使用的词句推定具有相同含义。各文本使用的词句不一致的，应当根据合同的相关条款、性质、目的以及诚信原则等予以解释。

第四百六十七条　本法或者其他法律没有明文规定的合同，适用本编通则的规定，并可以参照适用本编或者其他法律最相类似合同的规定。

在中华人民共和国境内履行的中外合资经营企业合同、中外合作经营企业合同、中外合作勘探开发自然资源合同，适用中华人民共和国法律。

第四百六十八条　非因合同产生的债权债务关系，适用有关该债权债务关系的法律规定；没有规定的，适用本编通则的有关规定，但是根据其性质不能适用的除外。

第二章　合同的订立

第四百六十九条　当事人订立合同，可以采用书面形式、口头形式或者其他形式。

书面形式是合同书、信件、电报、电传、传真等可以有形地表现所载内容的形式。

以电子数据交换、电子邮件等方式能够有形地表现所载内容，并可以随时调取查用的数据电文，视为书面形式。

第四百七十条　合同的内容由当事人约定，一般包括下列条款：

（一）当事人的姓名或者名称和住所；

（二）标的；

（三）数量；

（四）质量；

（五）价款或者报酬；

（六）履行期限、地点和方式；

（七）违约责任；

（八）解决争议的方法。

当事人可以参照各类合同的示范文本订立合同。

第四百七十一条　当事人订立合同，可以采取要约、承诺方式或者其他方式。

第四百七十二条　要约是希望与他人订立合同的意思表示，该意思表示应当符合下列条件：

（一）内容具体确定；

（二）表明经受要约人承诺，要约人即受该意思表示约束。

第四百七十三条　要约邀请是希望他人向自己发出要约的表示。拍卖公告、招标公告、招股说明书、债券募集办法、基金招募说明书、商业广告和宣传、寄送的价目表等为要约邀请。

商业广告和宣传的内容符合要约条件的，构成要约。

第四百七十四条　要约生效的时间适用本法第一百三十七条的规定。

第四百七十五条　要约可以撤回。要约的撤回适用本法第一百四十一条的规定。

第四百七十六条　要约可以撤销，但是有下列情形之一的除外：

（一）要约人以确定承诺期限或者其他形式明示要约不可撤销；

（二）受要约人有理由认为要约是不可撤销的，并已经为履行合同做了合理准备工作。

第四百七十七条　撤销要约的意思表示以对话方式作出的，该意思表示的内容应当在受要约人作出承诺之前为受要约人所知道；撤销要约的意思表示以非对话方式作出的，应当在受要约人作出承诺之前到达受要约人。

第四百七十八条　有下列情形之一的，要约失效：

（一）要约被拒绝；

（二）要约被依法撤销；

（三）承诺期限届满，受要约人未作出承诺；

（四）受要约人对要约的内容作出实质性变更。

第四百七十九条　承诺是受要约人同意要约的意思表示。

第四百八十条　承诺应当以通知的方式作出；但是，根据交易习惯或者要约表明可以通过行为作出承诺的除外。

第四百八十一条　承诺应当在要约确定的期限内到达要约人。

要约没有确定承诺期限的，承诺应当依照下列规定到达：

（一）要约以对话方式作出的，应当即时作出承诺；

（二）要约以非对话方式作出的，承诺应当在合理期限内到达。

第四百八十二条　要约以信件或者电报作出的，承诺期限自信件载明的日期或者电报交发之日开始计算。信件未载明日期的，自投寄该信件的邮戳日期开始计算。要约以电话、传真、电子邮件等快速通讯方式作出的，承诺期限自要约到达受要约人时开始计算。

第四百八十三条　承诺生效时合同成立，但是法律另有规定或者当事人另有约定的除外。

第四百八十四条　以通知方式作出的承诺，生效的时间适用本法第一百三十七条的规定。

承诺不需要通知的，根据交易习惯或者要约的要求作出承诺的行为时生效。

第四百八十五条　承诺可以撤回。承诺的撤回适用本法第一百四十一条的规定。

第四百八十六条　受要约人超过承诺期限发出承诺，或者在承诺期限内发出承诺，按照通常情形不能及时到达要约人的，为新要约；但是，要约人及时通知受要约人该承诺有效的除外。

第四百八十七条　受要约人在承诺期限内发出承诺，按照通常情形能够及时到达要约人，但是因其他原因致使承诺到达要约人时超过承诺期限的，除要约人及时通知受要约人因承诺超过期限不接受该承诺外，该承诺有效。

第四百八十八条　承诺的内容应当与要约的内容一致。受要约人对要约的内容作出实质性变更的，为新要约。有关合同标的、数量、质量、价款或者报酬、履行期限、履行地点和方式、违约责任和解决争议方法等的变更，是对要约内容的实质性变更。

第四百八十九条　承诺对要约的内容作出非实质性变更的，除要约人及时表示反对或者要约表明承诺不得对要约的内容作出任何变更外，该承诺有效，合同的内容以承诺的内容为准。

第四百九十条　当事人采用合同书形式订立合同的，自当事人均签名、盖章或者按指印时合同成立。在签名、盖章或者按指印之前，当事人一方已经履行主要义务，对方接受时，该合同成立。

法律、行政法规规定或者当事人约定合同应当采用书面形式订立，当事人未采用书面形式但是一方已经履行主要义务，对方接受时，该合同成立。

第四百九十一条　当事人采用信件、数据电文等形式订立合同要求签订确认书的，签订确认书时合同成立。

当事人一方通过互联网等信息网络发布的商品或者服务信息符合要约条件的，对方选择该商品或者服务并提交订单成功时合同成立，但是当事人另有约定的除外。

第四百九十二条　承诺生效的地点为合同成立的地点。

采用数据电文形式订立合同的，收件人的主营业地为合同成立的地点；没有主营业地的，其住所地为合同成立的地点。当事人另有约定的，按照其约定。

第四百九十三条 当事人采用合同书形式订立合同的，最后签名、盖章或者按指印的地点为合同成立的地点，但是当事人另有约定的除外。

第四百九十四条 国家根据抢险救灾、疫情防控或者其他需要下达国家订货任务、指令性任务的，有关民事主体之间应当依照有关法律、行政法规规定的权利和义务订立合同。

依照法律、行政法规的规定负有发出要约义务的当事人，应当及时发出合理的要约。

依照法律、行政法规的规定负有作出承诺义务的当事人，不得拒绝对方合理的订立合同要求。

第四百九十五条 当事人约定在将来一定期限内订立合同的认购书、订购书、预订书等，构成预约合同。

当事人一方不履行预约合同约定的订立合同义务的，对方可以请求其承担预约合同的违约责任。

第四百九十六条 格式条款是当事人为了重复使用而预先拟定，并在订立合同时未与对方协商的条款。

采用格式条款订立合同的，提供格式条款的一方应当遵循公平原则确定当事人之间的权利和义务，并采取合理的方式提示对方注意免除或者减轻其责任等与对方有重大利害关系的条款，按照对方的要求，对该条款予以说明。提供格式条款的一方未履行提示或者说明义务，致使对方没有注意或者理解与其有重大利害关系的条款的，对方可以主张该条款不成为合同的内容。

第四百九十七条 有下列情形之一的，该格式条款无效：

（一）具有本法第一编第六章第三节和本法第五百零六条规定的无效情形；

（二）提供格式条款一方不合理地免除或者减轻其责任、加重对方责任、限制对方主要权利；

（三）提供格式条款一方排除对方主要权利。

第四百九十八条 对格式条款的理解发生争议的，应当按照通常理解予以解释。对格式条款有两种以上解释的，应当作出不利于提供格式条款一方的解释。格式条款和非格式条款不一致的，应当采用非格式条款。

第四百九十九条 悬赏人以公开方式声明对完成特定行为的人支付报酬的，完成该行为的人可以请求其支付。

第五百条 当事人在订立合同过程中有下列情形之一，造成对方损失的，应当承担赔偿责任：

（一）假借订立合同，恶意进行磋商；

（二）故意隐瞒与订立合同有关的重要事实或者提供虚假情况；

（三）有其他违背诚信原则的行为。

第五百零一条 当事人在订立合同过程中知悉的商业秘密或者其他应当保密的信息，无论合同是否成立，不得泄露或者不正当地使用；泄露、不正当地使用该商业秘密或者信息，造成对方损失的，应当承担赔偿责任。

第三章 合同的效力

第五百零二条 依法成立的合同，自成立时生效，但是法律另有规定或者当事人另有约定的除外。

依照法律、行政法规的规定，合同应当办理批准等手续的，依照其规定。未办理批准等手续影响合同生效的，不影响合同中履行报批等义务条款以及相关条款的效力。应当办理申请批准等手续的当事人未履行义务的，对方可以请求其承担违反该义务的责任。

依照法律、行政法规的规定，合同的变更、转让、解除等情形应当办理批准等手续的，适用前款规定。

第五百零三条 无权代理人以被代理人的名义订立合同，被代理人已经开始履行合同义务或者接受相对人履行的，视为对合同的追认。

第五百零四条 法人的法定代表人或者非法人组织的负责人超越权限订立的合同，除相对人知道或者应当知道其超越权限外，该代表行为有效，订立的合同对法人或者非法人组织发生效力。

第五百零五条 当事人超越经营范围订立的合同的效力，应当依照本法第一编第六章第三节和本编的有关规定确定，不得仅以超越经营范围确认合同无效。

第五百零六条 合同中的下列免责条款无效：

（一）造成对方人身损害的；

（二）因故意或者重大过失造成对方财产损失的。

第五百零七条 合同不生效、无效、被撤销或者终止的，不影响合同中有关解决争议方法的条款的效力。

第五百零八条 本编对合同的效力没有规定的，适用本法第一编第六章的有关规定。

第四章 合同的履行

第五百零九条 当事人应当按照约定全面履行自己的义务。

当事人应当遵循诚信原则，根据合同的性质、目的和交易习惯履行通知、协助、保密等义务。

当事人在履行合同过程中，应当避免浪费资源、污染环境和破坏生态。

第五百一十条 合同生效后，当事人就质量、价款或者报酬、履行地点等内容没有约定或者约定不明确的，可以协议补充；不能达成补充协议的，按照合同相关条款或者交易习惯确定。

第五百一十一条 当事人就有关合同内容约定不明确，依据前条规定仍不能确定的，适用下列规定：

（一）质量要求不明确的，按照强制性国家标准履行；没有强制性国家标准的，按照推荐性国家标准履行；没有推荐性国家标准的，按照行业标准履行；没有国家标准、行业标准的，按照通常标准或者符合合同目的的特定标准履行。

（二）价款或者报酬不明确的，按照订立合同时履行地的市场价格履行；依法应当执行政府定价或者政府指导价的，依照规定履行。

（三）履行地点不明确，给付货币的，在接受货币一方所在地履行；交付不动产的，在不动产所在地履行；其他标的，在履行义务一方所在地履行。

（四）履行期限不明确的，债务人可以随时履行，债权人也可以随时请求履行，但是应当给对方必要的准备时间。

（五）履行方式不明确的，按照有利于实现合同目的的方式履行。

（六）履行费用的负担不明确的，由履行义务一方负担；因债权人原因增加的履行费用，由债权人负担。

第五百一十二条　通过互联网等信息网络订立的电子合同的标的为交付商品并采用快递物流方式交付的，收货人的签收时间为交付时间。电子合同的标的为提供服务的，生成的电子凭证或者实物凭证中载明的时间为提供服务时间；前述凭证没有载明时间或者载明时间与实际提供服务时间不一致的，以实际提供服务的时间为准。

电子合同的标的物为采用在线传输方式交付的，合同标的物进入对方当事人指定的特定系统且能够检索识别的时间为交付时间。

电子合同当事人对交付商品或者提供服务的方式、时间另有约定的，按照其约定。

第五百一十三条　执行政府定价或者政府指导价的，在合同约定的交付期限内政府价格调整时，按照交付时的价格计价。逾期交付标的物的，遇价格上涨时，按照原价格执行；价格下降时，按照新价格执行。逾期提取标的物或者逾期付款的，遇价格上涨时，按照新价格执行；价格下降时，按照原价格执行。

第五百一十四条　以支付金钱为内容的债，除法律另有规定或者当事人另有约定外，债权人可以请求债务人以实际履行地的法定货币履行。

第五百一十五条　标的有多项而债务人只需履行其中一项的，债务人享有选择权；但是，法律另有规定、当事人另有约定或者另有交易习惯的除外。

享有选择权的当事人在约定期限内或者履行期限届满未作选择，经催告后在合理期限内仍未选择的，选择权转移至对方。

第五百一十六条　当事人行使选择权应当及时通知对方，通知到达对方时，标的确定。标的确定后不得变更，但是经对方同意的除外。

可选择的标的发生不能履行情形的，享有选择权的当事人不得选择不能履行的标的，但是该不能履行的情形是由对方造成的除外。

第五百一十七条　债权人为二人以上，标的可分，按照份额各自享有债权的，为按份债权；债务人为二人以上，标的可分，按照份额各自负担债务的，为按份债务。

按份债权人或者按份债务人的份额难以确定的，视为份额相同。

第五百一十八条　债权人为二人以上，部分或者全部债权人均可以请求债务人履行债务的，为连带债权；债务人为二人以上，债权人可以请求部分或者全部债务人履行全部债务的，为连带债务。

连带债权或者连带债务，由法律规定或者当事人约定。

第五百一十九条　连带债务人之间的份额难以确定的，视为份额相同。

实际承担债务超过自己份额的连带债务人，有权就超出部分在其他连带债务人未履行的份额范围内向其追偿，并相应地享有债权人的权利，但是不得损害债权人的利益。其他连带债务人对债权人的抗辩，可以向该债务人主张。

被追偿的连带债务人不能履行其应分担份额的，其他连带债务人应当在相应范围内按比例分担。

第五百二十条　部分连带债务人履行、抵销债务或者提存标的物的，其他债务人对债权人的债务在相应范围内消灭；该债务人可以依据前条规定向其他债务人追偿。

部分连带债务人的债务被债权人免除的，在该连带债务人应当承担的份额范围内，其他债务人对债权人的债务消灭。

部分连带债务人的债务与债权人的债权同归于一人的，在扣除该债务人应当承担的份额后，债权人对其他债务人的债权继续存在。

债权人对部分连带债务人的给付受领迟延的，对其他连带债务人发生效力。

第五百二十一条　连带债权人之间的份额难以确定的，视为份额相同。

实际受领债权的连带债权人，应当按比例向其他连带债权人返还。

连带债权参照适用本章连带债务的有关规定。

第五百二十二条　当事人约定由债务人向第三人履行债务，债务人未向第三人履行债务或者履行债务不符合约定的，应当向债权人承担违约责任。

法律规定或者当事人约定第三人可以直接请求债务人向其履行债务，第三人未在合理期限内明确拒绝，债务人未向第三人履行债务或者履行债务不符合约定的，第三人可以请求债务人承担违约责任；债务人对债权人的抗辩，可以向第三人主张。

第五百二十三条　当事人约定由第三人向债权人履行债务，第三人不履行债务或者履行债务不符合约定的，债务人应当向债权人承担违约责任。

第五百二十四条　债务人不履行债务，第三人对履行该债务具有合法利益的，第三人有权向债权人代为履行；但是，根据债务性质、按照当事人约定或者依照法律规定只能由债务人履行的除外。

债权人接受第三人履行后，其对债务人的债权转让给第三人，但是债务人和第三人另有约定的除外。

第五百二十五条　当事人互负债务，没有先后履行顺序的，应当同时履行。一方在对方履行之前有权拒绝其履行请求。一方在对方履行债务不符合约定时，有权拒绝其相应的履行请求。

第五百二十六条　当事人互负债务，有先后履行顺序，应当先履行债务一方未履行的，后履行一方有权拒绝其履行请求。先履行一方履行债务不符合约定的，后履行一方有权拒绝其相应的履行请求。

第五百二十七条　应当先履行债务的当事人，有确切证据证明对方有下列情形之一的，可以中止履行：

（一）经营状况严重恶化；

（二）转移财产、抽逃资金，以逃避债务；

（三）丧失商业信誉；

（四）有丧失或者可能丧失履行债务能力的其他情形。

当事人没有确切证据中止履行的，应当承担违约责任。

第五百二十八条　当事人依据前条规定中止履行的，应当及时通知对方。对方提供适当担保的，应当恢复履行。中止履行后，对方在合理期限内未恢复履行能力且未提供适当担保的，视为以自己的行为表明不履行主要债务，中止履行的一方可以解除合同并可以请求对方承担违约责任。

第五百二十九条　债权人分立、合并或者变更住所没有通知债务人，致使履行债务发生困难的，债务人可以中止履行或者将标的物提存。

第五百三十条　债权人可以拒绝债务人提前履行债务，但是提前履行不损害债权人利益的除外。

债务人提前履行债务给债权人增加的费用，由债务人负担。

第五百三十一条　债权人可以拒绝债务人部分履行债务，但是部分履行不损害债权人利益的除外。

债务人部分履行债务给债权人增加的费用，由债务人负担。

第五百三十二条　合同生效后，当事人不得因姓名、名称的变更或者法定代表人、负责人、承办人的变动而不履行合同义务。

第五百三十三条　合同成立后，合同的基础条件发生了当事人在订立合同时无法预见的、不属于商业风险的重大变化，继续履行合同对于当事人一方明显不公平的，受不利影响的当事人可以与对方重新协商；在合理期限内协商不成的，当事人可以请求人民法院或者仲裁机构变更或者解除合同。

人民法院或者仲裁机构应当结合案件的实际情况，根据公平原则变更或者解除合同。

第五百三十四条　对当事人利用合同实施危害国家利益、社会公共利益行为的，市场监督管理和其他有关行政主管部门依照法律、行政法规的规定负责监督处理。

第五章　合同的保全

第五百三十五条　因债务人怠于行使其债权或者与该债权有关的从权利，影响债权人的到期债权实现的，债权人可以向人民法院请求以自己的名义代位行使债务人对相对人的权利，但是该权利专属于债务人自身的除外。

代位权的行使范围以债权人的到期债权为限。债权人行使代位权的必要费用，由债务人负担。

相对人对债务人的抗辩，可以向债权人主张。

第五百三十六条　债权人的债权到期前，债务人的债权或者与该债权有关的从权利存在诉讼时效期间即将届满或者未及时申报破产债权等情形，影响债权人的债权实现的，债权人可以代位向债务人的相对人请求其向债务人履行、向破产管理人申报或者作出其他必要的行为。

第五百三十七条　人民法院认定代位权成立的，由债务人的相对人向债权人履行义务，债权人接受履行后，债权人与债务人、债务人与相对人之间相应的权利义务终止。债务人对相对人的债权或者与该债权有关的从权利被采取保全、执行措施，或者债务人破产的，依照相关法律的规定处理。

第五百三十八条　债务人以放弃其债权、放弃债权担保、无偿转让财产等方式无偿处分财产权益，或者恶意延长其到期债权的履行期限，影响债权人的债权实现的，债权人可以请求人民法院撤销债务人的行为。

第五百三十九条　债务人以明显不合理的低价转让财产、以明显不合理的高价受让他人财产或者为他人的债务提供担保，影响债权人的债权实现，债务人的相对人知道或者应当知道该情形的，债权人可以请求人民法院撤销债务人的行为。

第五百四十条　撤销权的行使范围以债权人的债权为限。债权人行使撤销权的必要费用，由债务人负担。

第五百四十一条　撤销权自债权人知道或者应当知道撤销事由之日起一年内行使。自债务人的行为发生之日起五年内没有行使撤销权的，该撤销权消灭。

第五百四十二条　债务人影响债权人的债权实现的行为被撤销的，自始没有法律约束力。

第六章　合同的变更和转让

第五百四十三条　当事人协商一致，可以变更合同。

第五百四十四条　当事人对合同变更的内容约定不明确的，推定为未变更。

第五百四十五条　债权人可以将债权的全部或者部分转让给第三人，但是有下列情形之一的除外：

（一）根据债权性质不得转让；

（二）按照当事人约定不得转让；

（三）依照法律规定不得转让。

当事人约定非金钱债权不得转让的，不得对抗善意第三人。当事人约定金钱债权不得转让的，不得对抗第三人。

第五百四十六条　债权人转让债权，未通知债务人的，该转让对债务人不发生效力。

债权转让的通知不得撤销，但是经受让人同意的除外。

第五百四十七条　债权人转让债权的，受让人取得与债权有关的从权利，但是该从权利专属于债权人自身的除外。

受让人取得从权利不因该从权利未办理转移登记手续或者未转移占有而受到影响。

第五百四十八条　债务人接到债权转让通知后，债务人对让与人的抗辩，可以向受让人主张。

第五百四十九条　有下列情形之一的，债务人可以向受让人主张抵销：

（一）债务人接到债权转让通知时，债务人对让与人享有债权，且债务人的债权先于转让的债权到期或者同时到期；

（二）债务人的债权与转让的债权是基于同一合同产生。

第五百五十条　因债权转让增加的履行费用，由让与人负担。

第五百五十一条　债务人将债务的全部或者部分转移给第三人的，应当经债权人同意。

债务人或者第三人可以催告债权人在合理期限内予以同意，债权人未作表示的，视为不同意。

第五百五十二条　第三人与债务人约定加入债务并通知债权人，或者第三人向债权人表示愿意加入债务，债权人未在合理期限内明确拒绝的，债权人可以请求第三人在其愿意承担的债务范围内和债务人承担连带债务。

第五百五十三条　债务人转移债务的，新债务人可以主张原债务人对债权人的抗辩；原债务人对债权人享有债权的，新债务人不得向债权人主张抵销。

第五百五十四条　债务人转移债务的，新债务人应当承担与主债务有关的从债务，但是该从债务专属于原债务人自身的除外。

第五百五十五条　当事人一方经对方同意，可以将自己在合同中的权利和义务一并转让给第三人。

第五百五十六条　合同的权利和义务一并转让的，适用债权转让、债务转移的有关规定。

第七章　合同的权利义务终止

第五百五十七条　有下列情形之一的，债权债务终止：

（一）债务已经履行；

（二）债务相互抵销；

（三）债务人依法将标的物提存；

（四）债权人免除债务；

（五）债权债务同归于一人；

（六）法律规定或者当事人约定终止的其他情形。

合同解除的，该合同的权利义务关系终止。

第五百五十八条　债权债务终止后，当事人应当遵循诚信等原则，根据交易习惯履行通知、协助、保密、旧物回收等义务。

第五百五十九条　债权债务终止时，债权的从权利同时消灭，但是法律另有规定或者当事人另有约定的除外。

第五百六十条　债务人对同一债权人负担的数项债务种类相同，债务人的给付不足以清偿全部债务的，除当事人另有约定外，由债务人在清偿时指定其履行的债务。

债务人未作指定的，应当优先履行已经到期的债务；数项债务均到期的，优先履行对债权人缺乏担保或者担保最少的债务；均无担保或者担保相等的，优先履行债务人负担较重的债务；负担相同的，按照债务到期的先后顺序履行；到期时间相同的，按照债务比例履行。

第五百六十一条　债务人在履行主债务外还应当支付利息和实现债权的有关费用，其给付不足以清偿全部债务的，除当事人另有约定外，应当按照下列顺序履行：

（一）实现债权的有关费用；

（二）利息；

（三）主债务。

第五百六十二条　当事人协商一致，可以解除合同。

当事人可以约定一方解除合同的事由。解除合同的事由发生时，解除权人可以解除合同。

第五百六十三条　有下列情形之一的，当事人可以解除合同：

（一）因不可抗力致使不能实现合同目的；

（二）在履行期限届满前，当事人一方明确表示或者以自己的行为表明不履行主要债务；

（三）当事人一方迟延履行主要债务，经催告后在合理期限内仍未履行；

（四）当事人一方迟延履行债务或者有其他违约行为致使不能实现合同目的；

（五）法律规定的其他情形。

以持续履行的债务为内容的不定期合同，当事人可以随时解除合同，但是应当在合理期限之前通知对方。

第五百六十四条　法律规定或者当事人约定解除权行使期限，期限届满当事人不行使的，该权利消灭。

法律没有规定或者当事人没有约定解除权行使期限，自解除权人知道或者应当知道解除事由之日起一年内不行使，或者经对方催告后在合理期限内不行使的，该权利消灭。

第五百六十五条　当事人一方依法主张解除合同的，应当通知对方。合同自通知到达对方时解除；通知载明债务人在一定期限内不履行债务则合同自动解除，债务人在该期限内未履行债务的，合同自通知载明的期限届满时解除。对方对解除合同有异议的，任何一方当事人均可以请求人民法院或者仲裁机构确认解除行为的效力。

当事人一方未通知对方，直接以提起诉讼或者申请仲裁的方式依法主张解除合同，人民法院或者仲裁机构确认该主张的，合同自起诉状副本或者仲裁申请书副本送达对方时解除。

第五百六十六条　合同解除后，尚未履行的，终止履行；已经履行的，根据履行情况和合同性质，当事人可以请求恢复原状或者采取其他补救措施，并有权请求赔偿损失。

合同因违约解除的，解除权人可以请求违约方承担违约责任，但是当事人另有约定的除外。

主合同解除后，担保人对债务人应当承担的民事责任仍应当承担担保责任，但是担保合同另有约定的除外。

第五百六十七条　合同的权利义务关系终止，不影响合同中结算和清理条款的效力。

第五百六十八条　当事人互负债务，该债务的标的物种类、品质相同的，任何一方可以将自己的债务与对方的到期债务抵销；但是，根据债务性质、按照当事人约定或者依照法律规定不得抵销的除外。

当事人主张抵销的，应当通知对方。通知自到达对方时生效。抵销不得附条件或者附期限。

第五百六十九条　当事人互负债务，标的物种类、品质不相同的，经协商一致，也可以抵销。

第五百七十条　有下列情形之一，难以履行债务的，债务人可以将标的物提存：

（一）债权人无正当理由拒绝受领；

（二）债权人下落不明；

（三）债权人死亡未确定继承人、遗产管理人，或者丧失民事行为能力未确定监护人；

（四）法律规定的其他情形。

标的物不适于提存或者提存费用过高的，债务人依法可以拍卖或者变卖标的物，提存所得的价款。

第五百七十一条　债务人将标的物或者将标的物依法拍卖、变卖所得价款交付提存部门时，提存成立。

提存成立的，视为债务人在其提存范围内已经交付标的物。

第五百七十二条　标的物提存后，债务人应当及时通知债权人或者债权人的继承人、遗产管理人、监护人、财产代管人。

第五百七十三条　标的物提存后，毁损、灭失的风险由债权人承担。提存期间，标的物的孳息归债权人所有。提存费用由债权人负担。

第五百七十四条　债权人可以随时领取提存物。但是，债权人对债务人负有到期债务的，在债权人未履行债务或者提供担保之前，提存部门根据债务人的要求应当拒绝其领取提存物。

债权人领取提存物的权利，自提存之日起五年内不行使而消灭，提存物扣除提存费用后归国家所有。但是，债权人未履行对债务人的到期债务，或者债权人向提存部门书面表示放弃领取提存物权利的，债务人负担提存费用后有权取回提存物。

第五百七十五条　债权人免除债务人部分或者全部债务的，债权债务部分或者全部终止，但是债务人在合理期限内拒绝的除外。

第五百七十六条　债权和债务同归于一人的，债权债务终止，但是损害第三人利益的除外。

第八章　违约责任

第五百七十七条　当事人一方不履行合同义务或者履行合同义务不符合约定的，

应当承担继续履行、采取补救措施或者赔偿损失等违约责任。

第五百七十八条　当事人一方明确表示或者以自己的行为表明不履行合同义务的，对方可以在履行期限届满前请求其承担违约责任。

第五百七十九条　当事人一方未支付价款、报酬、租金、利息，或者不履行其他金钱债务的，对方可以请求其支付。

第五百八十条　当事人一方不履行非金钱债务或者履行非金钱债务不符合约定的，对方可以请求履行，但是有下列情形之一的除外：

（一）法律上或者事实上不能履行；

（二）债务的标的不适于强制履行或者履行费用过高；

（三）债权人在合理期限内未请求履行。

有前款规定的除外情形之一，致使不能实现合同目的的，人民法院或者仲裁机构可以根据当事人的请求终止合同权利义务关系，但是不影响违约责任的承担。

第五百八十一条　当事人一方不履行债务或者履行债务不符合约定，根据债务的性质不得强制履行的，对方可以请求其负担由第三人替代履行的费用。

第五百八十二条　履行不符合约定的，应当按照当事人的约定承担违约责任。对违约责任没有约定或者约定不明确，依据本法第五百一十条的规定仍不能确定的，受损害方根据标的的性质以及损失的大小，可以合理选择请求对方承担修理、重作、更换、退货、减少价款或者报酬等违约责任。

第五百八十三条　当事人一方不履行合同义务或者履行合同义务不符合约定的，在履行义务或者采取补救措施后，对方还有其他损失的，应当赔偿损失。

第五百八十四条　当事人一方不履行合同义务或者履行合同义务不符合约定，造成对方损失的，损失赔偿额应当相当于因违约所造成的损失，包括合同履行后可以获得的利益；但是，不得超过违约一方订立合同时预见到或者应当预见到的因违约可能造成的损失。

第五百八十五条　当事人可以约定一方违约时应当根据违约情况向对方支付一定数额的违约金，也可以约定因违约产生的损失赔偿额的计算方法。

约定的违约金低于造成的损失的，人民法院或者仲裁机构可以根据当事人的请求予以增加；约定的违约金过分高于造成的损失的，人民法院或者仲裁机构可以根据当事人的请求予以适当减少。

当事人就迟延履行约定违约金的，违约方支付违约金后，还应当履行债务。

第五百八十六条　当事人可以约定一方向对方给付定金作为债权的担保。定金合同自实际交付定金时成立。

定金的数额由当事人约定；但是，不得超过主合同标的额的百分之二十，超过部分不产生定金的效力。实际交付的定金数额多于或者少于约定数额的，视为变更约定的定金数额。

第五百八十七条　债务人履行债务的，定金应当抵作价款或者收回。给付定金的一方不履行债务或者履行债务不符合约定，致使不能实现合同目的的，无权请求返还定金；收受定金的一方不履行债务或者履行债务不符合约定，致使不能实现合同目的的，应当双倍返还定金。

第五百八十八条　当事人既约定违约金，又约定定金的，一方违约时，对方可以选择适用违约金或者定金条款。

定金不足以弥补一方违约造成的损失的，对方可以请求赔偿超过定金数额的损失。

第五百八十九条　债务人按照约定履行债务，债权人无正当理由拒绝受领的，债务人可以请求债权人赔偿增加的费用。

在债权人受领迟延期间，债务人无须支付利息。

第五百九十条　当事人一方因不可抗力不能履行合同的，根据不可抗力的影响，部分或者全部免除责任，但是法律另有规定的除外。因不可抗力不能履行合同的，应当及时通知对方，以减轻可能给对方造成的损失，并应当在合理期限内提供证明。

当事人迟延履行后发生不可抗力的，不免除其违约责任。

第五百九十一条　当事人一方违约后，对方应当采取适当措施防止损失的扩大；没有采取适当措施致使损失扩大的，不得就扩大的损失请求赔偿。

当事人因防止损失扩大而支出的合理费用，由违约方负担。

第五百九十二条　当事人都违反合同的，应当各自承担相应的责任。

当事人一方违约造成对方损失，对方对损失的发生有过错的，可以减少相应的损失赔偿额。

第五百九十三条　当事人一方因第三人的原因造成违约的，应当依法向对方承担违约责任。当事人一方和第三人之间的纠纷，依照法律规定或者按照约定处理。

第五百九十四条　因国际货物买卖合同和技术进出口合同争议提起诉讼或者申请仲裁的时效期间为四年。

（第二分编 典型合同）

第十八章　建设工程合同

第七百八十八条　建设工程合同是承包人进行工程建设，发包人支付价款的合同。

建设工程合同包括工程勘察、设计、施工合同。

第七百八十九条　建设工程合同应当采用书面形式。

第七百九十条　建设工程的招标投标活动，应当依照有关法律的规定公开、公平、公正进行。

第七百九十一条　发包人可以与总承包人订立建设工程合同，也可以分别与勘察人、设计人、施工人订立勘察、设计、施工承包合同。发包人不得将应当由一个承包人完成的建设工程支解成若干部分发包给数个承包人。

总承包人或者勘察、设计、施工承包人经发包人同意，可以将自己承包的部分工作交由第三人完成。第三人就其完成的工作成果与总承包人或者勘察、设计、施工承包人向发包人承担连带责任。承包人不得将其承包的全部建设工程转包给第三人或者将其承包的全部建设工程支解以后以分包的名义分别转包给第三人。

禁止承包人将工程分包给不具备相应资质条件的单位。禁止分包单位将其承包的工程再分包。建设工程主体结构的施工必须由承包人自行完成。

第七百九十二条 国家重大建设工程合同，应当按照国家规定的程序和国家批准的投资计划、可行性研究报告等文件订立。

第七百九十三条 建设工程施工合同无效，但是建设工程经验收合格的，可以参照合同关于工程价款的约定折价补偿承包人。

建设工程施工合同无效，且建设工程经验收不合格的，按照以下情形处理：

（一）修复后的建设工程经验收合格的，发包人可以请求承包人承担修复费用；

（二）修复后的建设工程经验收不合格的，承包人无权请求参照合同关于工程价款的约定折价补偿。

发包人对因建设工程不合格造成的损失有过错的，应当承担相应的责任。

第七百九十四条 勘察、设计合同的内容一般包括提交有关基础资料和概预算等文件的期限、质量要求、费用以及其他协作条件等条款。

第七百九十五条 施工合同的内容一般包括工程范围、建设工期、中间交工工程的开工和竣工时间、工程质量、工程造价、技术资料交付时间、材料和设备供应责任、拨款和结算、竣工验收、质量保修范围和质量保证期、相互协作等条款。

第七百九十六条 建设工程实行监理的，发包人应当与监理人采用书面形式订立委托监理合同。发包人与监理人的权利和义务以及法律责任，应当依照本编委托合同以及其他有关法律、行政法规的规定。

第七百九十七条 发包人在不妨碍承包人正常作业的情况下，可以随时对作业进度、质量进行检查。

第七百九十八条 隐蔽工程在隐蔽以前，承包人应当通知发包人检查。发包人没有及时检查的，承包人可以顺延工程日期，并有权请求赔偿停工、窝工等损失。

第七百九十九条 建设工程竣工后，发包人应当根据施工图纸及说明书、国家颁发的施工验收规范和质量检验标准及时进行验收。验收合格的，发包人应当按照约定支付价款，并接收该建设工程。

建设工程竣工经验收合格后，方可交付使用；未经验收或者验收不合格的，不得交付使用。

第八百条 勘察、设计的质量不符合要求或者未按照期限提交勘察、设计文件拖延工期，造成发包人损失的，勘察人、设计人应当继续完善勘察、设计，减收或者免收勘察、设计费并赔偿损失。

第八百零一条 因施工人的原因致使建设工程质量不符合约定的，发包人有权请求施工人在合理期限内无偿修理或者返工、改建。经过修理或者返工、改建后，造成逾期交付的，施工人应当承担违约责任。

第八百零二条 因承包人的原因致使建设工程在合理使用期限内造成人身损害和财产损失的，承包人应当承担赔偿责任。

第八百零三条 发包人未按照约定的时间和要求提供原材料、设备、场地、资金、技术资料的，承包人可以顺延工程日期，并有权请求赔偿停工、窝工等损失。

第八百零四条　因发包人的原因致使工程中途停建、缓建的,发包人应当采取措施弥补或者减少损失,赔偿承包人因此造成的停工、窝工、倒运、机械设备调迁、材料和构件积压等损失和实际费用。

第八百零五条　因发包人变更计划,提供的资料不准确,或者未按照期限提供必需的勘察、设计工作条件而造成勘察、设计的返工、停工或者修改设计,发包人应当按照勘察人、设计人实际消耗的工作量增付费用。

第八百零六条　承包人将建设工程转包、违法分包的,发包人可以解除合同。

发包人提供的主要建筑材料、建筑构配件和设备不符合强制性标准或者不履行协助义务,致使承包人无法施工,经催告后在合理期限内仍未履行相应义务的,承包人可以解除合同。

合同解除后,已经完成的建设工程质量合格的,发包人应当按照约定支付相应的工程价款;已经完成的建设工程质量不合格的,参照本法第七百九十三条的规定处理。

第八百零七条　发包人未按照约定支付价款的,承包人可以催告发包人在合理期限内支付价款。发包人逾期不支付的,除根据建设工程的性质不宜折价、拍卖外,承包人可以与发包人协议将该工程折价,也可以请求人民法院将该工程依法拍卖。建设工程的价款就该工程折价或者拍卖的价款优先受偿。

第八百零八条　本章没有规定的,适用承揽合同的有关规定。

参考文献

[1] 何佰洲，宿辉．工程建设法规与案例［M］．3版．北京：中国建筑工业出版社，2019．

[2] 胡向真，肖铭．建设法规［M］．北京：北京大学出版社，2006．

[3] 全国二级建造师执业资格考试用书编写委员会．建设工程法规与相关知识［M］．北京：中国建筑工业出版社，2021．

[4] 建设部标准定额司．工程建设标准强制性条文：房屋建筑部分［M］．北京：中国建筑工业出版社，2013．

[5] 中国建设监理协会．建设工程质量控制［M］．北京：中国建筑工业出版社，2020．

[6] 黄安永．建设法规［M］．3版．南京：东南大学出版社，2017．

[7] 朱宏亮．建设法规教程［M］．2版．北京：中国建筑工业出版社，2019．

[8] 何红锋．工程建设中的合同法与招投标法［M］．3版．北京：中国计划出版社，2014．

[9] 严金明．土地法学［M］．北京：中国人民大学出版社，2020．

[10] 王跃国．房地产法规与案例分析［M］．北京：机械工业出版社，2012．

[11] 高富平，黄武双．房地产法学［M］．4版．北京：高等教育出版社，2016．

[12] 王锡耀．物业管理法规［M］．北京：中国人民大学出版社，2020．

[13] 法律出版社法规中心．中华人民共和国城市房地产管理法案例全解［M］．北京：法律出版社，2015．

[14] 顾永才．建设法规［M］．5版．武汉：华中科技大学出版社，2019．

[15] 潘安平，肖铭．建设法规［M］．3版．北京：北京大学出版社，2017

[16] 徐占发．建设法规与案例分析［M］．北京：机械工业出版社，2007．